U0948003

千古奇战系列

宋元鏖兵

襄阳之战

姜正成◎主编

中国财富出版社

图书在版编目（CIP）数据

宋元鏖兵：襄阳之战/姜正成主编. —北京：中国财富出版社，2015.7

（千古奇战系列）

ISBN 978-7-5047-5679-4

Ⅰ.①宋…　Ⅱ.①姜…　Ⅲ.①元灭宋战争-史料-中国　Ⅳ.①K245.06

中国版本图书馆CIP数据核字（2015）第081544号

策划编辑　张彩霞　　**责任印制**　方朋远

责任编辑　张彩霞　　**责任校对**　杨小静

出版发行　中国财富出版社

社　　址　北京市丰台区南四环西路188号5区20楼　　**邮政编码**　100070

电　　话　010-52227568（发行部）　010-52227588转307（总编室）

010-68589540（读者服务部）　010-52227588转305（质检部）

网　　址　http://www.cfpress.com.cn

经　　销　新华书店

印　　刷　北京晨旭印刷厂

书　　号　ISBN 978-7-5047-5679-4/K·0176

开　　本　640mm×960mm　1/16　　**版　　次**　2015年7月第1版

印　　张　17.5　　**印　　次**　2015年7月第1次印刷

字　　数　227千字　　**定　　价**　38.00元

版权所有·侵权必究·印装差错·负责调换

前 言

QIAN YAN

公元 1234 年，宋、蒙联合灭金，宋朝为即将光复中原而欢欣鼓舞。哪知第二年，蒙军便发动了对南宋的进攻。

襄阳是南宋的军事重镇，如果襄阳失守，蒙军将顺汉江而下，直达鄂州，控制荆湖地区。失去长江天险的宋朝将十分被动，亡国不远矣。

宋、蒙双方为争夺襄阳共发生了两次大战。第一次是在宋、蒙灭金国后的第二年，蒙古军进攻襄阳，镇守襄阳的宋军发生内讧，一部分部队投降，襄阳失陷，蒙古军和宋军纵兵抢掠，襄阳成为废墟。不过，蒙古军此时还没有认识到襄阳的重要性，并未长期占领。

1264 年，忽必烈在皇位争夺战中胜出。他为了巩固自己在蒙古“黄金家族”中的地位，很想再灭掉一个大国以提高自己在蒙古人当中的声望。南宋自然是不二之选。恰在这时，南宋将领刘整归降，使忽必烈看到了希望。

刘整投降蒙古后，向忽必烈献策：襄阳是南宋最重要的军事屏障，

想灭南宋，必须先取襄阳。于是，第二次襄阳之战爆发了。

当时吕文焕为襄阳守将。蒙元根据刘整的计策，用玉带贿赂吕文焕，以与南宋做买卖、建市场为名，秘密在樊城外的鹿门山修筑堡垒，建立了进攻襄阳的军事据点。从此，蒙古一面在襄阳、樊城四周筑城，以切断城中粮食的补给，一面操练水军，向襄阳缓缓逼近，并采取“温水煮青蛙”的方式，完成了对樊城的包围。南宋朝廷派出大将李庭芝率军来增援。哪知李庭芝受制于朝廷监军范文虎，始终无法进兵。

当时蒙军在襄、樊周围的要害处都设有城寨，汉水上又布满蒙军的战船和铁索，襄阳、樊城与外界的所有联系被通通切断。襄阳守将吕文焕和樊城守将范天顺利用城中的余粮，率领军民拼命死守，襄、樊两城间有一座浮桥，可以借此互相调动兵力，吕文焕和范天顺利用这些有限的有利条件苦苦支撑着。

1272 年，蒙古军队开始对樊城发动总攻，蒙军将领阿术、刘整、阿里海牙率军攻破城郭，增筑重围，进一步缩小了包围圈，宋军只好退至内城坚守。

消息传到临安，南宋奸臣贾似道惶恐非常。他知道襄、樊二城若失，南宋必亡，便命令李庭芝救援。李庭芝招募民兵三千余人，令手下两位得力偏将张顺、张贵率领，带着大批给养物资杀向襄樊，突入重围，将补给交给城内守将。补给虽然有限，但仍给襄阳城中的军民极大的鼓舞。

1273 年，蒙古军对樊城展开最后攻势。忽必烈甚至将西域炮匠调来前线，造巨炮轰城。经过激战，蒙古军烧毁了樊城与襄阳之间的江上浮桥，樊城彻底孤立。刘整率战舰抵达樊城城下，用炮轰开西南角，蒙军随即涌入城内。樊城失守，守将范天顺自杀，其他重要将领也血战而死。

蒙古军由樊城炮轰襄阳城楼，城中军民人心动摇，将领纷纷出城投降。蒙古军在攻城的同时，又对吕文焕劝降。吕文焕觉得自己对南宋朝廷已尽到责任，如今再进行抵抗已无意义，只会使襄阳城中的百姓遭到屠杀，最后只得投降。

襄阳丢失，南宋败局已定。此后，蒙古大军以秋风扫落叶之势席卷江南。临安告急，朝廷向全国军民发出勤王号召。状元出身的文天祥抛家舍业，募兵勤王，从此走上九死一生的救国之路。奈何襄阳失陷后大局已定，他的努力除了成就自己在史册上的清名外，无法扭转时局。

1279年正月，在崖山海战中，实力本来占优的宋军因指挥不当，又以惨败告终，绝望的陆秀夫背负小皇帝蹈海而死，南宋至此覆亡。

在漫长的宋蒙（元）战争中，南宋不是没有机会，但因君主的荒淫昏聩，奸相的弄权误国，官员的钩心斗角，一再丧失机会，终致万劫不复。这是值得人们深思的。

目 录
CONTENTS

第一章 端平入洛

端平元年（1234 年），金国最后的都城蔡州被攻陷，金国灭亡。宋大将孟珙率军队载着金哀宗的遗骨回到南宋都城临安，将金哀宗的遗骨送到太庙告慰那些被金兵欺侮过的先人。南宋全国上下一片欢欣，朝中举行了一系列的庆祝活动。

第二章 三边告急

端平二年（1235 年）六月，窝阔台派阔端、阔出、口温不花，分三路大举攻宋。宋蒙联盟正式宣告终结。

第三章 蒙古内乱

窝阔台取得汗位后四年，拖雷就死了，年仅四十岁。对于他的死，史家说法纷纭。但流传最广的是说他喝了萨满教巫师涤除疾病的咒水而死的。《蒙古秘史》和《史集》都持这种说法。

第四章 钓鱼城之战

钓鱼城周长十余里，山顶地势平旷开阔，上有充足的水源与足够的良田，军民耕战结合而无后顾之虞。钓鱼山高近四百米，嘉陵江与渠江环绕其南、北、西三面，山腰据险筑起两道三丈高的城墙，又筑“一字城”直达嘉陵江岸，可安然保持与外界的联系。

第五章 忽必烈登位

鄂州久攻不下，蒙军粮草缺乏，疾病流行，加上四川蒙军主力因蒙哥汗驾崩而北撤，北上的兀良合台军受阻于潭州城下，忽必烈只好班师回朝。

第六章 生于忧患

宝祐四年（1256 年）的殿试，录取了三个不同凡响的年轻人。状元名叫文天祥，年仅 21 岁，可谓春风得意。

第七章 襄阳喋血

宋度宗咸淳四年，即蒙古忽必烈至元五年（1268 年）夏，忽必烈任命阿术为都元帅，指挥蒙古军进攻襄、樊二城。阿术因有过攻击襄阳的经验，知道进攻襄、樊二城单靠蒙古骑兵是不行的，便向忽必烈请求汉军协助。九月，蒙古军在完成作战准备后，开始在襄、樊二城外围大规模地筑城，打算对其进行合围。

第八章　山河破碎

襄阳号称“南船北马、七省通衢”，水陆要道四通八达，元军占领此处后，南宋长江中游门户洞开，元军已经具备了沿汉水进入长江，长驱而下直取临安的客观条件，忽必烈也确实有意即刻南征，好尽快扫清六合，统一天下。

第九章　国运垂危

常州军民正在同元军浴血奋战，亟待援兵到来。朝廷却迟迟不肯发兵，最后只派了一个名叫张全的带领两千淮兵前去救援。张全既是贪生怕死之辈，又无将帅之才，赶到常州，也只是杯水车薪，无济于事。

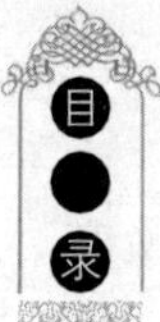

第十章 最后的努力

朝廷此时任命文天祥为右丞相，是想让他出来收拾残局，并代替陈宜中去元营接洽投降的事项。

而文天祥则自有他的考虑，朝廷要他出使元营，朝中的大小官吏也都恳求文天祥前去议和，以保住他们的性命。

第十一章 大宋灭亡

战斗结束后，崖山海面一片浓重的腥臊味儿，双方战死的士兵、跳海殉节的宋军官兵和义民的尸体陆续漂浮起来，七天以后，竟有十余万具。

第十二章 相关阅读

李庭芝出身义门，自幼耳濡目染其祖辈的忠义之举，所以当国家面临危难之际，他毅然投笔从戎，转战南北，为保卫大宋江山鞠躬尽瘁，死而后已。

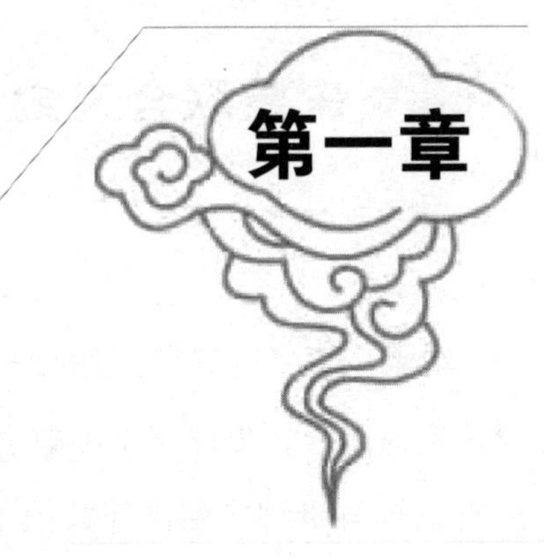

端平入洛

端平元年（1234 年），金国最后的都城蔡州被攻陷，金国灭亡。宋大将孟珙率军队载着金哀宗的遗骨回到南宋都城临安，将金哀宗的遗骨送到太庙告慰那些被金兵欺侮过的先人。南宋全国上下一片欢欣，朝中举行了一系列的庆祝活动。

宋蒙联合灭金

靖康二年（1127 年）四月，金军攻破东京（今河南开封），除了烧杀抢掠之外，更俘虏了宋徽宗、宋钦宗父子，以及大量赵氏皇族、后宫妃嫔与贵卿、朝臣等共三千余人北上金国，东京城中公私积蓄也为之一空。这一事件又称“靖康之变”，北宋至此灭亡。赵构仓皇渡江，建立南宋王朝。

金兵向南宋发起了一波又一波的攻击。南宋虽弱，但也涌现了岳飞、韩世忠、虞允文、刘锜等抗金名将，给金国有力的回击。双方互有胜负，南宋并不是那么容易消灭。在漫长的战争中，金国的力量也在削弱。他们久居中原，游牧民族的锐气日渐退化，战斗力大不如前。直到 1223 年年底，金宣宗去世，哀宗继位，金国才正视现实，宣布不再南侵，但为时已晚。

随着金国的衰落，蒙古开始崛起。1206 年，铁木真统一蒙古各部，号为成吉思汗，向金国发起了猛烈进攻。

1232 年，蒙古窝阔台可汗派使臣到南宋，提出联合灭金。南宋也遣使前去，双方达成协议。蒙古答应灭金后把黄河以南的中原地带归还南宋。次年四月，金将武仙、武天锡等竟想将金哀宗迎往四川，打算负隅顽抗，因而兴师进攻南宋，妄图夺取四川。宋将孟珙在襄阳一带打败进犯的金军，彻底粉碎了金军逃往四川的阴谋。

金将武仙、武天锡见入川无望，只好带着金哀宗退守蔡州。

蒙古将领那颜倴盏（塔察儿）率军围金哀宗于蔡州。为了履行与蒙古的盟约，宋将孟珙也率军与那颜共同作战。蒙将倴盏非常高兴，立即与孟珙摆下香案，结为生死弟兄，宣誓抗金到底，全歼金兵。

蒙古军队得到宋军的支援，军威大振。他们连夜制造各种器械，人声沸腾，城内金兵更加惊慌。而蔡州城外关卡皆被封死，金兵已成瓮中之鳖。

金哀宗召集百官开会，把国君的宝座让给了负责城东面防御的元帅承麟。他对承麟说："我身体笨重，不便驰驱，不得已才把社稷托付给你。你身体轻捷，又有将略，万一得脱，使大金的国祚不致断绝，我死也瞑目了。"

为了尽快攻克蔡州城，孟珙率军在南门和"今字楼"之间一字排开，树起了无数云梯，并命令将士以击鼓为号，一起攻城。

夜深了，漆黑一片，伸手不见五指，战前的寂静使人闷得发慌。突然，万鼓齐鸣，杀声震天。宋军士兵马义首先爬上云梯，登上州城，赵荣紧接着也登上城头。不久，成千上万的宋军登上城墙，与金军展开了殊死的肉搏战。宋军战士英勇奋斗，所向披靡。在宋军的强大攻势下，金将乌古论镐和将帅二百人向宋军缴械投降。

此时城内金朝百官正向新继位的承麟祝贺，登基大典刚刚结束，金新主正准备率师对敌，而南城的城头已树起了南宋的旗帜。不一会儿，鼓声大震，杀声四起，守城的金兵闻声弃城而逃。蔡州四门大开，孟珙召集江海部及那颜的军队共同进城。金将忽斜虎率精兵一千抵御宋蒙联军，且战且退。

金哀宗深知大势已去，慌忙取出宝玉放到幽兰轩，用草掩盖着，并命令贴身随从说："我死后，用火烧掉我的尸体。"接着自杀身亡。

忽斜虎听说后对将士们说："我们的君主已经死了，我不能死于敌人的乱兵之下，我要跳到汝河，跟随我们的君主去了，你们也好自为之吧。"说完就跳进了汝河。

新君承麟率众退守到保子城内。他听说以上诸事，与群臣一起抱头痛哭，并借此对大家说："先帝在位十年，勤俭经营、宽仁待人，为了恢复昔日帝业，鸿鹄之志未得实现，真是可悲。今我欲自杀而死，哀痛又有什么用处呢?"

还未等承麟实现宿愿，宋蒙联军便已攻下保子城，承麟亦被乱军杀死。至此，存在了120年、灭亡了北宋、并一直威逼南宋的金国寿终正寝。

金灭亡后，蒙古窝阔台汗撕毁了将黄河以南归还南宋的协议，改为陈、蔡以北属蒙古，以南属南宋。南宋政府被迫承认了这一事实。从此以后，蔡州又成为宋蒙两军争夺的战略要地。

理宗之立

宋宁宗先后有八个儿子，但都未及成年就夭折了。嘉定十四年（1221年）六月，宁宗把弟弟沂王的一个儿子立为皇子，改名赵竑。此时，史弥远已当了十余年宰相，他与杨皇后内外勾结、专权擅政，朝廷内外大臣多由其举荐，几乎没有人敢违背其意愿。

皇子赵竑对史弥远的所作所为非常不满，史弥远便赠送赵竑一个善于鼓琴的美女，让她窥探赵竑的言行。赵竑缺乏政治头脑，竟然接受了。从此史弥远对他的一举一动都了如指掌。

赵竑曾把史弥远和杨皇后所做的不法之事记录下来，并说："史弥远应该发配八千里。"赵竑的言行令史弥远非常恐惧，便处心积虑地要废掉赵竑，另立太子。后来史弥远物色了一个宗室子弟，把他过继给了沂王，改名贵诚。这是废立最重要的步骤，实际上是人为地将他作为宁宗的亲侄子，从而使他具备当选皇子的资格。同时，史弥远绞尽脑汁地在宁宗面前揭赵竑的短处，挑拨赵竑与宁宗、杨皇后之间的关系，使得二人对赵竑都颇为不满。史弥远进而向宁宗建议增立赵贵诚为皇子，宁宗虽对赵竑不满，但赵竑毕竟是自己的亲侄子，因而没有同意史弥远的建议。

嘉定十七年（1224 年）八月，宁宗病重。史弥远矫诏将赵贵诚立为皇子，赐名昀，宣布赵昀即位。百官接受了这一事实，赵竑输得很惨。于是赵昀以一介平民，成为宋朝第十四代皇帝，即理宗。

理宗夺位后，自然想要有所作为，以显示其比赵竑更有能力中兴宋室。他勤奋好学、寒暑不辍，为政十分勤勉，又招揽人才、整顿吏治，在各方面都提出了一些整顿方案。但面对当时复杂的政治环境，理宗很快就放弃了自己的政治理想，心甘情愿地充当史弥远的傀儡。

在理宗执政前十年，史弥远把持朝政、独断专行，他的党羽几乎控制了从中央到地方的所有重要职位。直到绍定六年（1233 年）十月，史弥远死了，理宗才终于得到解放，宣布第二年改元为端平。从端平元年（1234 年）到淳祐十二年（1252 年）的近 20 年间，理宗在政治、经济、军事、文化等各方面采取了一系列改革措施，史称"端平更化"。

理宗虽仍对史弥远曲加维护，但却毫不留情地剪除了其党羽。史弥远的得力助手“三凶”首先被贬斥出朝。“三凶”指台谏官梁成大、莫泽、李知孝三人。他们秉承史弥远的旨意，不遗余力地攻击政敌，凡是违背史弥远意愿的朝廷官员，都在他们的弹劾下纷纷落马。端平元年（1234年）六月，理宗将此三人流放，追夺官爵。史弥远其他的亲信党羽，也纷纷被贬。

罢斥史党的同时，理宗任用了一批贤良之士，如深孚众望的真德秀、魏了翁被请回朝廷任职。理宗所用之人，大多贤良称职。一时间，朝堂之上人才济济，政风为之一变。因此，时人将“端平更化”称为“小元祐”。不过，“端平更化”虽然声势很大，但并没有大的建树，治标不治本，无法改变南宋走向衰落的趋势。

端平入洛

端平元年（1234年），金国最后的都城蔡州被攻陷，金国灭亡。宋大将孟珙率军队载着金哀宗的遗骨回到南宋都城临安，将金哀宗的遗骨送到太庙告慰那些被金兵欺侮过的先人。南宋全国上下一片欢欣，朝中举行了一系列的庆祝活动。

当时宋蒙之间对河南的归属没有做出明确的规定。蒙军北撤后，河南就成了无人占领的地区。南宋宰相郑清之采纳了赵范、赵葵兄弟提出的“踞关守河”的建议，提出“西守潼关、北依黄河”与蒙古对峙。这需要收复包括东京开封府、西京河南府和南京应天府三京在内的中原地带。但包括兵部尚书史嵩之（史弥远之子），参知政事乔行简、真德秀，枢密院副都承吴渊，淮西总领吴潜等在内的多数大臣均持反对意见，认为已经被战乱破坏殆尽的中原地带无法提供粮草，再加上南宋军队没有骑兵，机动力有限，无法防御漫长的黄河防线。另外，这也会造成借口，让蒙古向南宋宣战。

但理宗支持收复河南，因为河南有北宋先皇的陵寝。

端平元年七月初五，全子才率宋军进入汴京城，梦幻般地实现了岳飞等抗金将领一辈子都没实现的梦想。然而他们看到的，已不是《清明上河图》中所描绘的那座繁华的都市了，曾经超过百万的人口如今只剩守军六百余人、居民一千多家。到处都是残垣断壁，腐烂的尸体和森森的白骨更是随处可见，城中没有丝毫的生气。

十五天之后的七月二十，赵葵率淮东兵五万赶到汴京与全子才会师。

收复汴京的消息传回南宋，整个南宋朝廷几乎都沸腾了，到处都是一片贺喜之声。宋理宗迫不及待地给官员们升官：统帅赵范进封东京留守，前线总指挥赵葵进封南京留守，全子才进封西京留守。宋理宗的意图非常明显，他要坐镇后方的赵范快点去汴京，要赵葵和全子才快点把西京洛阳收复了。被胜利冲昏头脑的宋理宗感到自己即将成为中兴之主，却没想到蒙古铁骑已经在洛阳悄悄地等待宋军了。

赵葵到了汴京后，便指责全子才没有继续西进攻取洛阳。求功心切的赵葵一面派人催军粮，一面把汴京的军粮先集中分给部分兵力。这部分兵力在分到五天的粮食后，先直扑洛阳。而其他留在汴京的部队等军粮运到汴京后，再出发前往洛阳。于是，宋军前往洛阳的军队便变成了分批投入，给了蒙古军各个击破的机会。

由于赵葵对全子才没有进兵不满，改任他手下的徐敏子为前锋部队的监军，将全子才留在汴京。之后，由杨义指挥原全子才部的淮西兵以及其他部队作为第二梯队，在得到军粮后再去洛阳。部队拿到粮食之后，纷纷叫嚷军粮太少，赵葵却仍然强行命令各军立即出发。

不得已，徐敏子命令前锋所部的一万三千宋军，把五日军粮留作七日来食用，于七月二十一日，也即赵葵到达汴京的第二天起程前往洛阳。

回过头来看蒙古军。在听闻宋朝北伐之后，蒙古人虽然放弃了洛阳，渡过黄河到达黄河以北，但在洛阳、孟津、潼关等大片地方却留下了不少蒙古骑兵，以侦察宋军动向。在宋军前锋离开汴京前往洛阳之后，塔察儿命令部将再次渡过黄河，到洛阳东边的龙门地区埋伏，并准备在故意放过宋军第一梯队进入洛阳城后，再突袭宋军第二梯队，把洛阳和汴京的宋军切断，然后再各个击破。

七月二十六日晚，宋军前锋张迪率二百宋军抵达洛阳，洛阳居民上千人登上城墙欢迎宋军收复西京洛阳。

七月二十七日，宋军进入洛阳。

七月二十八日，宋军第一梯队一万三千人全部进入洛阳城。同日，把五日军粮分成八天吃的宋军粮尽，而洛阳残破无法补给。宋军陷入了进退两难的境地。

七月二十九日，宋将杨义率领的第二梯队一万五千人，经过五六天的长途行军后，抵达洛阳城郊的龙门镇。杨义不知道自己已经进入了蒙军的伏击圈，命令全军就地休憩。宋军官兵刚刚坐下来准备开饭，附近的山顶上就立起了两把红黄大伞。蒙古骑兵顿时从四处疾驰而来，在其主将刘亨安的带领下，击杀宋军。宋兵以弓弩手为主，在这猝不及防的攻击中根本来不及列阵。刘亨安又横槊（横持长矛）冲突于宋军中，致使宋军全军大溃。大部分宋军被拥入洛水溺死，只有主将杨义和少部分斥候逃入洛阳城中。宋军第二梯队遭到了毁灭性打击，洛阳城里的第一梯队遭到孤立，粮草无全，情势十分危急。

监军徐敏子决定趁着蒙军主力未到，突围回师。洛阳的宋军一面袭击蒙军前锋掩护宋军主力的行动，一面于八月初一渡过洛河，背水列阵。

八月初一，蒙军率先发起攻势，多次冲击宋军阵营。宋军作战顽强，屡次击退蒙古军。双方胜负相当。

八月初二，蒙军以步兵执盾牌前进，把宋军的阵势切断成三部分，再以骑兵冲击。宋军则以步兵大阵为依托，战至中午，杀敌四百余，夺得盾牌三百多面，再次击退蒙军的攻势。

尽管宋军在正面战斗中不落下风，但这个时候已经断粮四天了，形势非常不妙。徐敏子认为东面蒙军是主力，于是率宋军向南方突围。蒙军知道宋军突围后，以骑射手在后面追杀。绝大多数宋军是步兵，毫无防守能力，战况惨烈。最后只有徐敏子带着三百步兵，侥幸逃回了光州。

宋军在洛阳溃败的消息传到汴京后，赵葵和全子才知道大事不好，商量了半天还是认为只有撤军才最保险，否则只有被合围的下场。但撤退组织得又不好，军心涣散，全部辎重都被遗弃在了中原。

“端平入洛”就这样惨败了，六万兵力伤亡过半而寸土未得。蒙古使者来到临安，谴责宋廷背信弃义，双方关系破裂，宋蒙战争从此拉开序幕。

三边告急

端平二年（1235 年）六月，窝阔台派阔端、阔出、口温不花，分三路大举攻宋。宋蒙联盟正式宣告终结。

蒙军三路攻宋

“端平入洛”失败后，南宋方面知道蒙古大举南侵已不可避免，上下慌作一团。还好，宋理宗并没给主战派很严重的处分：主将赵葵被削一秩，受命措置河南、京东营田边备；前锋全子才也被削一秩，措置唐、邓、息诸州营田边备；赵范由两淮制置大使转为京湖安抚制置大使、知襄阳府，品秩未变；而力主出兵的右相郑清之不但没降，反而被升为左相。

端平二年（1235 年）六月，窝阔台派阔端、阔出、口温不花，分三路大举攻宋。宋蒙联盟正式宣告终结。

阔端的兵走西路，由陕入川；阔出的兵走中路，进攻荆襄；成吉思汗的侄子口温不花走东路，进攻两淮。因江淮地区逼近南宋京畿，江河纵横，不利骑兵奔袭作战，而宋廷为确保两淮安全，在此投入了大量兵力，因此东路蒙军对两淮的攻击较为平缓，主要起着牵制两淮宋军增援其他战场的作用。

八月，西路蒙军主力自凤州入侵，迅速攻占了河池(今甘肃徽县)，进逼南宋川陕边防重镇沔州(今陕西略阳)。十月，另一路蒙军进攻巩州(今陕西陇西)。巩州原金朝守将汪世显“统郡县数十，胜兵数万”，久求“内附”南宋，四川制置使赵彦呐也数次力请，但为宋廷所拒绝，至此便北降蒙古。

汪世显久处川陕，对蜀地边备情况和入蜀之山川道路了如指掌，从而成为蒙军入侵四川的急先锋。沔州号称“西陲用兵”之门户，屏障巴蜀之“蜀口”，但因前次已遭蒙军攻击破坏，此时“既无城郭可以保民，又无财赋可以募士，布米之政不足以赡众，丁夫之脆不足以抗敌”，十分危殆。宋知州高稼面对蒙军的熏天气焰，决心依山为城，坚守待援，以防蒙军深入蜀地。但此时赵彦呐已将麾下半数以上军队调往蜀口防守，手中无兵可派，自己也从兴元府移屯河池以南的青草原躲避。十二月，沔州失守，高稼殉难。赵彦呐随即被蒙军包围于青草原。号称“满身胆”的宋都统制曹友闻率兵从小路杀入，拼死击退蒙军。

蒙军转攻大安军（今陕西宁强西北）等地。曹友闻遣摧锋军统制王资、踏白军统制白再兴速趋鸡冠隘，左军统制王进据阳平关扼守，自己登上溪岭，手执五方旗。调遣布阵方定，蒙军数万人已蜂拥而至阳平关前。

曹友闻派王进及游奕将王刚出战，又亲率大帐卫兵及背嵬军突出阵前，左右驰射。蒙军接战不利，退兵。曹友闻对忠义军总管陈庚、时当可两人说道：“敌人必定回兵攻击鸡冠隘，宜急援之。”果然，蒙军以步骑万余攻袭鸡冠隘口，陈庚率五百骑兵直前决战，时当可统领步兵分左右翼并进，王资、白再兴又自隘中出战夹击，“喋血十余里”，迫使蒙军解围而去。阔端初攻蜀口受挫，便暂将主力撤出蜀边，但仍留下“哨骑出没并边”，骚扰袭击宋人，并迫使关外的阶、岷、叠、宕州十八族一起投降蒙古。

襄阳首度失陷

中路蒙军的主攻目标是长江中游重镇襄阳。襄阳之北的唐、邓两州原属金朝，金灭归宋，但戍兵仍由金之降兵组成，被称作“北军”。他们与南宋军队之“南军”存在矛盾。端平二年六月，知唐州杨优密告北军统制官郭胜“有异志”。镇守襄阳的京湖帅赵范虽为名将赵方之子，却善言辞而乏实才，自到任后，以王旻、李伯渊等人为心腹，不顾军情紧急，朝夕饮酒作乐，“民讼边备，一切废弛”。此时他听到密告，也不讲策略，径直派人前去拘查。郭胜闻讯，即刻叛变，杀死杨优，北降蒙军。赵范得报，即命知随州全子才、知枣阳军刘子澄等率军平叛。七月，全子才等军在唐州遭遇蒙军，已因“入洛”之败而丧胆的宋军一经接战即弃兵溃逃。赵范再调知德安府王曼增援，但王曼也半途而返，却以捷报奏闻。由原金降将驻守的均州、邓州也相继杀死南宋监军，举城北降。闰七月，全子才、刘子澄因临阵逃遁而被贬官流放。九月，蒙军围攻枣阳，守将樊文彬告急，赵范却不遣兵救援。枣阳城中数千宋军日夜苦战，蒙军百骑攻城，于十月底攻破城防。樊文彬自杀，守军将士大多战死。蒙军乘胜攻下光化军、德安府。枣阳、光化、德安诸城都遭到了蒙军的屠城。

十一月初，蒙帅塔察儿率大军再至襄阳城北，与宋军隔汉江对峙。他遣使送信给赵范，赵范不启封而烧之。十九日，蒙军骑兵六千余人紧逼襄阳城下扎营。次日，宋军出战，先败后胜。蒙军便绕过襄阳，南掠峡州（今湖北宜昌），分兵进攻郢州（今湖北钟祥）。宋郢州守将李复明虽力战而死，但郢州军民凭借城壁坚固，奋力拒守。蒙军久攻不下，乃将所掳掠的数万生口（俘虏）、牛马席卷北还，并将距南宋襄阳甚近的唐、邓两州民众北迁至洛阳西南安置，以充实地广人稀的中原地区。

刚刚转过年去，中路蒙军在得到补充后再度南下，而与此同时，赵范的爱将王旻却在德安府（今湖北安陆）境内招纳了一支刚刚叛乱的北军，有四千八百人之多，并把这支军队带进了襄阳。这支北军进城后，引起了襄阳原守军的极大忧虑，可偏偏主将赵范对此满不在乎。二月，南宋朝廷听说蒙军又要攻襄阳，便派镇江都统李虎赶去支援。李虎一进城就大呼要剿除叛军，这使北军大为疑惧。北军终于在二月二十一日晚上纵火作乱，但是很快就被平息了下去。

这样一来，赵范不禁也对北军起了疑惧，便于次日早上召王旻进见，想要把前一天晚上北军作乱的事情问清楚。但王旻哪还敢来，立即带兵作乱，纵火烧城。赵范闻讯大惊，急忙命北军主将李伯渊前去平叛，没想到李伯渊也随之叛乱。赵范只得又命李虎出兵镇压。谁知李虎的士兵不但不平叛，还跟北军一起放火烧城，趁机劫掠财物，连李虎也弹压不住。这一下，襄阳彻底乱成一团，赵范再也不敢留在襄阳，急忙带着李虎等几名亲信，开西城门逃往荆州（今属湖北），连制置司大印都忘记拿了。

随后，王旻等人开城向蒙军投降，“城高池深，甲于西陲”的襄阳就这么轻易落入了蒙军手中。当时城内尚有官民四万七千余，钱粮不下三十万，弓矢器械二十四库，也全部落入蒙军手中。蒙军进城之后就大烧大抢，襄阳一片火海。

襄阳在南宋号称“天下之脊，国之西门”，一旦沦陷，京湖战场门户洞开，整条长江防线也面临崩溃的危险。因为在中原与鄂州之间，或因大山相隔，或因水网纵横，通道都很狭窄，不适合大军通行，但在襄阳这里，因为有汉水这条长江最大支流的存在，就有了水运之利。如果从这里登船，可以直达鄂州江面。虽然在这条通道的后面，还有郢、复等州，但因为汉水的江面逐渐开阔，所以这几州都不具备控扼汉水、阻挡蒙军的条件，只有襄阳才具备这样的条件。所以说，如果襄阳不失，鄂州就不会轻易受到攻击，长江中游防线就仍然稳固。襄阳一旦丢失，鄂州前方则无险可守，蒙军从这里上可以攻川蜀，下可以达江淮，整条长江防线就有全面崩溃的危险。

幸亏这是蒙古对南宋的第一次大规模进攻，仍处在摸索的阶段，对襄阳的重要性还没有完全认识到，所以在唾手得到襄阳之后，只是将此处的财产、人口一掠而空，就撤军了，只留下宋军降将游显留守。这就给南宋方面留下了宝贵的时间，使他们后来还有机会重新构筑长江防线。

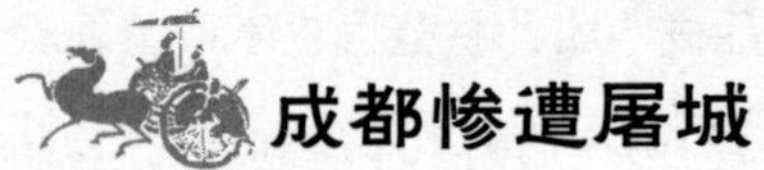

成都惨遭屠城

端平三年（1236 年）九月，阔端纠集了蕃、汉兵马共五十余万，再次气势汹汹地直奔四川。阔端上次因蛮干受阻，这次就多了个心眼，在接近宋境之后就兵分两路，一路由他亲率主力再次攻打蜀口，另一路则由大将穆直率领走阴平道迂回南下，效仿三国时魏将邓艾灭蜀之法。

自古从陕西进入四川有多条通道，其中最著名的当属起于汉中宁强县的剑门蜀道（或称“金牛道”）。这条蜀道全长一千多里，四面都是崇山峻岭、飞岩绝壁，没有一处好走的地方，李白作诗《蜀道难》所指的就是这条道路。不过川陕之间本无路，走的人多了就有了路。所以剑门蜀道因为走的人多了，还是能勉强算得上一条路。而穆直所走的阴平道，看起来是一条近路。它北起甘肃文县，只要越岷山至四川平武、江油等县，就可直达成都，路程要比剑门蜀道缩短将近一半，还不用过剑门天险，似乎要比剑门蜀道更有优越性。其实却不然。因为这条路上全是大山，好多地方连羊肠小道都没有，把这里称为“路”，具有很强的虚假夸大成分。普通山民走这条路还勉强可以，大军实在是难以通行。不过古时军队从陕西进入四川，选择走阴平路的也为数不少，因为走这条路有利有弊。好处就是只要不在路上摔死，就算成功了一半。三国时期，魏国大将邓艾就是沿着这条通道，一路摔得鼻青脸肿地进了四川，最终将蜀汉灭亡。不好的地方也有，就是真在这条路上摔死也没准。比如说邓艾在行军途中，就因为上不去又下不来而一度陷入绝境，最后被逼无奈，只好带头裹着毛毡，一路滚进了四川，没被摔死确属万幸。阔端身为蒙古国的二皇子，显然不会选择这种行军方式，于是就把这个任务交给了穆直，命他带领偏师“滚”进四川，而阔端本人则仍率大军强攻蜀口。

当时曹友闻正以御前诸军都统制的身份权知沔州，并总揽关外四州的防务。阔端大军刚一出兵，就在武休关击败了李显忠的队伍，进入兴元辖境，准备攻打大安军。大安军就设在剑门蜀道的起点上。四

川制置使赵彦呐生怕蜀口不保，立即传令要曹友闻带兵进屯大安军，试图将蒙军挡在蜀道之外。

对此，曹友闻坚决反对，回复道："沔州是蜀口重镇，我有重兵屯驻在这里，敌军就有后顾之忧，就算把蜀口让给他们，他们也不敢入川。况且大安军地势平坦，无险可恃，利攻不利守，本来就是敌众我寡，怎么还能扬敌之长、就己之短呢？"但赵彦呐已被蒙古大军吓昏了，执意不听，一天之内连发七道令牌，严令曹友闻立即出兵。真是官大一级压死人，曹友闻明知此去必死，也只能含恨上路了。

九月末，曹友闻怀着必死之心来到了大安军境内。他认为敌众我寡，只有出奇兵或许才能有一丝机会，所以就先派弟弟曹友万、曹友谅率一万精兵登上鸡冠隘，而他自己也率一万精兵偷偷渡过嘉陵江，在一个叫流溪的地方设下埋伏。双方约定："敌军一到，就点烽火为号。"九月二十七日，蒙军万余骑赶了过来，曹友万、曹友谅立即带兵杀出，曹友闻也马上率兵过来夹击。蒙军在猝不及防之下，被杀得阵脚大乱。

谁知突然天降大雨，泥水深可没足，诸将请求雨停后再战。曹友闻厉声喝道："敌军知我伏兵在此，缓必失机！"遂挥军齐进，杀向蒙军大营。

此战中宋军怀着必死之心奋勇杀敌，将蒙军杀得节节败退，流血二十里。但随后由于宋军的衣服已被雨水浸透，行动不便，战斗力大大降低，蒙军因此逐渐稳住了阵脚，开始大举反攻。到第二日凌晨时分，又有大批蒙军从四面八方涌了过来，将宋军团团包围。曹友闻自知大势已去，便仰天长叹道："此殆天乎！吾有死而已。"言罢杀马以示绝不求生之心，最终与蒙军血战到死。这支宋军自曹友闻以下者，全军尽没，无一人得生。

四川制置使赵彦呐在曹友闻一军血战重围之时竟不遣援，慌忙逃遁，把蜀口拱手让给了蒙军。

此时充当蒙军先锋的汪世显素服曹友闻的威望，经过战场时赞叹道："蜀将军真男儿汉也。"然后以盛礼祭之。

阳平关一破，阔端带着大军阔步迈进剑门蜀道，如入无人之境。

十月七日，阔端率兵攻克了利州（今四川广元），距剑阁天险只有一百余里。此处是由剑门关和剑阁组成的一道立体交叉防线，剑阁全长达三十多里，是早年诸葛亮在半山腰凭空开出了的栈道，宽窄只供一人独行，而剑门关更是号称"一夫当关，万夫莫开"，也是万难攻破的坚强堡垒。可是由于赵彦呐只顾逃跑，竟然忘了派兵把守这道防线，而原有守军在得知蜀口丢失的消息后，吓得心惊肉跳，谁也无心防守，结果蒙军仅用了一天就攻克了剑门关。至此，通往成都的大路就在眼前。

与此同时，从阴平关迂回过来的蒙军，在历尽了重重困阻后，也终于按原计划进入了四川。两军几乎同时向成都急速行军，并于十月十八日在成都城外胜利会师。当天下午，有三百蒙古骑兵打着李显忠的旗号来到成都城北的驷马驿。成都军队大多北调守边，城中士卒不满七百人。因太平时久，成都市民不识兵革，忽闻有军至，误以为是溃兵。四川制置副使丁黼还在城内竖起了旗榜，准备安置他们，结果使这伙蒙古骑兵顺利地混进了城中。次日晚，市民发觉这伙儿人是蒙古兵，便群起执棒与之搏斗，迫使这一小股蒙军退出城外。二十日，蒙军再入城，丁黼率宋兵巷战，不敌而死，成为宋蒙开战以来战死的第一名地方高级长官。

十月二十二日，阔端率领大军进了成都，他找来一个巫师问卜，那巫师预言道："民心不归，成都是四绝死地，若住，不过二世。

不若血洗而去。”阔端听完立即大书“火杀”二字，城中百姓罕有幸免者。

蜀中是天府之国，物阜民丰，一向少有战争。自从经历这场浩劫后，成都变得一片死寂，虽然后期有所恢复，但始终没有能重现往日的辉煌。

血洗成都后，阔端留下大将塔海、汪世显等军向川西、川东抄掠，自率主力北归。

两淮大决战

在西路蒙军攻入四川的同时，中路蒙军也再次整军南侵。宋廷大臣鉴于襄阳失陷后的严峻局面，纷纷上书请求紧急增援荆襄。宋理宗便根据众臣推举，急调驻守在黄州的名将孟珙前往驰援。

孟珙是当时南宋首屈一指的良将。他出身于武将世家，太祖父曾在岳飞军中效力，并立有战功。他的父亲孟宗政，则是南宋中期的一位著名抗金将领，常年驻守在襄阳、枣阳等地，为国家屡立战功，就连金军都很尊敬地把他称之为“孟爷爷”。孟珙出生在这种军人家庭，饱受了爱国主义思想的熏陶，所以自幼就立志要为国驰骋疆场，杀敌立功。公元1217年，金军大举南侵，孟珙随父亲孟宗政在半路设伏，但在战斗打响之后，孟宗政被金兵困在了阵中，情况十分危急。幸亏孟珙在乱军之中看见一个素服白马者，急忙大喊一声道：“吾父也！”

然后一马当先冲入了敌阵，不但救出了孟宗政，还大败了金军。这一年，孟珙刚满二十二岁，从此开始崭露锋芒。

其后不久，金宣宗发起了南拓之战。宋金两国苦战多年，孟珙也在战斗中逐渐成长，并多次立下大功，声名日渐显赫。公元1234年，孟珙又与蒙古大将塔察儿合兵攻克了蔡州，终使金国灭亡，又为南宋立下了一件大功。从那之后，孟珙就逐渐在宋军将领中挑起了大梁。

端平三年十月，中路蒙军主将阔出（又称曲出）病死，在另一大将塔思（木华黎之子）的率领下围攻蕲州。孟珙遣兵解围，但蒙军随即转而攻向江陵府，南宋长江中路防线岌岌可危。孟珙奉命增援。

孟珙到江陵时，蒙军已经开始编筏造船，准备横渡长江天堑了。孟珙所部兵马有限，孟珙不敢跟蒙军硬碰，就让队伍不断地变换旌旗服色，在蒙军营地前循环往来。到了晚上，他又命人虚张火把，沿江排开数十里。蒙军不知虚实，误以为来的宋军人马很多，顿时惊慌不已。孟珙便趁机传令出击，大胜一场，连破蒙军二十四座营寨，抢回被俘百姓两万多人，并将蒙军的渡江器具一并焚毁。蒙军无奈之下，只好被迫撤军。

在塔思南侵的同时，东路蒙军也兵分二路，一攻淮西，一向淮东。不久，蒙军攻破固始县，淮西宋将吕文信、杜林率溃兵数万降蒙，六安、霍邱等县皆为叛军所占据。十一月，蒙将口温不花遣偏师分攻安丰军（今安徽寿县西南）、光州（今河南潢川县）、庐州（今安徽合肥），自己会合进攻蕲州失利的塔思之军南下进攻黄州（今湖北黄冈），使两淮战场之形势陡然紧张起来。

两淮“东至于海，西抵濉涣（今安徽濉溪南临涣镇），南滨大江，北界清淮”，南宋于此设淮南东路和淮南西路，故名“两淮”。在四川、

京湖、两淮三大战场中，以两淮最毗邻南宋京畿，故而成为南宋拱卫京师的重要防线所在。南宋在两淮的防御方针向来是以“江为堂奥，淮为藩篱”，即以淮河作为防御北敌的屏障，以大江为门户。南宋认为江淮唇齿相依，江南赖两淮遮蔽，两淮稳固则江南无戎马饮江之忧。宋廷为确保两淮的安全而竭尽全力，投入了大量兵力。在灭金后，宋军又乘势出兵占领了颍、蔡、宿、亳等州，有力地稳固了两淮防线。因两淮地区江河纵横，不利骑兵作战，故蒙军于此地活动的目的，就是牵制两淮宋军，使其无法增援其他战场，所以战事相对平静。当蒙军进攻四川、京湖皆未能得利而战事稍趋缓和之时，东路蒙军便开始大规模攻击。而且蒙军在残破比邻的荆襄地区以后，等于避开了沿淮的宋军正面防守，由信阳、光山之间闯入淮西。这样，北上可从侧背攻击淮河沿线，南下可寻找适合的渡江口岸，东进可深入扫荡富庶的淮扬地区。

宋廷对蒙军侵入两淮极为惊惧。宋理宗再任老臣乔行简为左丞相兼枢密使，以镇抚人心，诏“应援江陵、峡州江面上流”的淮西制置使史嵩之增援光州，淮东安抚制置使兼知扬州赵葵驰援合肥，沿江制置使陈韡扼守和州（今安徽和县），以为淮西声援，共调用精锐之师十七万人，迫使蒙军从光州、庐州撤兵。

在蒙军南下前，知安丰军杜杲即获得情报，便预先将淮河以北的顺昌（今安徽阜阳）城中居民全部迁至南岸，避免蒙军据此作为南攻淮南的基地。在杜杲的严密设防下，进攻安丰的蒙军无功而返。在淮西大肆抄掠后的蒙军满载虏获物品北归，途经安丰时，杜杲遣将士昼夜两次袭击蒙军营地，夺回大量物品与马匹。蒙军致信杜杲，要求返还被夺的五百匹战马，杜杲复信表示蒙军如能归还所抢掠的物品，则可将马匹还给蒙军。蒙古人见无便宜可占，即绕行退兵北归。

此时大将察罕指挥另一支蒙军攻向淮东，破六合（今属江苏），围滁州（今属安徽），进逼真州（今江苏仪真），兵锋直指长江北岸，对宋廷形成了严重的威胁。十二月中旬，宋沿江制置使陈韡调兵与蒙军激战，虽战死者甚众，但遏止了蒙军的攻势，迫使损失不轻的蒙军只得敛兵退军。

蒙军对两淮的首次大规模进攻，因宋军积极有效的抗击和相互间的及时增援，未能取得多少战果。在三大战场中，宋军在两淮的防御最为成功，损失也最小。当然，这与此时蒙军南侵的主要目的还是在于抄掠人口和财物，摧毁南宋的经济有关，因此，当其遇到顽强抵抗、一时不能得逞时，便避实就虚，在大肆抄掠后携带大量掳获物北还。也正因为如此，蒙古开始变换其一味用强的手法，派遣议和使者，以和佐战，企图达到其不战而胜之目的。

边打边谈

蒙军攻宋受阻，蒙廷便接受一些汉人谋臣的劝谏，使出“撒花自撒花，厮杀自厮杀”的策略（撒花即“讲和”），在攻宋的同时，不断派出使臣出使南宋议和。

嘉熙二年（1238 年）二月，窝阔台派王檝出使临安，宣称可以同南宋议和，宋理宗以高规格礼遇接他进宋。蒙古提出了两个要求：第一，要求南宋每年岁贡银绢二十万两、匹；第二，要求与南宋划

长江为界。

对于第一个要求，宋理宗倒是可以接受，因为宋朝花钱买太平已成习惯，北宋在疆域那么大的时候，都一样给外敌输纳岁币，何况只有半壁江山的南宋呢？可是如果划长江为界，就等于向蒙古割让整个淮南与川西，长江天堑就成了双方共险，那么今后南宋将无法立国。宋理宗表示无法接受。

其实，这次议和不是第一次，也不会是最后一次。王檝前后五次使宋，除第一次出使之目的是邀宋夹击金朝外，后四次都以议和之名，胁迫南宋臣属蒙古。在这一点上，蒙古和战并施，以和佐战的战略运用得十分老练。

当蒙军大举攻击未能得手，因天气炎热而北归时，便遣王檝南来。而当王檝胁迫宋廷臣属未能如愿北还时，歇过炎夏的蒙军便再次大举南下攻击。此去彼来，不断地对宋廷施以恐吓。正因为如此，宋廷对蒙古的议和诚意大起疑虑，对王檝的态度也发生了很大变化。王檝第四次使宋时，宋理宗还给予其很大的优待，但当王檝第五次前来时，宋理宗担心“三边将士以和议将成，或弛秋防，将误国事”，便命边臣阻止其前来京城。结果王檝被阻留于京湖之沔阳，数年后忧虑成疾，死于宋地，宋人将其灵柩送还北方。

此时，蒙军在汴京、邓州、顺阳（今河南淅川东）等地督造战船，在襄阳、樊城、随州、信阳等地招集军民布种屯田的消息被宋人谍知。蒙古人长于骑射，而不习水性，为蒙军所倚重、成为侵宋主要力量的汉军张柔、史天泽诸部，因都是北方人，也不善水战，故蒙军屡次南下，每每都要吃不谙水战之亏。因顺阳位于淅水东岸，淅水南流入汉水，可顺流直入襄阳、郢州诸地。而汴京通过汴水入淮水，经大运河可直抵长江北岸的扬州城下。同时，蒙军行军无甚辎重，战士除兵器、盔甲等外，常因粮于敌，仅需以草为食的马数匹，携少量肉与乳而已，故其作战驰突迅猛，“飘若风雨”，利于长途奔袭，而短于围城攻坚。但蒙军欲进攻南宋的长江防线，因淮河下游河面宽阔，不利涉渡，故只得经河南地区南下。河南地区经长期战火后一片荒芜，对南下作战的蒙军无法提供物资支援，使其难以长时期持续进攻，所以蒙军只得如候鸟似的秋天南下，春季北上。

南宋在经受蒙军初次打击之后，迅速调整防御部署，给予了前线将帅相当大的指挥权，使得宋军在作战中得以根据敌我双方形势，扬长避短、坚壁清野、据城固守，并利用江淮纵横交错的河道遏制敌骑的奔袭，用水军的优势互相声援，使蒙军突破长江防线的目标难以实现。虽然蒙军数度攻至长江北岸，却被宋军一一挡回。有鉴于此，蒙军逐渐改变策略，在河南地区招民屯田、建造船只、组建水师，以给予南宋更大的压力。

而宋军也在与蒙军多次交手后，逐渐熟悉了蒙军作战的特点和劣势，进行了适时的反击。

蒙军攻占成都、襄阳等地后，大肆抄掠，却不派重兵驻防，显然他们还没有认识到其战略地位的重要。而南宋方面对襄阳的重要性却有着清醒的认识，因此当宋军在两淮地区连续击退蒙军之后，就有心从蒙军手中夺回襄阳，重新构筑荆襄防线。

嘉熙二年十月，宋理宗将孟珙升为京西湖北路制置使，正式命他率部收复襄阳。宋理宗将收复襄阳的任务交给孟珙，应该是个明智的选择，且在蒙古大军已经北撤的前提下，收复襄阳对于孟珙来说也并不困难。孟珙当年十月接到了命令，到次年正月就已经进了襄阳城，随后又派兵收复了光化军、蔡州，轻轻松松就把边境线恢复到宋蒙开战前的状态。

不过，孟珙心里非常清楚，这么轻松就收复襄阳，并不是因为宋军有多么强大，而是因为蒙古根本就没把襄阳看在眼里。不过总有一天，蒙军会认识到襄阳的重要性，到时又该如何将襄阳守住，就成了问题的关键所在。因此他在踏入襄阳之后，就马上给朝廷上表称："取襄阳不难而守难，并不是因将士不勇、车马器械不精，而是因为力量不足。襄阳为根本之地，与其等敌来之后再派兵救援，不如先派大军驻守，上兵伐谋，此不争之争也！"

此时孟珙的老上司史嵩之刚刚被拜为右丞相兼枢密使，都督两淮、四川、京西湖北军马，孟珙上面有人好办事，没过多久，朝廷就把报告批了下来，完全同意他的主张，于是孟珙就以蔡、息两州的降兵组成忠卫军，以襄、郢两州的"归正人"组成先锋军，作为对襄阳兵力的补充。尽管因财力所限，朝廷对襄阳的投入还远远达不到孟珙的要求，但不管怎么说，从这时起，襄阳就开始逐渐恢复元气。经过多年的建设，襄阳终于成为一座兵精粮足、城高池深的坚固堡垒，在后期的宋蒙战争中，发挥出极其突出的作用。

孟珙收复襄阳，对南宋重建防线起到了极其重大的作用，但蒙古方面对此明显认识不足，既没有在孟珙进入襄阳前出兵增援，也没有在这之后派兵争夺，而是把战争的矛头又指向了四川，准备攻占长江上游的咽喉要道夔门，从这里打开通往长江中下游的道路。

嘉熙三年（1239年）秋，蒙古大将塔海、秃雪率兵号称八十万，再度杀入四川，并迅速推进到了川东，攻破开州（今重庆开县）、万州（今重庆万县），抵达长江北岸。宋军急忙屯兵于长江南岸，防止蒙军渡江，谁知蒙军已经学会了使用计策，先在万州长江北岸列出大批船只，做出了一副强行渡江的姿态，又命汪世显在上游设下伏兵。次日，蒙军开始渡江，宋军出动数百艘战船阻拦，汪世显则率领伏兵乘小船直接冲入宋军的船队，顿时将宋军水师杀得大败，蒙军顺势将宋军追击到川东重镇夔州（今重庆奉节），直逼夔门，其余蒙军则从万州渡过长江，沿南岸急速向夔门挺进。

夔门是长江三峡的西大门，刘备托孤的白帝城就位于夔门之侧。蒙古如果攻克了夔门，就等于打开了通往下游的门户，形势万分危急。当时孟珙的哥哥孟璟正任湖北安抚副使、知峡州，急忙向孟珙求援。孟珙闻讯立即带兵沿长江西进，并在归州（今湖北秭归）、巴东（今属湖北）一带设置防线，锁住了长江三峡的大门口，蒙军屡次强攻，孟珙兄弟奋力抵挡，终于在归州战胜了蒙军。与此同时，孟珙的部将刘义也在巴东取得了胜利。蒙军见无法冲破长江天堑，只好于嘉熙四年（1240年）年初，沿长江两岸向西撤军。到涪州（今重庆涪陵）时，汪世显在长江上搭起浮桥，接南岸的蒙军撤回北岸，蒙军的这次渡江行动宣告失败。

蒙军抢占长江上游的计划虽然没有能够得逞，但这毕竟是自宋蒙开战以来，蒙古第一次渡过长江，不禁令南宋君臣又惊又怕，所以蒙古刚一撤军，宋理宗就将孟珙任命为四川宣抚使兼知夔州，让他重新构建川东防线。此时孟珙仍然担任着京湖安抚制置使，所以他是一人兼任两大战区的主帅，这在宋朝历史上还是不多见的，也足以看出南宋朝廷对他的倚重。

孟珙对打造川东上游防线也有着很高深的见解。他奏请朝廷，准备设立三道防线，第一道设在川东的涪州、万州，第二道设在湘西北的鼎州、澧州，第三道则设在湘西南的辰、靖及广西的桂州一带。这一构思其实已经考虑到蒙军从云南、广西迂回进攻湖南的可能性，确属远见卓识。宋理宗对此也深表赞同。为了能更有力地支持孟珙的工作，宋理宗还特地撤销了四川宣抚司，将孟珙任命为京湖安抚制置大

使兼夔州路制置大使、本路屯田使，这样四川制置司就只管利州、潼川府、成都府三路，“四川”成了“三川”，剩下的一川被纳入孟珙的直接管理下。

蒙古南侵四川再度受挫，说明两国已在某种程度上达到了平衡。蒙古虽然兵强马壮，但由于主力大军正在西征，加上不熟悉水战，所以对南宋始终没有太好的办法。虽然在其后的一年多时间里，蒙古明显对南宋加大了恐吓的力度，而出兵的规模降得很低，但是效果仍然不好。因为南宋君臣对和谈的兴趣不大。蒙古先后派出了王檝和月里思麻两拨使者，但宋理宗根本就不见，王檝被挡在沔阳（今湖北省仙桃），因进退不得，在几年之后客死在宋境。月里思麻就更惨了，来到南宋之后因出言不逊，直接被送往长沙飞虎寨，关押了三十六年，好容易盼到南宋灭亡，可又被毒死了。

在军事上，蒙古也没有能够取得任何进展，刚在蔡州屯好军粮，就被孟珙派人给烧了，又想在汴京建造战船、训练水师，可刚把材料准备好，南宋大将余玠就率兵沿淮水进入黄河，一直打到归德府、屡获胜捷，把沿途蒙军搜集来的造船材料统统毁坏，对蒙军的士气又给予了一次沉重的打击。

而蒙军主动出击的频率变得越来越低，规模也越来越小，只在嘉熙五年（1241年）秋，因为南宋扣住了使臣月里思麻，蒙古气愤不过才派察罕率大军攻打两淮。可在安丰军城之下，蒙军又被淮东提刑余玠、知安丰军王福等部人马挫败，随后进攻真州，仍然不克，这时后方又传来蒙古大汗窝阔台病逝的消息，察罕急忙撤军。

窝阔台的病逝，引来蒙古内部的派系斗争，给宋朝以喘息之机。

蒙古内乱

窝阔台取得汗位后四年，拖雷就死了，年仅四十岁。对于他的死，史家说法纷纭。但流传最广的是说他喝了萨满教巫师涤除疾病的咒水而死的。《蒙古秘史》和《史集》都持这种说法。

蒙军中的汉军

其实，与南宋作战的主力并不是蒙古军，而是北方汉军。在成吉思汗逝世之时（1227年），全部蒙古军只有十二万九千名蒙古人。这个数目其后并未增加，直至忽必烈灭掉南宋之时，忽必烈所掌握的蒙古兵，只是这十三万左右的一大部分而已，有些早已分给了木赤、察台台、窝阔台、合撒儿、帖木格等人及其后裔。

窝阔台、蒙哥与忽必烈伐金伐宋，所用的兵多数是汉人，不是蒙古人。窝阔台派拔都等人西征与蒙哥派旭烈兀南征，所用的兵多数是突厥人而不是蒙古人。窝阔台在即位的第一年（1229年）便成立“汉军三万户”，以刘嶷（刘黑马）、札剌儿、史天泽三人充任。所谓“万户”，实际上是万夫长。这三人各有一万名兵士在麾下。刘嶷是刘伯林的儿子。刘伯林降蒙古最早。札剌儿是契丹人，原为金朝契丹乣军的指挥，在他麾下有契丹兵，也有汉兵。史天泽是史秉直的儿子、史天倪的弟弟。史秉直是大兴永清（今属河北）人，举族降木华黎，奉命管领降人，屯驻霸州。

窝阔台灭金后，增设五个汉军万户，以张柔、邸顺、严实、张荣、郝和尚五个人充任。

张柔，就是在崖山之战中灭南宋的张弘范的父亲。他是涿州定兴的农家子，聚了几千家住在西山避乱，结队自卫，被金朝的中都经略使苗道润所赏识，提拔为定兴的县令。苗道润被副使贾瑀杀害，张柔想复仇，一时没有机会，遂放弃。其后，他当了金朝的骠骑上将军、中都留守、大兴府尹，领兵抵抗蒙古兵于紫荆口旁的狼牙岭，因坐骑摔倒被俘，后投降。降了以后，帮蒙古兵打下雄州、易州、安州、保州等地。

邸顺是保定府行唐县人，降了成吉思汗以后，历任行唐令县、恒州安抚使、山前都元帅，被赐名为“察罕·纳合儿”（白狗）。张荣是济南府历城县人，本已结寨自保，而且掌握了章丘、济阳、淄州等地方，在东平易手之后，无可奈何而降蒙古，被成吉思汗任为金紫光禄大夫、山东行尚书省、兼兵马都元帅、知济南府事。他在灭金的战役之中连破归德、沛县、徐州。郝和尚是太原人，幼年被蒙古兵掳去，隶属于千户客台麾下，在1228年当了丰州元帅，三年以后受封为“行军千户”。

随着八个汉军万户的设立，先后受封为汉军千户的人有几十名。

事实上，窝阔台所有的汉军，远超八万之数。

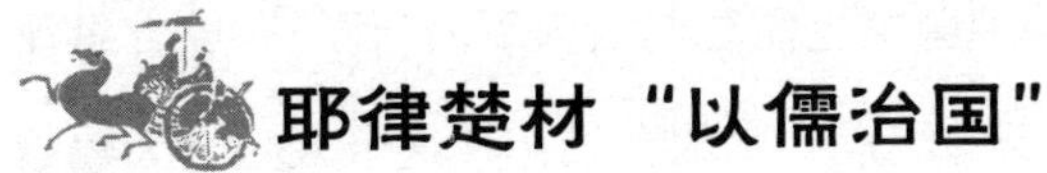

耶律楚材“以儒治国”

成吉思汗统一蒙古后，领兵攻打金国。这时他求得了一位杰出的人才，这个人在日后蒙古王朝的发展中起到了重要作用。他就是伟大的政治家耶律楚材。

金章宗明昌元年(1190年)，耶律楚材诞生于燕京（今北京）。他是契丹皇族的后裔，辽国东丹王耶律突欲的八世孙。他的父亲耶律履是一个汉化程度很深的大学者，60岁才得到耶律楚材这个儿子。他非常珍爱自己的幼子，对亲人说："这是我家的千里驹呀，他以后一定会成为伟才大器的。"他还根据《左传》中"楚虽有材，昔实用之"这句话，给新生的儿子取名为"楚材"。

耶律楚材3岁的时候，父亲便去世了，他是在母亲杨氏的养育、教诲下长大的。他自幼勤奋好学，13岁时开始学习诗书，17岁时便已无所不读、无所不知，文章也写得棒极了。耶律楚材热爱儒家思想，也受到禅宗的影响，所以他渴望有机会施展抱负，实现"兼济天下"的理想。机会很快就来到了。成吉思汗在攻打金国时，听说了耶律楚材的名声，便在汉北召见了他。耶律楚材身材高大、声音洪亮，一把漂亮的胡子挂在胸前，颇有风度。他谈吐得体，见识不凡，成吉思汗非常赏识他，称他为"吾图撒合里"(蒙语"长髯人")，让他留在身边，以便随时向他请教、咨询。

耶律楚材强调"以儒治国"，他的主张遭到善于造弓的西夏人常八斤的嘲讽。常八斤挖苦耶律楚材说："国家正在用武之际，你却说以文治国，要你有什么用呢?"耶律楚材听后并不生气，他微笑着说："造弓需要巧手和工匠，治理国家也需要能治天下的巧匠。"成吉思汗十分赞同他，指着他对自己的继承人窝阔台说："这个人是上天赐给我们的宝贝。你以后要将国家大事托付给他。"

窝阔台继承汗位后，果然重用耶律楚材。当时一些蒙古大臣向窝阔台建议："我们抓住了汉人也没有什么用，不如把他们全部赶走、杀死，把中原也改成同我们蒙古一样的牧场。"耶律楚材听到这种目光短浅的愚蠢建议后，极力劝阻窝阔台。他说："维护汉人原有的农业、手工业生产，我们可以得到许多的钱粮赋税，这样我们打仗时就不怕供应不足了。这样的好事何乐而不为呢?”窝阔台同意了他的意见。

在严酷的战争中，耶律楚材还特别注意保护人口，帮助百姓避免不必要的伤害。蒙古统帅速不台攻占了金朝首都汴京后，向窝阔台进言，要求按照惯例屠城。耶律楚材听说后，骑着快马来到窝阔台面前，劝说道：“大汗攻打天下，争的就是土地和人民。如果把人民全部杀死，那些土地谁来耕种、放牧呢？我们需要的能工巧匠也会全部失去。那我们除了一座空城外就一无所得了。”窝阔台觉得耶律楚材说得很有道理，便决定只向金朝皇族完颜氏问罪，其余的人都加以宽免。这样，聚集在汴京的一百四十七万人才活了下来。后来，蒙古平定了河南，被抓住的金人到处逃亡，窝阔台很恼怒，发出命令：谁要帮助逃民，全家视为犯法，连乡社里的人都要连坐。严酷的法令使许多逃民都死在路上。耶律楚材又劝说窝阔台解除了这些禁令。这些宽大的政策，在攻取其他城市时，都得到了沿用，并逐渐成为一种定例。

耶律楚材在帮助窝阔台治理国家的过程中，一步一步地实施着自己“以儒治国”的方略，在政治、经济、文化各方面都做了许多事情。蒙古灭亡金国以后，蒙古朝廷准备整编中原户口，耶律楚材力排众议，坚持中原地区以户定赋。窝阔台准备把攻占的土地按照蒙古的传统分封给王室、有功的大臣。耶律楚材则认为，分割土地，最容易出现问题，不如多给大家金银财宝。他还帮助窝阔台制定了针对中原地区的赋税制度。这些赋税都很轻，有利于中原地区的休养生息。窝阔台觉得耶律楚材是一个难得的人才，同意了他的建议。耶律楚材还告诉窝阔台，“马上得天下”却不能“马上治天下”。在他的大力倡导下，蒙古王朝开始大量任用文臣，设立国子学编集经史，招考儒生。耶律楚材为保存中原文化做出了巨大贡献。

但耶律楚材的治国方针不可避免地触犯了蒙古守旧贵族和西域商人的权益。因此，他遭到守旧势力的不断攻击，而耶律楚材也不屈不挠同这些攻击进行了斗争，耿直的他有时连窝阔台都敢于顶撞。有一次，他秉公审理案件，抓了一名窝阔台宠信的通事(译员)。窝阔台非常恼火，命人把耶律楚材绑了起来。窝阔台到底是一个明智的君主，过了一会儿，怒火平息，便觉得这样做很不妥当，命令侍卫把他释放了。可是倔强的耶律楚材不肯让别人解开他身上的绳子。他昂着头对窝阔台说：“我是辅国大臣，陛下命令捆绑我，一定是因为我有罪，那就应该告诉众位大臣。现在又要释放我，表明我没有罪。陛下身为一国之主，怎么能这样轻易反复，像小孩子一样呢？这样的话，国家发生大事，怎能处理呢?”一番话说得在场的大臣都大惊失色，生怕窝阔台生气惩治他。谁知窝阔台满面通红，沉默了片刻，竟向耶律楚材承认了自己的不是。自此，窝阔台更加敬重自己的这位贤臣了。

1241 年，窝阔台由于饮酒无度而死去，皇后脱列哥那（乃马真氏）控制了朝政。她对公正无私的耶律楚材怀恨在心，不断地排斥打击耶律楚材，不让他参与朝政。三年之后，忧愤成疾的耶律楚材与世长辞。消息传出，举国悲哀，老百姓们都好像丧失了自己的亲人一样。汉族的士大夫都流着眼泪来凭吊这位有特殊功劳的契丹政治家。然而他的政敌却乘机散布谣言，说他当宰相时，把天下一半的贡赋都弄到自己家中。然而调查的结果却表明：耶律楚材的府第中除了十几张琴和一些书画、金石、遗文等，并没有其他财物。政敌的谣言不攻自破，耶律楚材的高尚节操再次令人赞叹不已。

窝阔台与托雷不和

成吉思汗在他的四个儿子中最喜欢幼子拖雷，征战必携他同往，称之为“那可儿”（伴当）。成吉思汗让窝阔台继承大位，为补偿和安慰拖雷，让他得到了最多的军队和财富。1227 年，成吉思汗死去，由拖雷监国。1229 年秋，拖雷召集东西道蒙古诸王和大臣们在怯绿连河上游的曲雕阿阑成吉思汗的大斡耳朵（宫帐）举行忽里台大会，商议推举大汗。

虽有成吉思汗遗诏，在忽里台上窝阔台却欲将汗位推让给拖雷。他说：“按照蒙古体例，幼子继承父业，主其家帐。拖雷是父汗的幼子，日夜扈从父汗，亲聆教诲，熟知札撒(法令)。现在他在这里，我怎能即汗位呢?”事情很明显，他在顾虑拖雷手中的军队。这时候，拖雷的态度是起决定作用的。

一般来说，既有成吉思汗让窝阔台继承汗位的遗命，窝阔台在受命时，拖雷当着成吉思汗的面也表示将来奉窝阔台为大汗；而这次忽里台的主持人又是拖雷，应该很痛快地通过才是。但是大会却整整争议了三十五天。据《元史·耶律楚材传》可知，拖雷也在觊觎汗位。他想以意见不统一为由将原定即位日期拖后，以达到自己的目的。最后还是在耶律楚材的说服下，他才勉强奉窝阔台为大汗。

窝阔台心里对拖雷有一本清楚的账。即使他当了大汗，他的潜在

对手依然是四弟拖雷。窝阔台取得汗位后四年，拖雷就死了，年仅四十岁。对于他的死，史家说法纷纭。但流传最广的是说他喝了萨满教巫师涤除疾病的咒水而致死的。《蒙古秘史》和《史集》都持这种说法。

窝阔台伐金，班师北还。过居庸关，窝阔台驻军龙虎台。这时窝阔台突然得病，奄奄一息，于是命萨满巫师占卜。巫师说："这是金国水土之神来找您的麻烦。因为您的军马掳掠人民，毁坏城郭，所以他来作祟。只有让一亲人代您受过，您的病才会好。"窝阔台说："我的儿子谁在身边？"这时拖雷在侧，说："他们都不在，只有我在这里。"于是巫师把窝阔台的疾病涤除在一只水杯中，拖雷就把水喝了。而后，他对巫师说："我醉了。在我醒来之前，教我哥哥善待我的寡妻，抚养我的幼子，直到他们成人为止。"说罢，他走出汗帐，死了。

不少史家认为，拖雷所饮的咒水中，必定是放进了毒药，而投毒者正是窝阔台。拖雷临死前的一段话，与其说是对兄长的爱戴，不如说是一种无可奈何的哀鸣。窝阔台借助迷信，宣扬拖雷为兄长、为大汗献身，拖雷得到了美名，窝阔台巩固了皇位，倒也两全其美。

当时草原上的人们肯定会相信拖雷代死的真实性，从而对拖雷的代兄捐命充满崇敬，对窝阔台的起死回生充满敬畏。但是拖雷的妻子唆鲁和帖尼却不信这一套，她哭闹着说："我那心上人为谁做了牺牲？他到底为谁而死？"她采取了报复行动，也投毒杀死了窝阔台。但这种说法只见于《史集》（中世纪著名的世界通史，波斯伊儿汗国宰相拉希德丁奉第七代伊儿汗合赞之命主持编纂），为他书所不载。

拔都与贵由结怨

1235年，窝阔台召诸王大会，决定征讨钦察、斡罗思等未服诸国，命各支宗王以长子统率西征军，万户以下各级那颜(官员)亦遣长子从征。故此西征史称“长子西征”。

出征的主要人物有：

拔都，术赤长子，以诸王之长，统率全军。

不里，察合台长孙，其父木阿秃于此时已死，故由其代之。

贵由，窝阔台长子。

蒙哥，拖雷长子。

速不台，成吉思汗的“四狗”之一，战功卓著，此次为西征的先锋。

1239年，西征军灭钦察、不里阿耳等国。窝阔台命贵由、蒙哥返回蒙古本土。拔都部也回驻也的里河下游，在那里张幕庆功。席间，拔都自恃年长，开宴时先饮一二盏酒。贵由和不里不服气，起而骂座，言辞极为恶毒。拔都闻言，非常生气，待贵由和蒙哥回到和林后，他写了一封奏章，上报窝阔台大汗。

窝阔台闻奏震怒，传旨今后不许贵由觐谒。大骂道：“这个下流东西，听谁的唆使，竟敢对哥哥肆口胡说？现在他不过是一个坏鸟蛋，在哥哥的怀中还未孵化，就敢这样敌视哥哥！应该让他为前锋谪戍军

官，使他攀攻如山之城，磨秃他的十个指甲；让他为探马，令攀坚城之壁，磨秃他的五个指甲。”窝阔台又当面训斥合儿合孙：“下贱的狂徒！跟谁学的这种恶习，口出大言，辱我宗亲。本应将你斩首，但你与贵由同罪，如果杀你，别人会说我同罪异罚。暂且免你一死。”又说：“不里系察合台之孙，亦应让察合台知道此事。”

在场的蒙哥和阿勒赤歹（成吉思汗弟合赤温之长子）等人对窝阔台说：“成吉思汗在日曾有言‘军旅之事断于外，家中之事断于中’。贵由等人的事情属于军旅，应由拔都判决为宜。”

这几句话说得很得体，一来不致使窝阔台为处分贵由为难，二来好像给了拔都面子。实际上作为西征统帅的拔都，总不能为此口舌之争而重罚皇子贵由。这一招实在是妙极了！

从此，贵由和拔都结下深仇。从窝阔台的谩骂中，可以窥见当时拔都的实力。

窝阔台死后，贵由即位。1248 年年初，贵由自率大军由和林西行，意图袭击拔都。三月，贵由西行驻于横相乙儿之地，不料突然死去，眼看一触即发的战争即由此作罢。种种传说，似乎都印证了贵由死于拔都之手。

贵由死后，拔都表示：“请海迷失（贵由的皇后）按照镇海和其他大臣的意见在原来的基础上治理国事，务请不要忽视国事。我由于年老体弱，脚有病不能走动，你们这些幼辈宗亲，务必把事情办好。”

这时的拔都似乎显示了一位长辈的气量。他之所以能“内握定策之权，外制属国之命”，由此可见一斑。在贵由死后的汗位继承问题上，他拥立拖雷系的蒙哥，除了其他因素外，和贵由结怨，不能不说是非常重要的因素之一。

摄政皇后脱列哥那

窝阔台在世时，有一次带着蒙哥出猎。忽然刮起大风，他们只好支起篷帐避风。窝阔台让蒙哥坐在自己的膝上，摸着他的头随便说了一句："小子，将来可以当大汗。"后来，窝阔台令人杀母牛喂豹子，其孙失烈门（窝阔台三子阔出之子）在跟前，孩子天真地问："母牛死了，小牛犊谁来养呢?"窝阔台认为这是"仁义"之语，就随便说了一句："凭这句话，你将来就可以君临天下。"

窝阔台这个人虽然贵为可汗，但随便说话的情况总是有的，可后来的人却把他的话当成最高指示。因此这两句话便引起了继统之争。1241 年窝阔台去世后，皇后脱列哥那没有立失烈门为汗，而是联络一帮子宗王，让自己的亲生子贵由继位。

窝阔台的妻子也很多，但正妻无子，并在窝阔台死后不久就去世了，因此朝中大权就落在了六皇后脱列哥那手上。此人原来是蔑儿乞惕部酋长的妻子，当蔑儿乞惕部被蒙军击败时，酋长也被蒙古人杀死，窝阔台就把脱列哥那占为己有。

脱列哥那是个权力欲极强的人。失烈门是阔出之子，而阔出不是她所生，所以她属意于长子贵由。可当时贵由远在西征途中，不能马上赶回来，所以在此期间，就由脱列哥那临朝称制。

脱列哥那很有一些政治手腕，为了保持政权的稳定，她做了大量

的工作。当时由于神器无主，人心不定，很多有实力的宗王都跃跃欲试，比如成吉思汗的幼弟斡赤斤就曾带兵开赴都城，准备夺得汗位，但脱列哥那马上派人遣使责问，斡赤斤也就只好知难而退。与此同时，脱列哥那又在朝中大施手腕，拿出大笔钱财贿赂文武大臣和各支宗王，宣布自宰相镇海以下的官员任职依旧，各封疆大吏也不更换，成功地维持了稳定的局面，直到长子贵由回到都城和林（今蒙古国哈尔和林）。

然而按照蒙古的旧风俗，新君想正式登上汗位，还需要经过忽里台的批准。可当时蒙古最有实力的拔都与贵由有很深的矛盾，不愿看着他当上大汗，所以始终推说自己有病，拒绝参加忽里台大会。拔都是成吉思汗的长孙，又是西征军的主帅，威望在当时无人能比，他不肯捧场，忽里台大会就开不成。这样过了很多年，贵由始终没能当上大汗，于是朝政仍旧由脱列哥那主持。

脱列哥那好弄权势，也不急于让权。贵由回来时，政局就已经稳定了下来，脱列哥那也开始原形毕露，利用手中的权力为非作歹。窝阔台晚年时曾用奸商奥都剌合蛮承包过天下赋税，致使民生困绝。脱列哥那主政后，对奥都剌合蛮进一步重用，甚至把空白诏令交给奥都剌合蛮，让他自行填写。中书令耶律楚材为此气愤异常，说道：“天下者，先帝之天下，朝廷自有宪章，今欲紊之，臣不敢奉诏。”脱列哥那大为不悦，直接绕过耶律楚材，下旨称：“今后凡奥都剌合蛮所言，中书官吏不为其起草文书者，断其手！”耶律楚材大怒，争辩道：“老臣事太祖、太宗三十余年，无负于国，死且不避，况截手乎！”脱列哥那更为不悦，此后就时常甩开耶律楚材，直接传令于中书官员。耶律楚材无可奈何，没过多久就忧愤而死。

耶律楚材在成吉思汗时代就已经是宰相了，德高望重，脱列哥那虽说对他不满，但也不敢拿他怎样，可是别人就没这么幸运了。宰相镇海本来是脱列哥那极力拉拢的对象，可是后来脱列哥那为独掌大权，又想置其于死地。幸亏镇海及时发现，逃到了皇子阔端那里请求避难。脱列哥那向阔端要人，阔端不是脱列哥那的亲生子，并不买账，让她碰了一鼻子灰。

脱列哥那还极度信任一个叫法提玛的女巫。此人本来是拖雷蹂躏呼罗珊时掠夺回来的女奴，只因会点法术，所以很得脱列哥那的信任。法提玛在朝中为非作歹，对文武百官指手画脚，还安插大批的亲信党羽一起狼狈为奸，把朝廷内外弄得乌烟瘴气。

对此，贵由看得一清二楚，也对脱列哥那的做法十分不满，加上又迟迟登不上汗位，所以这种不满情绪就更加强烈，母子不和开始出现征兆。到了公元 1246 年，窝阔台去世已经四年多了，贵由还是没能当上大汗，拔都大概也觉得汗位虚悬的时间实在是太久了，便不再阻挠，派弟弟别儿哥代替自己出席忽里台大会。当年八月，蒙古诸王公在都城和林聚齐，正式推举贵由为蒙古国第三任大汗。贵由按照惯例假意谦让，一会儿推举这个，一会儿推举那个，一会儿又推说自己有病，经过了不知多少轮的谦让，贵由终于答应继承汗位，但是又提出了一个新的条件，就是在他死后，新的大汗也要从他们这家人里出，这种时候又有谁会拒绝他？于是大家纷纷赌咒发誓，称“只要你们家里还剩下一块连狗都不吃的肉，我们也绝不立别人为大汗”。贵由这才心满意足地当上了蒙古的新任大汗。

话说阔端出席忽里台大会之后，在返程途中突然生了一场大病，据说是被脱列哥那的心腹法提玛施了巫术。这件事情不知是真是假，总之阔端信以为真，刚回到封地，就病死了。他在死前特地派人转告哥哥贵由，叫他给自己报仇。贵由早对法提玛极为不满，也不管她是

不是脱列那哥身边的红人，立刻就派人把她抓了起来。母子矛盾由此激化。脱列哥那一看儿子翅膀硬了，不久就郁郁而终。在她死后，贵由便命人用线将法提玛身上的七窍缝了起来，将其扔到河里活活淹死。

三王之狱

贵由死后，援例在新君未立之前由贵由皇后海迷失摄政。

拔都以长兄的身份召集诸王至其驻地阿剌脱忽剌兀，商议选立新汗。察合台系和窝阔台系诸王认为选汗大会应在蒙古本土，而不应在拔都的领地内，因此拒绝与会。皇后海迷失也只派了代表巴剌等人参加。与会者主要有拖雷的儿子蒙哥、忽必烈、阿里不哥、末哥，大将忙哥撒儿等。诸王中大半是术赤、拖雷的后人及成吉思汗诸弟的子孙。蒙哥的到来，让"拔都亲眼看到了他的能干和成熟"，于是提议推蒙哥为汗。

元定宗贵由在位时，奉命西征的野里知吉带自西域来会。他和海迷失的代表巴剌在会上创议："窝阔台在日，曾言皇孙失烈门可君临天下，诸王百官都是知道这个话的。现在失烈门年轻有为，如果更议所立，那把失烈门摆在什么位置上？"但他们的提议受到忽必烈等人的激烈反对。这时，忙哥撒儿按剑而起，厉声说："必立蒙哥为汗。有异议者，我请斩之。"吓得宗王们再不敢言语。于是大议遂定，并决定来年春在怯绿连河大斡耳朵（宫帐）重新召集大会，拥立蒙哥正式登基。

在汗位虚悬时，贵由和海迷失所生长子忽察也欲争夺汗位，其弟脑忽也支持哥哥力争。他们见汗位属于蒙哥，自然不会甘心。

巴剌将会议情况回禀海迷失，海迷失非常生气，遣使对拔都说："会议非地，宗王未集，义不能从。"拔都根本不听，命其弟别儿哥护从蒙哥东还。1251 年，蒙哥即位前，遣使劝失烈门、忽察、脑忽三位宗王来会。但到了即位的日期，三王迟迟未至。拔都不让再等，教蒙哥如期登基，并说："宗亲如有梗议者，有国典在!"

登极大典，宴饮七日。失烈门、忽察、脑忽三王见汗位旁落，串通一气，密谋乘其宴饮不备作乱，便以朝贺为名，整军而来。但谋事不密，遂以失败告终。

三王由于叛乱酿成大狱，史称"三王之狱"。蒙哥借三王之狱，开始镇压异己。他先将煽动三王叛乱的人处死。海迷失不但没有参加蒙哥的登极大典，反而对来使说："宗王们曾做过保证：大位永远属于窝阔台家族，任何人不得与他的子孙对抗。现在你们自食其言，真不守信用。"蒙哥心甚恶之，第二年派人逮捕海迷失，将她裹入毡子里，抛到河中。

由于失烈门等三王被认为是受了母亲的拨弄才起来叛乱的，因此得免一死。忽察和脑忽被禁锢于和林，失烈门在军中赎罪，后来随忽必烈伐宋，但忽必烈在南行前将其投于水中。

从此，蒙古帝国的帝位由窝阔台系转入拖雷系，直到元朝灭亡。

钓鱼城之战

钓鱼城周长十余里，山顶地势平旷开阔，上有充足的水源与足够的良田，军民耕战结合而无后顾之虞。钓鱼山高近四百米，嘉陵江与渠江环绕其南、北、西三面，山腰据险筑起两道三丈高的城墙，又筑“一字城”直达嘉陵江岸，可安然保持与外界的联系。

余玠苦心经营

公元1241年末，窝阔台的死讯传到中原，蒙军大将察罕立即从淮南撤军，其后十余间，蒙古一直没有组织过大规模的南侵，这就给南宋提供了一段非常宝贵的喘息时间。

此时南宋已被蒙古连续打击了五六年，三大防线虽说没有全面崩溃，但也都遭受了不同程度的损伤，确实有必要进行一次彻底的修整。具体而言，在两国第一阶段大战当中，南宋在江淮战场上防守最为成功，蒙受的损失也最小，没有进行大规模调整的必要；而在京湖战场上，虽然蒙军曾一度占领襄阳，并使这座军事重镇惨遭破坏，好在没过多久，襄阳就被南宋头号大将孟珙夺了回来，并重新加以修葺，使得京湖战场不至于出现大的问题。这样就只剩下四川战场，这才是最令人放心不下的地方。

自从蒙军第一次入蜀后，蜀口防线就已遭到彻底的破坏，其后四川就成了蒙军想来就来、想走就走的地方，就在公元1241年冬，蒙古为配合察罕入侵两淮地区，又派汪世显出兵四川，结果再度攻克成都，就连四川制置使陈隆之也兵败被杀。如果不是窝阔台突然去世，蒙军说不定又将杀向夔州，以实现抢占长江上流的作战计划。

四川本来是南宋的重要财富来源地，可自从遭到蒙军破坏之后，钱就再也收不上来了，每年还得倒贴。这还不算，蜀口向来有“天险”

之称，可现在却成了窗户纸，蒙军随捅随破，长此以往，夔门也势必不保。如果再不采取措施，说不定哪天就会有蒙军顺流而下，一直杀到江南，到时候再想办法也就晚了。宋理宗虽然一度让孟珙兼管四川，可孟珙身为京湖战场的最高指挥官，自身的戎务已非常繁忙，很难两头兼顾，这显然不是长久之计。宋理宗每天都为此事忧心忡忡，直到嘉熙六年（1242年）五月，淮东制置副使余玠奉召入朝，进言“事无大小，一定要务实；选用大臣不应只看出身，而要文武并重”，宋理宗听完眼睛一亮，于是就有心将余玠派往四川全面主持工作。

余玠，字义夫，蕲州（今属湖北）人氏，史载其“家贫落魄无行，喜功名，好大言”，可见他的出身不好，性格也有一些偏激，但学习成绩应该还不错，否则也不能就学于当时的名牌学校白鹿洞书院。白鹿洞书院位于江西庐山五老峰南麓，号称当时“天下四大书院”之首，师资力量非常雄厚。南宋著名理学大师朱熹就曾在这里担任过洞主。这里是传习理学的重要基地，余玠如果一直在这里学习下去，很有可能通过科举途径步入政坛。可惜正像《宋史》中所说，这个人“落魄无行”，跟朋友上茶馆喝茶，竟然因为一些琐事把卖茶翁打死了，之后只能弃学逃命，来到淮南。

好在南宋公安的刑侦能力不强，犯罪分子的资料也无法互通，余玠逃跑之后就没人过问了。当时的淮东制置使就是“端平入洛”的主帅赵葵，此人一贯重视人才。余玠久闻他的大名，就拿着自己的诗去拜谒他。结果还真让赵葵看出了才能，被收入了幕府。余玠也正是通过这条途径进入的军队。

余玠少年学文，但是没有能够科举及第，像他这种一没出身，二没武功，三没后台的人，如果放在和平年代，就算有一肚子真材实料，也很难在政治上有所作为，但随着宋蒙之战的全面爆发，余玠脱颖而

出。在战斗中，他曾多次立下战功，到觐见宋理宗之时，余玠已被升至淮东制置副使，成为一名不折不扣的地方大员。宋理宗对余玠以往的表现一向认可，又对他这次进言给予了高度认同，所以这才决定将重建四川防线的重任交给他。

这年六月，宋理宗在经过一番深思熟虑后，正式做出了两项重大决定：第一，将四川制置司从饱经战火焚荡的成都移往川东重镇重庆府；第二，任命余玠为四川宣谕使（当年又改授四川安抚制置使）。七月十六日，余玠辞行之时，宋理宗又当面告谕："当为四蜀经久之谋，勿为一时支吾之计！"余玠也慨然应诺，表示自己主政四川后，必当"手挈全蜀还本朝"。

将四川制置使移往重庆府，无疑是个明智的选择。当时川西、川北残破得非常厉害，与其投入重兵保蜀口，不如集中兵力保川东，所以余玠到任后，就将四大都统司全面后撤，将金州都统司撤至大获城（今四川广元东）、将沔州都统司撤至青居城（今四川南充市高坪区青居镇）、将利州都统司移至云顶城（今四川成都金堂县境内云顶山上）、将兴元都统司移至钓鱼城（位于重庆市合川区合阳镇嘉陵江南岸钓鱼山上），然后在岷江、沱江、涪江、长江、嘉陵江等流域内，建下了星罗棋布的山城，山城与山城之间通过各江航道或官路为联络线，从而构成了一套完整而强大的防御体系，对抵御日后蒙军入侵起到了至关重要的积极作用。

在所有的山城之中，合川钓鱼城无疑是重中之重。合川是重庆府的北大门，钓鱼城就坐落在合川东十里外的钓鱼山上，其山突兀耸立、陡然阻绝，山下有嘉陵江、渠江、涪江三江汇流，使其东、南、北三面环水，地势十分险要，是川东最为形胜之处。早在余玠入蜀前，上届四川安抚制置副使彭大雅就发现此处的地理优越性，并在这里筑起了一座山城。余玠入蜀后，又采纳播州（今贵州遵义）人冉琎、冉璞兄弟的建议，对这座山城进行了彻底的加固，使其成为一座很难攻克的坚强堡垒。关于余玠和冉氏兄弟的相识，其中还有一个小小的插曲。

余玠入蜀之后的第一件事，就是在公府之旁建起了一座招贤馆，大举招揽人才，并张榜说道："当年诸葛亮治蜀，搞得就是集思广益，今天我余某人治蜀，也要靠大家帮忙。蜀中豪杰如有赐教，近的可以直接来公府面谈，远的也可言事于州郡。所论对与不对，余某人必当以礼待之；所论一旦采纳，朝廷也绝不会吝惜高爵重赏。"榜单贴出之后，四方来献计献策者络绎不绝，余玠都不厌其烦地一一接待，凡是他认为可用之人，就立即授予官职，即便是计谋不可用，余玠也都以礼相待，厚金送走。

蜀中有冉琎、冉璞两兄弟原为播州人氏，当时居住在当地少数民族的聚集区。冉氏兄弟都是很有本事的人，并在当地享有很高的知名度。前几任蜀帅屡次辟召，但这兄弟两人始终坚辞不就，心甘情愿当隐士。直到余玠入蜀，这哥俩商量了一下，认为余玠是个好领导，这才不等召见，主动赶往重庆相投。

余玠早就听说过冉氏兄弟的大名，见面之后大喜过望，急忙询问御敌之策，但这哥俩又一言不发，什么计谋也不肯献。余玠也不怪罪，将他们安排到城内最好的驿馆居住，每天好酒好菜奉上，待之以上宾之礼。一连几个月过去了，冉氏兄弟每天都在驿馆里大吃公款，可仍然一策不献。余玠手下的人都很不高兴，纷纷提醒余玠说道："明公礼贤下士没人反对，可这姓冉的哥俩儿除了吃什么也不会，白糟蹋粮食不说，叫那些真有本事的人看着心里也不舒服啊！"

余玠心里也很不高兴，于是在几天之后组织了一场"献计献策者"答谢酒会。席间别的客人都畅所欲言，提出了很多合理化建议，唯独

冉氏兄弟仍是闷头猛吃，一句话也不说。这一来，余玠再也忍无可忍，第二天就把冉氏兄弟挪到档次低一级的驿馆居住，然后又命人暗中窥视他们的行为。不久他得到报告，说这两兄弟一天啥也不干，就是面对面干坐着，有时在地上画一些山水画，随后又拿脚抹去，不知道他们在干些什么。余玠也不知道这哥俩究竟打的是什么主意，反正接待标准降了，也就随他们去了。

又过了十多天，冉氏兄弟突然找到余玠说道："这么多天来，某兄弟有辱明公礼遇，无以为报，只好拿出一个不成熟的建议供明公参考。"余玠十分意外，急忙询问内容。冉氏兄弟就说："巴蜀形胜之地莫过于钓鱼山，请明公将合川治所移至此处，只要用人得当，足以胜十万雄师。"

余玠听完便一声长叹道："先生所言，与某略同，只是这钓鱼山如何防守，我一直不得要领。"冉氏兄弟也不再多说，立即向余玠出具了一份建造钓鱼山城的预算报告，把该项目的前期调研、规划设计、内控管理、远景预测等方方面面的所有细节全部开列下来。余玠看完之后不禁大为折服，认为冉氏兄弟出具的这份报告，无论是可行性还是实用性，都已经达到了非常高的水平，看来这几个月的好酒好菜真没白费。余玠情不自禁地起身相谢道："某知先生绝非凡品，如此良谋，某不敢掠为己有。"说完就不再跟任何人商量，立即上书朝廷，请求给冉氏兄弟"不次除官"。最终朝廷按余玠的意思，同意将合川州治挪到钓鱼山城，并以冉琎为合川知州、以冉璞为合川通判。

消息传出之后，巴蜀一时舆论大哗，因为宋代知州不是一个普通官职，其全称为"权知某军州事"，意思为暂时代替朝廷管理某州（军）事物的官职，其实就是朝官的一种。知州的岗位职责非常重要，上马可以管军、下马可以管民，有全权处置州内事务之权力。知州的职权这么重，朝廷对知州的要求自然也非常严格，即便是中了状元也不可能马上就得到知州的美差。冉氏兄弟只不过是个白身人，骤然就升到如此高位，又怎能不令人眼红？但余玠不为所动，仍对冉氏兄弟重用如常。冉氏兄弟也不负众望，仅仅用了几年时间，就将钓鱼城建设成为一道坚不可摧的牢固防线，从此傲立西陲四十年，成功地挡住了蒙军一轮又一轮的猛烈攻击。他们以其辉煌的战绩，在宋蒙战争史上写下了最为浓墨重彩的一笔。

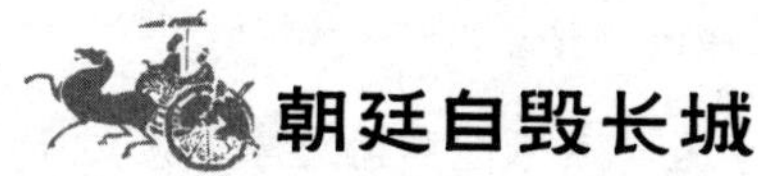

朝廷自毁长城

宋理宗用余玠出镇四川，无疑是个非常英明的决定。在余玠治蜀之前的十六年里，朝廷一共向四川派出过三位宣抚使、九位制置使、还有四位制置副使，不可谓不重视，但这些人“或老或暂，或庸或贪，或惨或缪，或遥领而不至，或开隙而各谋”。其中虽有像孟珙这样的能臣，但由于任期短暂，加上又是兼领，所以也没能做出多大成绩，直到余玠到来之后，通过整顿吏治、选贤任能、发展生产等一系列手段，四川的残破局面才彻底扭转过来。

在余玠治蜀的后期，四川连年大熟、百姓殷实，余玠又以轻徭而宽民力，薄征以通商贾，将四川治理得井井有条。在此大好局面之下，余玠还曾在公元1250年主动出击，准备收复失地，从蒙军手中夺回蜀口。当年十月，余玠分遣诸将沿金牛道、米仓道、阴平道

同时出击，一路连战连捷，最终同时抵达陕南重镇兴元府。虽然由于陕西蒙军的及时救援，打破了余玠夺取兴元府，关上巴蜀大门的计划，但这仍不失为自宋蒙开战以来，南宋方面所发动的最大一次收复失地的军事行动。

余玠治蜀的同时，蒙古各派宗王正为争夺汗位而忙得不可开交，没有精力再对南宋发起大规模的进攻。在这些年中，南宋各大战场上的压力都大幅减轻，总体形势出现了明显好转。这段时间对于宋理宗来说无疑是非常宝贵的，他也理应抓住时机对国内进行一次彻底的综合治理，好应对必将到来的蒙古再度大举入侵。可是宋理宗目光短浅，好了伤疤忘了疼，形势刚刚有所好转，他就放松懈怠，不但没能励精图治，反而还连续干出了好几件自毁长城的事情。

宋理宗原本是个很有头脑的皇帝，这一点从他对待理学的态度上就能得到明证。前文讲过，宋理宗本来并没有继承皇位的资格，完全是在史弥远的一手扶持下才登上了皇帝宝座，因此很受理学人士的抵制。当时理学派在朝野内外的势力非常强大，对宋理宗的统治构成了严重的威胁，如果放在别的皇帝身上，很有可能会对他们实行高压政策，以压制这股强大的反对势力。但宋理宗的手段却非常灵活，不但不禁理学，反而对其大加推崇，曾多次下诏表彰周敦颐、张载、程颢、程颐、朱熹等理学大师的光辉事迹，弘扬他们的学术思想，并称自己恨不能与朱熹生在同时，好时时听从他的教诲。他还把朱熹所撰的《四书集注》定为科举考试的标准答案，让理学思想一统科举江湖。理学人士们得到了这么大的实惠，也就不再去抓宋理宗的小辫子，从而被宋理宗轻而易举地整体收编。

宋理宗这样做无疑是非常明智的。理学从本质上讲是为维护封建统治而服务的，用高压政策对付他们，当然不如用收买和招安的手段来得实惠。在这件事上，宋理宗做得非常成功。在用人方面上，宋理宗也非等闲之辈，曾选拔出不少既正直又有能力的臣子，比如南宋中后期最出色的几员大将——孟珙、余玠、杜杲等人都是在理宗朝得到重用，足见他不乏用人之明。宋理宗为人还很宽厚，比如一向以直言极谏著称的李宗勉曾坚决反对宋理宗出兵收复河南，并曾多次上书批评过理宗“沉湎酒色，奢侈浮费，不肯减退宫女，不肯褒奖功臣，不肯拿出内币以助军费，表面求谏但又不肯受谏”，言辞非常尖锐。但宋理宗并不怪罪，反而在几年之内就将李宗勉从给事中升至左相兼枢密使，可见宋理宗的心胸还是很宽阔的。因此，在宋理宗亲政的中前期，官员的整体素质达到了南宋历史上的最高水平。

然而，尽管宋理宗表现出了一定的政治才能，但他和宋朝历代皇帝一样，有很重的猜疑心。自他亲政以来，任命宰相时基本是以六十岁为门槛，只能往上不能往下，年纪不到的几乎不予考虑。从表面上看，是宋理宗认为老臣能够持重，其实却是为了防止有人再度专权。因为古代受医疗条件所限，人的寿命往往不会太长，六十多岁当上宰相，干不了几年也就自然死亡了，所以不必担心会出现韩侂胄、史弥远那样的权臣。可是这种做法的弊病也有很多，因为宰相的年纪过大，就算再正直、再有才能，但受精力所限，也很难有大作为。比如有“历练老成、识量宏远”之称的乔行简，拜相那年七十九岁，干到八十五岁才退休，可他每天一上班就打瞌睡，哪有精力处理政事？再比如李宗勉虽有“公清之相”的美誉，但由于年纪过大，仅干了两年就死在任上。死得最快的宰相要属淳祐四年被拜为右相的杜范。此人风节凛然，与李宗勉齐名，但拜相那年六十三岁，干了四个月就病死了。而与杜范同时被拜为左相的范钟，拜相当年七十四岁，而且疾病缠身。

他仅当了一年零四个月的宰相，在此期间竟连续十次上表乞归田里，简直就是在对宋理宗苦苦哀求，这样的宰相又能有什么作为？所以，尽管宋理宗起用了不少正直的大臣，但也没能使国内的政治局面有多大改观。

与对文臣的防范相比，宋理宗对武将的猜忌更甚。在宋理宗时代，国内威望最高、能力最强、作用最突出的武将，非孟珙莫属，宋理宗也一直对孟珙十分倚重，还曾让他一人担任京湖、四川两大战区的主帅。但也正因如此，宋理宗又一直对孟珙十分猜忌。在宋蒙战争频繁时期，宋理宗离不开孟珙；而在蒙古内乱期间，由于两国战事归于沉寂，宋理宗觉得孟珙的用处已经不大，就开始对他多方进行掣肘。

孟珙自任京湖制置使以来，曾多次击败入侵的蒙军，在当时享有盛名。从公元 1244 年开始，孟珙利用蒙古内乱，多次派兵主动出击，攻打蒙军在河南的要塞，焚毁蒙军囤积的粮草，并屡获胜捷，声名更加显赫。不少原先向蒙军投降的南宋将士纷纷来归，使京湖战场上的形势出现了空前的好转。公元 1246 年，原南宋镇北军将领、时任蒙古河南行省长官范用吉也不想再跟蒙古人混下去了，便秘密向孟珙请求投降。孟珙不禁大喜过望，急忙上书请求朝廷予以批准。

范用吉身为蒙古河南行省的军政长官，一旦归顺过来，显然会在军事上对南宋大有裨益，宋理宗对此自然是一清二楚。可由于孟珙当时的威望太高，兄弟几个又都是抗蒙名将，宋理宗生怕一旦范用吉投降过来，会更加助长孟珙的声势，造成功高震主的不良局面，所以竟然以范用吉“叛服不常”为由，拒绝了孟珙的请求。就在这件事发生不久前，孟珙的老领导史嵩之因父丧而丁忧，朝中不仅没有人为孟珙说话，反倒谗言四起。孟珙自知已不容于朝，不免心灰意冷，叹息道：

“三十年收拾中原人，今志不克伸矣。”随后他主动上表请求致仕。宋理宗马上给予批准，让孟珙以检校少师、宁武军节度使的名义退休。这更使孟珙忧愤不已，从此一病不起。当年九月初一，一颗星星陨于南宋境内，声如雷鸣，随后狂风大作，掀开房屋，折断树木。当晚，孟珙就卒于江陵。

孟珙是南宋中期最杰出的爱国将领，他本人很有儒将风度，平时在军中十分威严，但私下，则“焚香扫地，隐几危坐，若萧然事外，远货色，绝滋味”，可与南宋初年抗金名将岳飞相比。孟珙去世那年，年仅五十二岁，这无疑是南宋的巨大损失。不过孟珙好在只能算是被排挤而死，还不能说是被活活逼死，死后还被追赠太师、封吉国公，下场还不算十分悲惨。与孟珙相比，同时代的另一名将余玠就远没有这么幸运了。

自从就任四川制置使以来，余玠功高厥伟，为稳定南宋的西南防线做出了不可磨灭的贡献，但时间一久，也避免不了受猜疑的命运。四川因偏居一隅，本身又有着得天独厚的地理优势，所以向来是个容易产生割据的地方。五代时期，就有王建和孟知详先后在这里建立了前蜀、后蜀。南宋建国之后，也曾发生过吴曦叛乱称王之事，所以四川的帅臣历来都是一个最容易受到朝廷猜忌的群体，而余玠本人办事又不顾嫌疑，昧于勇退，最终使自己落得一个很不好的下场。

淳祐四年（1244年），余玠的老上级赵葵进入枢密院，开始执掌兵权，给予余玠以很有力的支持。到了淳祐九年（1249年），宋理宗又将赵葵任命为右相兼枢密使。这对余玠来说本来是一件好事，谁知赵葵是武将出身，没有经过科举考试，反对派就以此为借口，对赵葵群起攻之，并抬出了“宰相须用读书人”的祖训，使赵葵没等上任就被迫辞职，结果连原有的兵权都没有了，这对余玠自然是一个沉重的打击。

不过好在余玠还有左相郑清之的支持，在朝中还算是有人，地位依然稳固。可是到了淳祐十一年（1251 年），左相郑清之病死了，与余玠毫无关系的右相谢方叔升任左相，这样余玠的后台全部倒塌，已经无法得到任何一个朝中大员的有力支持。

就在郑清之死前，发生了这样一件事情：利州都统制王夔恃功跋扈，余玠将其处死，派部将杨成代领其军，利州都统司则派出了本司统制姚世安前去接替。四川武将桀骜骄横，主将去职举代部属接掌军队也久成风气。余玠决心革除这种弊端，再派一姓金的都统制率兵前往接管，不料姚世安竟武力抗拒。

当时，左相谢方叔的侄子恰好避乱在利州都统司所在的云顶山上，姚世安就请他在朝中为自己说话。谢方叔偏听偏信，在理宗面前说余玠飞扬跋扈，居心叵测。

有吴曦、安丙的前例，有祖宗的家法，理宗也对余玠起了疑心。宝祐元年（1253 年），理宗下诏召回余玠。余玠对朝廷颠倒黑白的处理义愤填膺，接诏以后，服毒自杀。

余玠治蜀，厥功甚伟，赍志而殁，令壮士扼腕。川蜀百姓闻其死讯无不悲慕如失父母，心想：好不容易有一个人才，朝廷却轻信谗言，连一个余玠都用不得。

从窝阔台死一直到蒙哥即位，总共间隔了十余年，时间不可谓不充足，可宋理宗非但没有利用这段宝贵的时间励精图治、提升国力，反而一个劲儿地给自己拆台，把孟珙活活气死，将余玠活活逼死，南宋的国祚岂能长久？

蒙古的“斡腹”奇计

蒙哥汗即位后，吸取了以往蒙军南侵受挫的经验教训，改变过去单纯的破坏性与掠夺性战略，在西起四川东至淮东的边地修筑城堡、部署重兵、实行屯田，为与宋长期作战做充分准备。同时，他又命其弟忽必烈率大军远征云南，绕出两广，采取迂回包抄战略，以达到南北夹击宋朝的目的。

蒙古主要在因受长期战祸而地广人稀的河南黄淮平原实施屯田。他们招聚民众开垦种植，休养生息，并在开封设置河南经略司，使之成为日后南下进攻南宋京湖、两淮地区的粮饷基地。而蒙军所修筑的沿边城堡甚多，其中著名者，在川蜀有沔州城、利州城、成都城，在京湖有光化城、毗阳城、枣阳城，在两淮有亳州城、海州城等。这些作为蒙军屯兵积粮、进攻南宋的前沿阵地，在此后的战斗中起着重要的作用。

对于蒙军南征战略的转变，宋廷也有所警觉，并命令沿边将帅采取相应的对策。宋理宗多次告诫辅臣对此不可坐视，屡命宋军边将频繁出兵攻扰、袭击蒙军，并攻击蒙军粮道，以迟缓和阻止其在沿边修筑城堡。如利州城，在宋军的不断袭扰下，蒙军历时五年方告完成。同时，宋廷增兵沿边地区以加强防务力量，并令守将仿效四川宋军修筑山城之例，依山岭湖泊地势修筑城堡，与蒙军相抗。当蒙军在汉水

北岸要地重筑光化旧城后，宋军随即于汉水南岸筑光化新城，与敌隔江抗衡。宋宝祐二年（1254年）二月，宋理宗下诏追贬南宋初年向金乞和误国的大奸臣秦桧的谥号为“缪狠”，以昭示天下其抗击蒙古、守住江南半壁江山的决心。

因宋军的治边策略颇为对路，所以当时蒙军数次南侵，虽与宋军发生了激战，却都未能得手。由于攻嘉定、扬州未克，攻襄阳大败，蒙哥被迫开始实施酝酿已久的“斡腹之计”，即实施战略大迂回，绕道云南远征大理国，然后回军北上，以奇兵从侧背攻击驻扎在长江中上游地区的宋军主力，配合蒙军主力的正面作战。

从史料上看，蒙军此次绕道西南进攻南宋的军事行动被称作“斡腹”，但此词并非专指这次行动，而是蒙军在四出征战中经常采用的一种战略战术。这一战法，显然源出于草原牧民的狩猎生产经验。生活在蒙古大草原上的蒙古人，在长期从事集体狩猎的过程中形成了围猎习惯，把它运用于对敌作战，必然“合围把矛，猎取若禽兽然”。而再扩大运用，即为“斡腹”战法。

“斡腹”战法的要旨，在于迂回绕击，避开敌方正面防线，攻击其侧背的薄弱环节。所以这战法一般只是一个大的战略行动的组成部分。除“斡腹”之军外，还有一支或数支部队在敌军正面实施进攻，以便前后夹击。此“斡腹”部队既可是主力，也可能只是配合正面主力部队攻击的牵制性力量。这种战法在蒙古历次西征战争中曾有淋漓尽致的发挥。这一次，蒙军决意绕过宋军的沿江防线，穿越崇山峻岭，千里远征大西南，进行一次前无古人的大规模“斡腹”行动。

但蒙军入蜀的企图被宋军接连挫败。淳祐八年（1248年），蒙古企图经吐蕃境攻击大理。南宋蜀帅余玠为此派遣镇守嘉定城的俞兴统兵五千人西征，其中播州少数民族将领杨文所率三千步骑充当了主力。杨文率播州步骑奋勇争先，三战三捷，于大渡河畔生擒蒙将秃懑，蒙军残部北溃。蒙军多次进军蜀边的作战虽未能成功，但却为此后忽必烈“斡腹”大理行动起到了探路的作用。

俞兴西征军的这一胜利，暂时解除了蒙军对南宋侧后翼的威胁，至少阻滞了蒙军五年时间。直至宋宝祐元年（1253 年）十月余玠死后，一支由忽必烈指挥的蒙古大军方才突破大渡河天险，踏上了进军云南的征程。

宋淳祐十二年（1252 年）六月，忽必烈觐见蒙哥汗，奉命与老将速不台之子兀良合台一起统兵，“斡腹”云南。七月，忽必烈辞别大汗，于九月离开其漠南藩府所在地金莲川，统军向西南而行。

由于自关陕通往云南的捷径要经过尚在宋人控制的川蜀地区，所以南征大理国的蒙军不得不绕行道路十分艰险的吐蕃之境。为深入了解吐蕃地区的情况，忽必烈遣使往凉州（今甘肃武威）召吐蕃高僧萨斯迦班智达来见。当时，萨斯迦班智达已去世，其侄八思巴应召前来觐见忽必烈。八思巴与忽必烈的会见，对历史发展的进程影响重大。

国师八思巴

八思巴出身于一个显贵的宗教世家，这一家族世代承袭萨斯迦派的教主职位。公元 1246 年，八思巴的叔叔萨斯迦班智达把年仅 10 岁

的他和弟弟带到凉州（今甘肃武威）。在那里，萨斯迦班智达和成吉思汗的孙子、负责经略西藏的西凉王阔端，商定了西藏归顺蒙古的事宜。此后，以八思巴家族为领袖的萨斯迦派，开始高出西藏其他教派一头。

窝阔台的继承者贵由去世后，经过剧烈争夺，汗位落入成吉思汗的幼子拖雷一系手中。公元1251年，拖雷的长子蒙哥正式成为大汗。蒙哥即位后，为了加强自己的统治，他将中原汉地以及西藏地区的一切军政财赋大权，都交给二弟忽必烈经营。这样一来，贵由弟弟阔端的势力受到打击，西藏换了一个主人，萨斯迦派的地位顿时不稳。就在这一年，萨斯迦班智达在凉州去世。年仅16岁的八思巴继承了萨斯迦班智达的地位，成为萨斯迦教主，同时也成为代表整个西藏地方势力与大蒙古国联系的首要人物。能否担当起扭转不利局势的重任，是年轻的八思巴从继位一开始就面临的严峻考验。

忽必烈早就听说萨斯迦班智达到了凉州，他一上任就派人到凉州，要求阔端把大师护送到蒙古草原跟他见面。使者赶到凉州的时候，萨斯迦班智达已经死去。阔端回复忽必烈说："大师已经圆寂。他有一个侄子，叫八思巴，藏语是'圣寿'的意思。年纪只有十几岁，却精通佛法。请允许我送他前来复命。"

不过，八思巴不用长途跋涉到漠北去了。公元1252年秋，忽必烈奉皇兄蒙哥之命率兵南下，进征大理，不久来到六盘山驻扎。在这里，八思巴第一次见到了忽必烈。

八思巴受到了极其隆重的接待。忽必烈夫妇和他们的子女20多人，都以俗人见师僧的仪式礼拜八思巴。不久，八思巴先后为他们传授喜金刚四种密法灌顶。忽必烈对他的供养礼物也送得极重，一次就送了2000个斗大的银锭和5940匹上好绸缎。

但同时，忽必烈也召来了藏传佛教的另一支——噶玛噶举派的领袖噶玛拔希，这个人在藏地佛教界素以神奇的法力闻名。忽必烈对噶玛拔希的迎接和对待也是一样的尊崇、隆重。

当时噶玛噶举派和萨斯迦派在藏族地区各有自己的影响，也各有自己的势力。噶玛拔希和八思巴二人的社会声望也差不多。出身于游牧民族的忽必烈，素重密法咒术之类，八思巴和噶玛拔希既然都是大教派的教主，又同时来到，忽必烈便让他们斗法，硬碰硬地分个高下。那一年噶玛拔希 49 岁，而八思巴才 18 岁，可能由于经验不足，斗法一开始八思巴处于不利地位。

但后来八思巴显示出更神奇的法术，赢得了胜利。

八思巴从一开始就表现得谦虚、谨慎、忠诚、老实，深得忽必烈的喜爱。以后，他就一直留在了忽必烈身边。而噶玛拔希出于攀附更大权势的心理，离开忽必烈，北上投奔了当时的蒙古国大汗蒙哥。

后来，随着蒙哥汗的去世，阿里不哥的兵败投降，在忽必烈庇护下的萨斯迦派在元代最终取得了藏传佛教各派中独一无二的尊宠地位。

公元 1260 年，八思巴被新即位的忽必烈封为国师，国师的职权在于总理天下释教，掌管全国的佛教事务。这一任命意义深远，一方面正式确立了八思巴宗教领袖的地位，另一方面也是对西藏僧俗统治的需要。这说明西藏已经完全被元朝所统治，成为了中央王朝的一部分。

后来，八思巴按照忽必烈的要求，根据藏文字母创制了一种方形直书的字母体系。用这套字母，既可拼写蒙语、藏语，也可以拼写汉语。公元 1270 年，元朝把八思巴文字指定为官方法定的文字，无论汉文、蒙古文的文书，都要使用八思巴字母拼写。在当时的多语种环境下，用一种通用的字母体系来拼写各种文字，是一种很可取的做法。

为了表彰八思巴创造了新的文字，忽必烈将整个藏族地区赐给八思巴，还把他的身份从国师升为“帝师”——帝王之师。大朝会时他

可以坐在皇帝的旁边傲视群臣。至此，八思巴达到了他一生中权力的顶峰。

远征大理

经过两个月的跋山涉水，宋淳祐十二年（1252年）十一月初，中路蒙军“经行山谷二千里”后进抵金沙江畔，直逼大理国北境。

大理国的前身是唐代的南诏国，而此时，大理已是国势衰微，国王段兴智大权旁落，权臣高祥、高和代摄国政。随着内部矛盾日趋尖锐，一些原来处于附属地位的弱族逐渐强盛起来，形成割据局面，大理国分崩离析。

当忽必烈中路军来到金沙江畔时，除部分摩些族（今纳西族）部落做了一些抵抗外，那些“自立盟主”的丽江摩些部落酋长大多向蒙军迎降。

十一月十六日，忽必烈遣玉律术、王君候、王鉴三人入大理城诏谕，宣布只要投降，“许不杀掠”。

大理政权在获得蒙军大举南侵的情报后，加强了对北境的防御，由相国高祥亲统主力屯戍于金沙江沿线，并命高通领一军驻扎在会川（今云南会理西），与蒙古东路军相抗。但由于蒙古西路军在摩些部落的支持下迅速翻越旦当岭，突入大理北境，依次攻下尚在抵抗的部落寨栅，大理国的防御部署被完全打乱了。高祥被迫退兵大理城，坚城固守。忽必烈虽已遣使抚谕大理人，许诺不屠城，但久闻蒙古人嗜杀的大理人并不相信，加上忽必烈的中路军不断向大理城紧逼，故高祥杀死蒙使三人，“磔其尸于树”以泄愤。忽必烈闻知后，即率军南下，于十二月十二日首先抵达大理城下。高祥率兵出战，为蒙军所败，蒙军进围大理城。

忽必烈再次遣使招降，但仍为大理君臣所拒绝。十三日，兀良合台西路军攻拔了大理都城北关龙首关后，和东路军先后进抵大理城下，与中路军会师。忽必烈下令攻城，攻克了大理城东锁钥上关。高祥、高和“背城出战”，但在三路蒙军的合击下，大败而归，蒙军乘势杀入城中。十五日夜，眼见大势已去，大理君臣纷纷乘夜色弃城出逃。大理国王段兴智逃往附都善阐（今云南昆明），高祥率余众南走，大理城陷落。

忽必烈因为大理君臣拒命，并杀死蒙古信使而弃城逃遁，大怒，欲屠城立威。在藩府谋士的竭力劝止下才改变主意，大理遂得免屠城之祸。这一止杀政策，因对此后蒙古在攻宋战争中逐渐改变一味嗜杀、破坏之政策有着巨大影响，而成为其得以征服南宋的重要原因之一。

宋宝祐二年（1254年)春，忽必烈留下兀良合台率军戍守大理，并继续征服大理境内尚未归附诸部，又任命刘时中为宣抚使处理大理政事，自己遂班师复经吐蕃境北返。五月二十九日，忽必烈率军抵达六盘山，八月间回到了金莲川大本营。

兀良合台乘胜进兵善阐，大理国王段兴智见不能守，逃至昆泽，被擒。立国316年之久的大理国至此灭亡。

大理国的灭亡，使云南这一南宋的战略后方，一变而成为包围南宋的重要基地，南宋王朝由此陷入腹背受敌的境地，较前处于更为严酷的威胁之中。就此而言，蒙军“斡腹”滇中的目标已完全实现。

蒙哥折戟钓鱼城

宝祐六年（1258 年），蒙哥汗决定三路攻宋：自己亲率主力四万攻打四川，然后出峡东下；塔察儿领兵南下，进攻荆襄；兀良合台从安南出兵，经广西北上；三路大军会师鄂州（今湖北武昌），再合力东攻临安。

蒙哥主力入大散关，由利州直取剑门。经过近一年艰苦攻战，岁末打到钓鱼城下。这时四川已大部沦陷，王坚以兴元都统制兼知合州。他到任后就发动军民重新修缮钓鱼城。

钓鱼城周长十余里，山顶地势平旷开阔，上有充足的水源与足够的良田，军民耕战结合而无后顾之虞。钓鱼山高近四百米，嘉陵江与渠江环绕其南、北、西三面，山腰据险筑起两道三丈高的城墙，又筑"一字城"直达嘉陵江岸，可安然保持与外界的联系。当时，迁入钓鱼城内避乱的民众多达十余万人。

蒙哥派降将晋国宝前来劝降，被王坚在钓鱼山阅兵场当众处死。开庆元年（1259 年）二月，蒙古大军渡过渠江，蒙哥亲自督战攻城，双方攻守战打得十分激烈，但蒙军始终无法得手。四月，蒙古军一度袭破一字城外城，但旋被宋军击退。

蒙古军旷日持久，师劳兵乏，时值盛暑水土不服，疫疾蔓延。宋军以逸待劳，不时夜袭敌营。南宋政府听说蒙军入川，即派吕文德出任四川制置副使兼知重庆府，负责川蜀抗蒙大局。五月，吕文德率战船千艘驰援合州，遭到蒙将史天泽的攻击，只得返回重庆。

六月，蒙将汪德臣单骑到钓鱼城下招降，城上发飞石将其击死，蒙军士气越发低落。相反，王坚则命守城宋军向城下蒙古军投掷鲜鱼面饼，并致书说："你们北兵可烹鱼食饼，再攻十年，城亦不可得！"蒙哥见钓鱼城固若金汤，久攻不下，只得悻然撤军，命主力转攻重庆，自己则死在退兵途中的温汤峡（今重庆北温泉）。

关于蒙哥汗的死因，众说纷纭，莫衷一是。一说病死，所染即为痢疾；一说中飞石或飞矢而死；一说因炮风所震，得疾而死。由于蒙哥临死遗言："若克此城，当尽屠之。"为了发泄攻城失利的愤懑，蒙古军在护丧所经途中，杀无辜平民二万余人。

蒙哥一死，各路蒙军先后北撤，南宋政权转危为安。其后十余年间，宋蒙未发生过重大战役。这是因为忽必烈继承汗位后，专注于解决内部纷争与推进封建化进程。封建化进程弱化了蒙古军的原始野蛮性，也相应减轻了宋元替代过程中对社会生产力的破坏程度。

钓鱼城之战是南宋方面自宋蒙战争以来取得的最大胜利，不但有力阻扼了蒙古军的凌厉攻势，挽救了川蜀的危局，而且为余玠奠立的山城防御体系取得了重要的实战经验，极大地鼓舞了南宋军民的抗蒙斗志。

第五章

忽必烈登位

鄂州久攻不下，蒙军粮草缺乏，疾病流行，加上四川蒙军主力因蒙哥汗驾崩而北撤，北上的兀良合台军受阻于潭州城下，忽必烈只好班师回朝。

鄂州固若金汤

当蒙哥汗亲率大军进攻巴蜀时，因与大汗有矛盾而被解除兵权的忽必烈正以“患脚疾”为由，被迫居家养病，安闲度日。近侍燕真提醒道：“主上平日已心怀疑志，现今车驾远涉危难之地，殿下以皇弟独处安全，可乎?”忽必烈于是遣使者请求蒙哥汗允许他从征。此时正值塔察儿所率左翼军屡屡遭挫无功，故蒙哥汗决定让忽必烈代替塔察儿统率左翼军，攻击长江中游重镇鄂州，以接应主力东出四川。

宋开庆元年（1259 年）七月十二日，忽必烈经蔡州抵达淮河北岸，得到蒙哥汗死于合州钓鱼城下的消息，一开始还不相信，继续进兵。

八月十五日，忽必烈率军渡过淮河，分兵向鄂州挺进：忽必烈统领主力进攻大胜关（今河南罗山县南），万户张柔进攻虎头关（今湖北麻城市东北），严忠济率偏师由小路南下。

宋宁宗嘉定年间，宋军在淮南一带修筑了五关，曾有效防止了金军的侵犯。这淮南五关之中，以虎头关最为险要。忽必烈指挥蒙军攻破大胜关，张柔也经数番激战，击败驻守虎头关的宋军。五关既失，南宋淮西防线遂溃，蒙军乘势进抵蕲州（今湖北蕲春）。

当时驻守江州的宋沿江制置副使袁蚧为奸相丁大全的党羽，为人异常贪刻。他暴征横敛，激起渔民的极大不满。故一些渔民闻知忽必烈招募民船和船工，便主动将船只提供给蒙军使用，并担任船工与向导。因船只不够，忽必烈又命士兵用树皮捆绑树干做成木筏，为大规模渡江做准备。忽必烈还接受谋士刘秉忠的建议，派人持钱财到军中酬慰，故“人人踊跃，皆乐为用”。二十九日，先锋将获得南宋沿江制置司榜文来，上书：“今夏谍者闻北兵会议，欲取黄陂民船系筏，由阳逻堡以渡，会于鄂州。”忽必烈笑道：“此事并没有，但愿如其言。”遂决定自黄陂取道阳逻堡（今湖北新洲阳逻镇）渡江，次日驻扎在长江北岸。

九月初一，从征巴蜀的诸王穆哥自合州钓鱼山遣使臣来报告蒙哥汗的死讯，并请忽必烈迅即北还以继承大汗之位。蒙哥汗的死讯虽已证实，但忽必烈还是不想无功而返，说：“吾奉命南来，岂可无功遽还？”

九月初三，忽必烈登上阳巡堡北的香炉山，俯瞰大江，观察地形。山下的长江自西流向东，北岸有武湖，由沙武口（也称沙芜口）南通长江。湖东即阳逻堡，堡南为浒南洲（亦名白鹿矶）。阳逻堡东接蕲州、黄州，西连汉阳、郢州，南渡大江即至鄂州东郊，北背淮南五关，诚为四战要害之地。南宋在此屯驻重兵数万，有战舰二千余艘，扼守江面渡口，水陆军容甚盛。忽必烈派兵夺得宋军大舰两艘，并让部将连夜准备舟船。次日凌晨，风雨大作，从征诸将都认为此时不宜渡江，忽必烈不听。正好千户董文炳前来请战：“长江天险，宋人恃以为国，势必死守，不夺其气不可进。臣请先之。”忽必烈遂命诸将扬旗击鼓，分三路并进，约定诸将先到达南岸者，举烽火为号。董文炳于是率其弟董文用、董文忠与敢死士百余人，乘艨艟战舰鼓棹疾驰，呼喊而进，直薄（直逼）南岸。诸军随之争渡。此时风雨忽霁，天色转明，南宋水师前来迎战，却三合三败，伤亡甚重。屯驻阳逻堡的宋军面对强敌，多次在水陆两路冲击正在渡江的蒙军，却被监视阳逻堡的蒙军所拦截，

也遭败绩。宋军江上防线遂被突破，蒙军蜂拥渡过长江。

驻扎于香炉山上的忽必烈闻听捷报，迅疾策马下山，至江岸询问成功渡江之详情，并踌躇满志地命令诸军将士兵不解甲，马不停蹄，乘胜向鄂州推进，同时下令严忠济、张柔两部迅速前来会师攻鄂。为争取民心，忽必烈下令“军士有擅人民家者，以军法从事。凡所俘获，悉纵之”。

鄂州地处长江中游，扼汉水入口，西可援蜀，东可援淮，北可镇京湖，战略位置十分险要。因此，宋廷在年初命枢密使兼京湖、四川宣抚大使贾似道驻江陵府，全面负责长江中上游防务之时，又命印应飞知鄂州兼湖北转运使，以加强鄂州的防务。八月，宋廷得知蒙哥汗“崩于军中”，蜀中形势有所缓和，即命正在四川作战的吕文德兼湖北安抚使，率军回援局势趋紧的京湖战场。

九月初六，忽必烈顺利渡江，驻营于浒黄洲。此前忽必烈曾遣使至鄂州招降，却被都统、权知州事张胜所杀，至此忽必烈又遣王冲道等三人诏谕鄂州，但刚到东门，城上箭如雨下，王冲道中箭落马，被宋兵所擒，其余二人慌忙逃归。九月初八，忽必烈来到鄂州城下，驻兵于教场。次日，蒙军完成对鄂州的包围之势。因为此前增援四川，鄂州城中留守的士兵不多，防御单薄，形势危急。九月十一日，蒙军在城东北的头陀峰压云亭侧构建了高达五丈的瞭望楼，忽必烈登上楼头观察城内动静，发现城中出兵欲袭击蒙营，即遣军迎击，生擒宋军两人。宋军俘虏言贾似道已率宋军自江陵增援鄂州，但因“事起仓猝，故所率皆非精锐”。忽必烈便命官搜取当地百姓逃跑时丢弃的粮食聚于军中，“为攻取计”。鄂州守将张胜眼见城池危在旦夕，便施出缓兵之计，登城对城下蒙军表示：“城已为汝家所有，但子女玉帛皆在将台，可从彼去。”蒙军信之，尽东撤，张胜乘机尽焚城外民居，以免被蒙军利用来攻城，使鄂州城“岿然一垒”，城防大为加强。此时南宋襄阳守将高达等人引援军进入鄂州城，贾似道所率江陵军也进驻鄂州城对岸的汉阳城以为声援。忽必烈察觉了张胜的缓兵之计后，命军再围鄂州城，并遣部将苫彻拔都儿等领兵百人，同宋降兵一起至城下劝降。张胜杀死使人，乘势出城袭击蒙军，不胜而死。蒙军趁机攻城，被高达击退。

宋廷得知蒙军自沙武口渡江，围攻鄂州的消息后，“中外震动”。九月十九日，宋理宗下“责己诏”，勉谕诸帅臣进兵增援，命御史陈寅督促淮东帅司调兵五万“应援上流”，命侍御史沈炎往沿江制置副司驱兵应援鄂州，并诏贾似道兼节制江西、两广人马，全权负责应援鄂州事宜。宋廷还大出内府钱物以为军用：以缗钱一千万、银帛各五万两匹给四川、京湖宣抚司，以缗钱五百万、银帛各三万两匹给沿江制置副司犒师；以缗钱五百万、银帛各二万两匹给两淮制置司，以缗钱三百万、银帛各一万两匹给沿江制置司，以备赏军之用。

为阻挡四川宋军顺流而下增援鄂州，忽必烈遣大将拔突儿等率战舰趋岳州（今湖南岳阳）设防。九月底，拔突儿遇到自重庆东下的宋吕文德军，蒙军迎上阻击，但宋舟顺流疾进，将蒙军船队冲散，乘夜进入鄂州。十月初一，忽必烈移跸鄂州城外乌龟山，抵近前线督军攻城。此时增援鄂州的宋兵正在不断抵达。一天半夜，蒙古大营外忽然响起宋军士兵的欢噪之声，大惊之余，忽必烈急忙下令卫兵准备战斗。侍将赶忙用绳索做成一副担架，抬着忽必烈避去，终夜不敢入寐。不数日，贾似道统领援兵自汉阳渡江进入鄂州，更使鄂州攻守处于一种相持不下的状态。

此时宋军“精兵健马”都集中在京湖战场，鄂州宋军挡住了蒙军的猛攻，阻止了蒙军对江西、浙江的进一步渗透，使蒙军逐渐陷入了

困境。

忽必烈心急如焚，可就是吃不下鄂州这块热豆腐。他多么想拿下鄂州，作为争夺汗位的砝码啊。

蒙军因久攻不下，竟想出了在城墙下挖掘地洞的办法。为了防敌军攻破城墙，贾似道下令建木栅环绕城墙内壁，形成夹城。木栅于一夜之间建成，使攻入城墙的蒙军士兵被木栅所阻，成了待宰羔羊。贾似道并非百战宿将，却有如此军事才干，连忽必烈都忍不住赞赏他。

鄂州久攻不下，蒙军粮草缺乏，疾病流行，加上四川蒙军主力因蒙哥汗驾崩而北撤，北上的兀良合台军受阻于潭州城下，忽必烈只好班师回朝。

是役，宋军伤亡惨重，但在兵力上占上风，吕文德、高达等将领也沉着善战，蒙古军在鄂州城下一再受挫。史载，鄂州城中死伤达一万三千人。

贾似道便乘蒙哥汗战死、忽必烈退兵之机，密遣使者宋京前赴蒙军求和。急于北返的忽必烈，得到南宋方面提出的求和动议，可说是正中下怀。

宋廷愿以割江为界、岁纳银绢各二十万两匹为议和条件。忽必烈顺水推舟，同意议和，就轻骑北上与阿里不哥争夺汗位去了。双方来不及讨论议和的具体条款，连蒙古议和使者赵璧也只丢下一句“俟他日复议”，就匆匆随军北去。

忽必烈临行，通知由大理入广西辗转打到潭州（今湖南长沙）的兀良合台解除潭州之围，渡江北撤。当兀良合台军从新生矶（今湖北黄冈西北）渡过长江浮桥时，贾似道听从副将刘整的建议，命部将夏贵截断浮桥，俘杀了殿尾的百余名蒙古军，然后向朝廷谎报取得了鄂州大捷，却把私自求和之事隐瞒了起来。理宗大喜过望，以为贾似道再生百姓、重造宋室，功勋不在赵普、文彦博之下，遂命他立即入京以右丞相主持朝政。

鄂州和议只不过双方有此意向，而南宋方面有妥协让步的姿态，不仅未订立书面条款，甚至没有达成明确的口头协议。景定元年(1260年)，忽必烈继承了汗位，但与阿里不哥的汗位之争还没有结束，内部统治尚不稳固，亟须暂时改善与南宋的关系，便派郝经为国信使，与宋商谈和议。

郝经到达边境，却迟迟不见南宋朝廷同意入境的答复。原来，入主朝政的贾似道既为了隐瞒鄂州求和的真相，也过高地估计了南宋的实力，便以拒绝议和的强硬姿态准备把郝经挡在国门之外。理宗原就知道郝经此行的主要使命是议和，表示“北朝使来，事体当议”，准备接见来使。但在贾似道的鼓动下，他也下诏表示“誓不与北和”，不再接待郝经。

郝经不辱使命，以为双方战争近三十年，生灵涂炭，应该坐下来协商议和，便不顾个人安危，率随从人员渡过淮河到达扬州。贾似道指示淮东制置使李庭芝将其拘留在真州忠勇军营。郝经继续致函宋理宗与贾似道，试图说服他们同意议和。但贾似道既不接见郝经，又不放其北归。

次年，忽必烈见郝经一去不回，再派使者赴南宋责问“稽留信使，侵扰疆场”之罪。贾似道对此不理不睬，继续拘留郝经不放。七月，忽必烈甚至下伐宋诏相威胁，要求放人，但因与阿里不哥的战争不能脱身，无力正式出兵。贾似道误以为蒙古怯懦，更自以为得计，隔绝郝经与外界的所有联系。

直到咸淳十年（1274年）郝经才通过信雁传书的方式，让忽必烈知道自己仍活在南宋真州忠勇军营里。德祐元年（1275年），元朝据此

向南宋交涉。贾似道这时已是蒙古军手下败将，垮台在即，这才急忙将拘留十六年的郝经礼送回国，而南宋也已离亡国不远了。

贾似道为了掩盖自己私下求和的劣迹（他完全可以推托说双方未达成过实质性的协议），竟然不顾起码的外交惯例而拘禁使节，为后来忽必烈南侵灭宋提供了借口，实在是令人匪夷所思的一着臭棋。拘留郝经，其谋出自贾似道，理宗虽不知道贾似道的隐衷，却也是同意的。他应知道此举的严重性，却毫不作为的听之任之。郝经事件活脱脱地映照出这对君相在军国大事上的颟顸嘴脸。

击败阿里不哥

阿里不哥是拖雷的小儿子，按照蒙古人“幼子守产”的家产制原则，在大汗蒙哥出征的时候，他留在蒙古国的都城和林主持国政。阿里不哥跟一大批蒙古贵族关系亲近，又得到了西部一些汗国的支持。他们都反对实行“汉法”，主张用蒙古的旧法来统治国家。

阿里不哥知道忽必烈素来有当大汗的野心，实力也能跟自己抗衡，所以加意防范忽必烈。蒙哥一死，阿里不哥马上任命支持他的人担任各级官员，并派脱里赤和阿兰答儿占领燕京和陕西一带，准备阻止忽必烈北上。

忽必烈的妻子得到了消息，马上报告了忽必烈。正在北返途中的忽必烈立刻召集跟随他的诸王、大将和谋士们，商量该怎么办。谋士郝经说："阿里不哥已经开始行动了。大王虽然有重兵，但是，如果他宣称有大汗的遗诏，先即位了，我们还能回去吗？"他给忽必烈献一条妙计：一方面派一支军队去接蒙哥的灵车，争取把大汗的宝玺夺过来；另一方面派军队夺取并守卫燕京；同时通知各王去和林参加丧礼。

1260 年三月，忽必烈到达自己的根据地开平，大将廉希宪和商挺私下对他说："先下手为强，后下手遭殃。机会丢失了，就再也找不回来了。"恰在这时，阿里不哥派人通知忽必烈去和林会葬蒙哥的仪式。忽必烈知道其中一定有阴谋，没有理睬，抢先在开平召开了选举大汗的忽里台大会。在塔察儿、也先哥、合丹、末哥等王的拥护下，忽必烈登上了大汗的宝座。

消息传到和林，阿里不哥大吃一惊，没想到忽必烈竟不守蒙古国只能在和林召开忽里台的制度，不合法地先登了汗位。无奈之下，他在同年四月也召开了忽里台大会，宣布自己为大汗。

常言道："天无二日，国无二主。"一个蒙古国出了两个大汗，那怎么能行呢？看来只有通过武力来决一雌雄了。

当时，东部的各个王都支持忽必烈，西边的王中，有的支持阿里不哥，有的支持忽必烈，而且忽必烈还统治着中原，有强大的经济实力作后盾。忽必烈亲自带领大军，直扑阿里不哥的老巢和林。阿里不哥粮马匮乏，哪里是忽必烈的对手？他自知不敌，慌忙弃城逃到谦州（今俄罗斯叶尼塞河上游南）。忽必烈很快占领了和林。阿里不哥怕忽必烈追来，就使了一个缓兵计，派人向忽必烈认罪，说他愿意投降，等他把马儿养肥了，再同其他王一起拜见忽必烈。忽必烈认为阿里不哥这样做一定是谋士在后面出了诡计，就对使者说："你回去告诉我的弟弟，就说我相信他的话，原谅了他，如果他有诚意，就快快来见我。"阿里不哥始终不来，忽必烈等不及了，就派也孙哥驻守和林，自

己先回开平去了。

公元 1261 年秋天，阿里不哥养肥了他的战马，又纠集了一批部队，发兵南下。他派人到也孙哥那儿，假意说是来投降。也孙哥信以为真，没有做打仗的准备，结果遭到阿里不哥的突然袭击，丢掉了和林。忽必烈知道后，马上又带兵北上。两军在昔木土脑儿相会，结果阿里不哥又被打败，逃回和林。可是这时，原来支持阿里不哥的阿鲁忽王也起兵对他，阿里不哥被迫逃去新疆。

后来，阿里不哥又打了多次败仗，加上蒙古高原发生了饥荒，原先支持阿里不哥的各王，纷纷跑到忽必烈那儿去了。公元 1264 年，走投无路的阿里不哥不得不向忽必烈投降。至此，忽必烈坐稳了他的汗位。

从对历史的长远影响来看，忽必烈和阿里不哥的争位战争对蒙元历史的意义，远远超出了由谁来继承大汗宝座这个问题本身。一方面，忽必烈依靠汉地资源战胜阿里不哥，为蒙古把统治重心南移，加快采纳汉法，建立对中原的秩序化统治，提供了一次恰逢其时的契机。另一方面，蒙古统治重心的南移，必然也对大蒙古国的政治地理结构产生了重大影响。为了确保蒙古对本部的有效统治，蒙元政府不得不逐步放弃对大蒙古国建立在西域的两大汗国的直接统治。可以说，忽必烈建立元朝，成为中原的正统王朝，就是大蒙古国分裂的开始。

李璮之乱

在蒙古进攻金朝的时候，一批拥有自己武装的北方地方豪强，看到金朝已经没有希望，就纷纷向蒙古投降。蒙古统治者为了加强自己的实力，对这批豪强采取了拉拢的态度，封他们官职，让他们在自己的地盘上称王称霸。李璮就是受到蒙古统治者拉拢的地方豪强。

李璮是金朝末年山东红袄军首领李全的养子。李全领导的红袄军本来是反抗金朝统治的起义军，后来蒙古军队占领了山东，李全就向蒙古投降了。公元 1230 年底，他为了表示对蒙古的忠诚，带兵突然进攻南宋的扬州，第二年正月，他连人带马掉进南宋军队挖的陷阱里，被乱枪活活戳死。他死后，李璮继承了他的职位，以后在山东整整统治了三十年。李璮是个有野心的军阀，他想利用蒙古和南宋之间的矛盾从中捞到好处，企图在更大的范围内称王称霸。

还在蒙哥做大汗的时候，李璮常常用假报军功等办法骗取更多的军饷、兵器、粮食等。蒙古要调他的兵，他就假装要进攻南宋，不肯派兵。中统元年（1260 年），忽必烈夺取政权后，得知李璮有叛乱的念头，为了稳住他，便加封他为江淮大都督。而李璮的野心仍在进一步发展，他只等时机一到，就举兵叛乱。

当时，忽必烈正忙于出兵攻打阿里不哥，李璮以为忽必烈没有力量兼顾两头，又以为北方的汉族军阀，甚至当了大官的汉族官僚都和

他一样，只要他一起兵，就会一呼百应。因此，他一面同他的岳父、中书平章政事（副宰相）王文统串通一气，打听忽必烈的动静和政府军的虚实，一面又和一批汉族大官僚、大军阀暗中联络。在发动叛乱的前夕，他又匆忙派人与南宋取得联系，准备献出苏北沿海的三座城池作为见面礼，向南宋投降。其实，这完全是一种策略，目的是避免遭到蒙古和南宋的两面夹击。事实上，他还没有等到南宋的答复，就匆忙起兵了。

中统三年（1262 年）二月初三，李璮占领山东益都，正式发动叛乱。当地老百姓都知道李全、李璮父子名声很坏，没有人跟他走，纷纷逃到山谷里躲藏起来。从益都到临淄（今山东淄博东）几百里之内几乎断绝了人烟，说明人民对他很厌恶。那些汉族地主军阀，虽然曾经有人口头上答应支持他，但是一旦真正干起来，几乎没有什么人响应，这使他一下子陷入了孤立无援的境地。

当时忽必烈正在现在内蒙古南部的草地过冬，指挥军队全力以赴地攻打阿里不哥，内地的防务相当空虚。但是忽必烈对李璮一直存有戒心，叛乱一发生，他立即下令处死李璮在朝廷的耳目王文统，并请谋士姚枢分析当时的形势。

姚枢对忽必烈说："假如李璮趁我们打阿里不哥的机会，率领部队沿着海边直捣燕京，关闭居庸关，把我们阻止在关外，引得人心惶惶，这是上策；假如他联合南宋，坚守山东，出兵骚扰我方边境，使我方疲于奔命，这是中策；假如出兵济南，等待山东各地军阀的响应支援，这是作茧自缚，为下策。"

忽必烈问："李璮将会选择何策？"姚枢毫不犹豫地说："出下策。"事实证明，姚枢的分析是完全正确的。

李璮既没有奇袭燕京的勇气，又得不到南宋的支持和配合，果然选择了出兵济南的下策。他满以为在济南坐等，北方的汉族地主武装都会出兵支援，从而一举夺取忽必烈的蒙古政权。结果事与愿违，这些汉族地主军阀知道忽必烈政权的基础是很牢固的，况且忽必烈对他们也不错，而李璮毕竟势孤力单，失败是注定的。他们经过再三权衡后，就服从忽必烈的命令，进攻济南了。

这年五月，左丞相史天泽等率领蒙古军队把济南团团围住，李璮成了瓮中之鳖。城中士气低落，粮尽弹绝，最后只好靠吃死人肉维持生命，而李璮的部下三五成群，纷纷从城墙上爬下来逃命。

七月，李璮在走投无路的情况下，投大明湖自杀，不料因为水太浅，没有淹死，被攻破城的蒙古军队抓获。

东平万户严忠范问他："你知道你干的是什么？"李璮回答说："你们和我相约，却又不来支援。"说罢就被严忠范从肘骨下刺了一刀。

史天泽又问他："你为什么不拜？"

李璮不作声。

又问："忽必烈什么地方亏待你了？"

李璮说："你有文书约俺起兵，为什么失约？"

史天泽大怒，命令左右先把他的两条臂膀砍去，再砍去两条腿，然后剖开胸膛，挖出心肝，最后砍掉脑袋。

史天泽、严忠范这些汉族军阀为什么匆匆忙忙要把李璮杀掉？原来他们害怕李璮在忽必烈面前讲出对他们不利的话，就杀人灭口了。

李璮叛乱发生后，忽必烈抓到了王文统与李璮来往的信件。信上有"期甲子"的话（甲子年是1264年）。忽必烈让王文统解释清楚。王文统说："李璮有反心很久了。我居中枢，不敢马上告发。因为当时陛下用兵北方，不能兼顾。到甲子年还有好几年，我的目的是让他推迟反期，以便清除。"

忽必烈说："不必多说了。我把你从一介布衣提拔为丞相，授之政柄，对你不薄，何故负心如此？"于是把王文统杀了。从此，忽必烈对汉族官僚更加不放心了。

不管忽必烈怎么想，李璮的叛乱却不带有民族斗争的色彩。李璮这种辜恩反噬的野心家，不管谁当皇帝，只要气候合适，他也会反叛。

第六章

生于忧患

宝祐四年（1256年）的殿试，录取了三个不同凡响的年轻人。状元名叫文天祥，年仅21岁，可谓春风得意。

状元文天祥

宝祐四年（1256 年）的殿试，录取了三个日后不同凡响的年轻人。状元名叫文天祥，年仅 21 岁，可谓春风得意。另外两位也是日后孤忠劲节的人物，一位是第二甲第一名谢枋得，信州弋阳人，时年 30 岁；另一位是第二甲第二十七名陆秀夫，楚州盐城人，当时只有 19 岁。

文天祥中状元的这一年，父亲病故了，他回乡丁忧，因此没有授官。

宝祐六年（1258 年）八月，文天祥服丧期已满，有人劝他上书宰相求官，但他却毫不在意地说："不急。"吉州知州有心替他向朝廷提出申请，也被他婉言谢绝了。

这两年来，随着对朝廷内部认识的加深，文天祥已经不热心出来做官了。当时，理宗在朝廷中重用的是董宋臣和丁大全两人。董宋臣是理宗的内侍宦官，最善于讨好献媚。为了供理宗享乐，他不惜花费重金在宫中修造芙蓉阁、香兰亭，招进舞女倡优，因而很受宠爱。丁大全则靠巴结董宋臣，当上了参政知事右丞相兼枢密使。他大权独揽，不顾国家安危，为图私利，干尽了坏事。人称丁大全有四罪：绝言路、坏人才、竭民力、误边防。由于朝廷仍是坏人当道，好人自然备受排挤，因而朝政更腐败了。

开庆元年（1259 年）正月，弟弟文璧要赴京应试，于是文天祥就陪他走水路，取道长江，一起来到临安。五月，文璧中了进士，文天祥也被朝廷授承事郎、签书宁海军节度判官厅公事。三年前，文天祥中进士后因父丧没有行门谢礼，因而这次要补行之后才能赴任。就这样又拖延了一些时候。

就在这个时候，国家形势紧急起来。

一年前，蒙古军就开始南进了，他们兵分三路，从不同方向推进，准备时机成熟后，给南宋以毁灭性打击。而丁大全为了粉饰太平，既不如实向理宗报告军情，也不积极准备御敌。等到理宗突然发现蒙古军要渡长江攻打鄂州（今武昌）时，一下子慌了手脚，朝廷里一片混乱。

胆小如鼠的宦官董宋臣极力劝理宗迁都四明（今浙江宁波），以避开蒙军的进攻。他振振有词地说：

“四明靠海，如果蒙军逼近，可以乘海船逃走。当年金兀术渡江时，宋高宗就是由临安到四明，乘海船才保住性命的。”

要不要迁都，理宗一时拿不定主意，他让大臣们计议。

军器大监何子举对吴潜提出：“若上行幸，则京师百万生灵，何所依赖?”

御史朱貔孙也说：“銮舆一动，则三边之将士瓦解，而四方之盗贼蜂起，必不可。”

据说，理宗曾就迁都问题征询吴潜的意见，他问吴潜：“蒙古兵日益迫近，计当如何?”

“只得迁都暂避。”吴潜直率地回答。

“卿家如何?”理宗又问。

“臣当守此御敌。”吴潜认为皇帝是国家的象征，只要皇帝安全，国家虽然一时有难，但还是有希望的。自己身为宰相，守土有责，当

然不能离开京师。

想不到这句话竟引起了理宗的疑心，他毫不留情地反问：“卿家想做张邦昌吗?”

张邦昌比秦桧更加声名狼藉，在南宋是人人唾骂的汉奸。理宗的猜忌，让吴潜觉得这不仅是对他的不信任，而且是极大的侮辱，他再也不愿说话了。

这时朝廷中笼罩着失败、逃跑的气氛，南宋处于极端危急的境地。迁都消息一传出，临安城里顿时风声鹤唳，达官贵人纷纷收拾行装，准备逃往别处，一般百姓惶惶不可终日。

在这一紧急关头，文天祥觉得不能不挺身而出。他预料到自己职卑言轻，皇帝未必能采纳自己的意见，但骨鲠在喉，不吐不快。他还没有就任，不能用职衔向皇帝上书，便以“敕赐进士及第”的身份，写了那篇著名的《己未上皇帝书》。

在奏章中，文天祥揭露了董宋臣的罪行，指出迁都之议是小人误国，此议如果实行，“六师一动，变生无方”，“京师为血为肉者，今已不可胜计矣!”他认为董宋臣恶贯满盈，不把他处斩，举国上下的怨怒便无法消解；中书的政令不得施行，敢于直言的贤才就有所顾忌，不敢出来任事；敌人的气焰不被打下去，将士的忠义之心不能激发起来，国家的祸患就没有平息的可能。

这些慷慨激昂的议论，不只是发自文天祥的肺腑，也是许多朝野正直之士的公论。当然，即使立即处斩董宋臣，矛盾也不能得到解决，局势也不会立即好转，但他希望理宗通过对董宋臣的处置作为开端，表示有悔悟的心迹，从而刷新政治，激励人心，挽救宋朝的危亡。他特别对理宗提出忠谏：

“方今国势危疑，人心杌陧。陛下为中国王，则当守中国；为百姓父母，则当卫百姓。且夫三江五湖之险，尚无恙也；六军百将之雄，非小弱也。陛下卧薪以励其勤，斫案以奋其勇，天意悔祸，人心敌忾，寇逆死且在旦夕。”

这段话很尖锐，很有气魄，却也是实事求是，符合实际情况的。

“三江五湖之险，尚无恙也”，这种看法不是没有道理的。蒙古崛起以后，成吉思汗率大军二十万进入中亚，灭亡花剌子模后，越过高加索山进入顿河流域草原地区，一路所向披靡。窝阔台继任大汗后，东征高丽，南灭金国，又派大军远征欧洲，在他们所占领的地方先后建立了窝阔台、察哈台、钦察、伊儿四个汗国。但是蒙古和南宋的战争已进行了 25 年，虽然蒙古兵也曾饮马长江，侵入南方，但东南半壁江山并未沦丧，四川许多地方和京湖一带都还在进行抵抗，说明了灭亡南宋并不容易。

其中一个重要原因是，中国西部、南部山峦重叠、河湖布列，不利于骑兵纵横驰骋。特别是南方需要水战，蒙古兵和北方兵都不习惯，力量较难施展。如果宋军据险抵抗，蒙古兵不一定能占到便宜。

“六军百将之雄，非小弱也”，这也是事实。军民的反击是蒙古征服南宋的重大障碍。20 多年来，蒙古兵虽然打过许多胜仗，但也多次遇到激烈抵抗，吃过大亏。如端平二年（1235 年）阔端率兵入侵四川时，利州守将曹友闻在青野原、大安两次击败蒙古兵。嘉熙元年（1237 年）蒙古军进攻黄州，被孟珙击退。第二年，宋朝任命孟珙为荆湖制置使，孟珙出兵三次，连战皆捷，接连收复信阳、樊城、襄阳、光化等军事要地，荆襄形势为之一变。也是在这一年，察罕率兵围攻庐州，在巢湖造船，企图进攻江南。宋安抚使兼知庐州杜杲派舟师和精锐部队扼守淮河要地；六合人赵时哽率领两淮民兵参加保卫庐州的战斗，蒙古兵攻势受挫，转而进犯滁州（安徽滁县）。知招信军（江苏

盱眙县北）余玠提精兵救援，蒙古兵乘虚进攻招信军，被余玠回师猛击，死伤无数。这时，镇江知府吴潜也组织民兵夜渡长江，攻击蒙古军营寨。这支侵扰江淮的蒙古兵，终于在官军、民兵的联合攻击下，损兵折将后北撤了。

四川军民的斗争也同样取得多次胜利。合州钓鱼城大捷就是一次典型战例。淳祐二年（1242年），余玠任四川制置使兼知重庆府时，设立招贤馆，征求防守四川的建策。播州人冉琎、冉璞兄弟建议在重庆北面钓鱼山等处修筑山城，又在嘉陵江、沱江沿岸险要的地方修建山城十余处，因山筑垒，屯兵聚粮，据险防守。蒙古兵几次入侵，都被宋军打败。蒙哥亲率主力部队进攻重庆、合州时，余玠已经死了，知合州王坚坚决抵抗，蒙古兵猛攻数月不下。蒙哥亲自到城下指挥，王坚用大炮猛烈攻击，蒙哥被打成重伤，回军营后就死了。文天祥上这封奏章时，蒙哥已经死了四个月，因为交通不便，消息不灵，他还不知道。

拥有了激昂的士气，可贵的民心，如果朝廷能因势利导，指挥得宜，击退蒙古兵是完全可能的。文天祥的分析是有根据的。

在奏章中文天祥还提出四项积极的建议。

第一，“简文法以立事”。他建议朝廷摒除礼仪上的繁文缛节，“用马上治”，即实行战时体制。具体做法是皇帝应在宫中选择一个地方，每日和两府大臣议论军国大事，并“博采四方之谋，旁尽天下之虑”。他认为如能做到上下如一，天下事就没有办不成的。

第二，“仿方镇以建守”。他认为宋初矫唐末、五代藩镇跋扈之弊，削弱地方的兵权、财权，这一举措虽然避免了藩镇尾大不掉的现象，但也有不利的一面，一旦有事，州县的力量有限，守令权力微弱，无法调动兵马进行有效的抵抗。如能建立地方镇，辖几个州，选用知兵而有名望的人任事，许以调度之权，地方的力量得到加强，对抗蒙战争是有利的。

第三，“就团结以抽兵”。他指出二十家抽兵一名，一个州以二十万户计算，就能有一万精兵。一镇有两三个州，就有兵两三万。东南各路都建立地方镇，就能增加十多万兵。只要将帅能很好领导他们，“教习以致其精，鼓舞以出其锐”，就不怕没有可以调动的兵员。宋初太祖南征北伐，势如破竹，当时军队还不满二十万人呢！

第四，“破资格以用人”。他反对本朝用人专重资格，认为这种制度常使“有才者以无资而不得迁，不肖者常以不碍资格法而至于大用”。国家有事，那些无能的废物身居要津，才能出众的人则拱手熟视，祸患怎么能消除呢？他主张“进英豪于资格之外”，只要是“豪武特达”之才，就可以被破格选为将帅。

文天祥知道上这样的奏章是“干犯天诛”的行为，随时都有可能遭到不测。即使皇帝宽免了他，得罪了内臣（宦官），也将招来横祸。但他感到此时正是“社稷震动，君父惊虞”的“危急存亡之秋”，与其噤口结舌，坐待国家之难而后死，不如冒死进言，万一感悟天听，建策被接纳，国家转危为安，个人也有生路，这不是更好吗？因此他不顾一己的安危，向皇帝直言极谏。

随后，他又上书给宰相吴潜，也提了一些建议。

奏章送上以后，理宗置之不理。虽然文天祥竟敢如此大胆尖锐地批评皇帝及其左右亲信，理宗也不能惩罚文天祥。这是因为理宗刚下过“罪己诏”，并表示要力行不息之道，主动要求臣下上书直言，所以，对文天祥的上书，他无可奈何，只能采取不理不睬的态度，让此事不了了之。

文天祥见上书无效，大失所望。皇帝如此昏庸，奸佞依然在朝，

文天祥也就不愿去当宁海军节度判官厅公事这个官，径自回庐陵老家去了。

贾似道入相

宋理宗开庆元年，即蒙古宪宗九年（1259年）十月，当南宋朝廷得知蒙古大军在忽必烈的率领下向鄂州发起猛烈进攻、前线战局危急之时，举朝震动，右丞相丁大全遭到朝野上下的猛烈抨击。宋理宗罢免了丁大全，改命吴潜为左丞相兼枢密使、贾似道为右丞相兼枢密使。因贾似道在外督军作战，实际主持朝政的只是左丞相吴潜。

吴潜在理学家中颇有声望。此次再度为相，虽已年近七十，但刚烈依旧。吴潜入相之初，便要求对丁大全、董宋臣之流实行严惩，因而与偏袒他们的宋理宗发生了冲突。不久，因鄂州、广西两路蒙古军进攻势头猛烈，他对当时的战局丧失了信心，因而除了一味强调“臣授任之时，上流之贼已踰黄、汉而南，广右之贼蹈宾、柳而东”，将全部责任推给丁大全之外，只是建议宋理宗迁都以避兵锋。宋理宗对此极为愤怒，于是反问吴潜：“如果迁都，那你自己又做何打算和安排？”吴潜回答说：“臣当死守于此。”宋理宗流泪怒喝道：“卿欲为张邦昌乎？”

当时，宦官董宋臣也出面劝说宋理宗迁都避敌，但宋理宗也没有接受。景定元年（1260年）春，当前线宋军在贾似道、赵葵等人的指挥下获得胜利后，宋理宗对吴潜的成见也就更深了。宋理宗曾公开对群臣说："吴潜几误朕。"

宋理宗没有生育能力，因而于宝祐元年（1253 年）将自己的亲侄子立为皇子，赐名赵禥，累封为忠王，加授镇南、遂安两镇节度使。景定元年，宋理宗有意将赵禥立为皇太子，但遭到了吴潜的反对。吴潜为此密奏理宗，声称："臣无弥远之材，忠王无陛下之福。"宋理宗大怒，于四月十二日将吴潜罢免，又于四月十六加封贾似道为少师，急速征召贾似道入朝主政。四月二十八日，贾似道入朝谒见了宋理宗。

贾似道（1213—1275），字师宪，台州天台（今浙江天台）人。其父贾涉在宋宁宗时官至淮东制置副使兼京东、河北路节制使，多有军功。其嫡母史氏乃史弥忠之女，而史嵩之、史巖之则为贾似道之舅。贾似道之姐为宋理宗的贵妃，凭借美丽而深得宋理宗喜爱。贾似道初以父荫补官，为嘉兴司仓。其后参加科举，得进士出身。凭借其姐的关系和自身的才干，他一路平步青云，历任太常丞、军器监、知澧州、湖广总领、沿江制置副使、知江州兼江西路安抚使、京湖安抚制置大使、两淮安抚制置大使等职。当他担任宰相时，年龄还不到五十岁。

贾似道崇尚铁腕政治。早在嘉熙二年（1238 年）二月，时任大宗正丞的贾似道就曾向宋理宗上奏："裕财之道，莫急于去赃吏。艺祖治赃吏杖杀朝堂，孝宗真决刺面。今日行之，则财自裕。"贾似道入相伊始，针对当时的贪污成风、贿赂公行以及跑官卖官、结党营私等弊病，在宋理宗的支持下，实施了"奖廉戢贪"等一系列举措，对南宋朝政进行了大规模的整肃。

景定元年五月，为抑制当时"士大夫奔竞之风"，贾似道秉承宋理宗意旨，首先表彰了赵景纬、欧阳守道、陈大中、陈垲、陈振孙等一批有"清节高风"和"静退之节"的官员。同时，贾似道又向宋理宗

建议，对知州、通判和监司实施“连坐之罚”，即由各州“守臣当觉察诸县”，由各路监司“觉察守、倅”，“其有赃犯，必劾无贷”。“如州县官为监司所劾则坐郡守，守倅为台谏所劾则坐监司。”宋理宗对此大加称道，称其为“律贪之良法”，认为“连坐之罚，此风必戢”。

这种治贪的“连坐之罚”经过进一步推广，便演变成为景定二年推出的主要针对各安抚制置司的“打算法”。所谓“打算法”，即采用不同路分交叉核查的方法，如指派浙西清查湖南、浙东清查江西等，对各安抚制置司的所有财务账目进行严格清查。在这场大规模的清查中，许多重要官员都受到了惩处，如两淮安抚制置使杜庶、沿江制置副使史巖之、广西制置使李曾伯、湖南制置副使向士璧等人都因有贪污之嫌而受到审查，备受折磨，甚至累及妻子儿女。

总之，在景定元年至二年间，由于贾似道对南宋朝政进行了大规模的整肃，以致“大小之臣追停迁放，无月而无”。

在贾似道入相前，深得宋理宗宠信的宦官董宋臣由于建议迁都之事受到处分，被贬为“提举台州崇道观、安吉州居住”。贾似道入相后不久，阎贵妃又一病而亡，于是，贾似道乘势对宦官势力大加压制，使其“余党慑伏，惴惴无敢为矣”。在原外戚集团中，谢堂为人最为阴险，“其才最颉颃难制”。但贾似道入相后，则理所当然地变成了外戚集团的首领，谢堂自然难以与之相抗，很快便被贾似道压制下去。

对于原丁大全集团和吴潜集团，贾似道在宋理宗的支持下，对其采取了一并镇压的手段。景定元年七月，侍御史何梦然弹劾丁大全、吴潜有欺君之罪。宋理宗随即下诏，将丁大全谪居南安军、吴潜谪居建昌军。九月，宋理宗又下诏：“党丁大全、吴潜者，台谏其严觉察举劾以闻，当置于罪，以为同恶相济者之戒。”台谏何梦然、孙附凤、桂锡孙、刘应龙承顺贾似道的意旨，将“凡为似道所恶者”，无论贤否，均将其指为丁大全、吴潜死党，予以流放。与此同时，贾似道又大量任用自己的亲信，如马光祖、吕文德等人分别担任政府和军队的各级要职，逐渐控制了南宋朝政。

南宋太学生虽然生活清苦，但富有政治热情。他们经常集会、抨击朝政，形成了一股以太学为主体的学生政治势力，南宋后期的太学因此被人称为“有发头陀寺，无官御史台”。在临安的宗学、武学、京学（临安府学）的学生大多唯太学马首是瞻。太学一动，诸学闻风响应，“凡其所欲出者，虽宰相台谏亦真攻之，使必去。权乃与人主抗衡。或少见施行，则必借秦为谕，动以坑儒恶声加之。时君时相略不敢过而问焉”，令宋廷头痛不已。

贾似道入相后，汲取史嵩之、丁大全的教训，改一味压制为收买、打击并举，以加强对诸学的控制。他一面对诸学增拨经费，改善诸学的生活条件和学习条件，收买学生领袖；一面暗中往学校派遣特务，监视学生的言行，严厉打击敢于反对自己的学生。景定五年（1264 年）七月，因彗星出现，宋理宗诏令“中外臣僚，许直言朝政阙失”，太学生叶李、吕宙之、萧规、姚必得、陈子美、钱焴、赵从龙、胡友开等人于是借机上书抨击贾似道专擅朝政。贾似道大怒，命知临安府刘良贵将其予以严办，黥面流放边远州军。自此，“中外结舌焉”，诸学学生对政治噤若寒蝉，不敢再贸然参与政治活动。

忽必烈遣使议和

宋理宗开庆元年，即蒙古宪宗九年（1259年）年末，忽必烈率领所部蒙古军主力从鄂州北撤，于第二年四月到达开平（旧治在今内蒙古多伦西北），在塔察儿、阿只吉、合丹、爪都、移相哥等诸王的拥戴下，召开了忽里台大会，宣布继承大汗位，建年号曰“中统”。五月，其弟阿里不哥也在和林（治今蒙古国哈尔和林）另行召集了忽里台，在阿兰答儿、阿速带、阿鲁忽、出木哈儿、浑都海等人的拥戴下，宣布自己为大汗。由此，两人开始了长达四年的汗位之争。

为了稳定南方战线，忽必烈于中统元年七月派遣郝经出使南宋，打算按贾似道在鄂州城下所提出的和议条件，与南宋议和。宋理宗得知郝经南来的消息，对贾似道说：“北朝使来，事体当议。”但贾似道反对在此时与蒙古议和，上奏说：“和出彼谋，岂容一切轻徇？倘以交邻国之道来，当令入见。”贾似道随即命令淮东制置司将郝经一行扣留，关押在真州忠勇军营，拒不与其谈论和约之事。郝经对南宋这种“无故而不使之见，有故而不使之还”的做法感到极为愤怒，多次写信给贾似道。他认为，如果南宋方面认为“本朝有故，至于分裂坏乱，不能以国”，而“欲图报复”，不愿议和，那也应该“下一明诏，却还其使，命将出师，无施不可”。这样，“贵朝酌进退之礼，仆等全所守而归；贵朝得义理之当，仆等尽臣子之节；则于事体两无亏损。”但贾似道对此置之不理。

早在宋理宗宝祐六年，即蒙古宪宗八年（1258 年）十一月，蒙古益都行省李璮发兵攻占了东海城。时任两淮制置大使的贾似道为此曾上章引咎，但宋理宗只是诏令“以功自赎，特与放罪”。第二年，因淮东宋军大举西援，淮东的淮安州（即原楚州，治今江苏淮安）、涟水等城又被李璮攻陷。贾似道对此如骨鲠在喉。宋理宗景定元年六月，在郝经一行南来的前夕，贾似道已经特意责成知淮安州兼淮东安抚副使夏贵出兵夺回了淮安。但新被忽必烈封为山东行省大都督的李璮随即又于九月兴兵反攻淮安，与宋军在淮安一带对峙。宋理宗景定二年，即蒙古忽必烈中统二年（1261 年）春，淮东宋军又集中兵力围攻涟水军。为配合主力行动，宋将孙虎臣奉命率军北攻邳州，以行牵制。蒙古将领阿术、太赤、怯列、忙古带等人奉命率兵南下增援李璮，孙虎臣被迫率师而退。

就在宋蒙两军在淮东战场相持不下之际，这一年的六月，四川地区又发生了知泸州兼潼川府路安抚副使刘整举城降蒙的事变。

刘整，字武仲，原是金朝邓州穰城（治今河南邓州）人，在金朝灭亡前夕投奔南宋，在京湖名将孟珙麾下效力。他为人沉毅骁勇，被孟珙誉为“赛存孝”。又因其身材瘦小而善骑射，宋军中多戏称其为“铁胡孙”。宝祐中，随四川宣抚使兼京湖制置大使李曾伯入蜀，在抗蒙战争中多立奇功，尤善教练战士，但因恃才桀骜，与四川安抚制置使俞兴素来不和。俞兴派官吏清查刘整账目，刘整用金瓶向俞兴行贿，但俞兴不接受；刘整又派人到江陵请求俞兴之母代为说情，也遭到俞兴拒绝。刘整被逼无奈，遂向蒙古军献城投降。蒙古军立即授予刘整为行夔府路中书省兼安抚使。

潼川府路原辖有二府九州三军一监，但在宋蒙战争中，大部分府州军已被蒙古军占领。在刘整投降时，实际控制地区仅为叙州（治今

四川宜宾）、泸州（治今四川泸州）、长宁军（治今四川珙县）、富顺监（治今四川富顺）。但这一片区域西连嘉定府（治今四川乐山），东接重庆府，是南宋川西、川南、川东防线的中间区域，有着重要的战略价值。刘整降蒙后，俞兴随即率军进围泸州，击败刘整，迫使其婴城自保。八月，蒙古援军到来，与刘整内外合击，击败宋军。宋军骁将金文德、张桂等人战死，俞兴率部退走。十月，京湖安抚制置兼四川宣抚使吕文德率军赶到，与俞兴合兵，再攻泸州。经过三个月作战，宋军终于收复了泸州，将其更名为江安军。刘整率领残部，撤至成都、潼川一带。

刘整降蒙，不仅削弱了四川宋军的力量，而且由于刘整以后为忽必烈献计献策，还给南宋的整个长江防御体系带了极大的祸害。元人所谓“非刘整之叛，无以周知渡江之谋”，尽管有些夸张，但大致还是符合当时情况的。

在刘整叛宋降蒙后不久，忽必烈于中统二年（1261 年）七月便以南宋拘留郝经等使者并在边境不断挑衅为借口，发布命令，宣布伐宋。然而，忽必烈的南侵计划却因李璮之乱的爆发而被迫取消。

忽必烈闻知李璮之变，急令“水军万户解成、张荣实、大名万户王文干及万户严忠范会东平，济南万户张宏、归德万户邸浃、武卫军炮手元帅薛军胜等”在滨州（旧治在今山东利津西）、棣州（治今山东惠民）一带会合，“真定、顺天、河间、平滦、大名、邢州、河南诸路兵皆会济南”，由诸王合必赤（一作赫伯齐）总督诸军，讨伐李璮。

由于李璮兵力雄劲，蒙古政权内部又有不少汉族军阀与李璮暗中勾结，因此在交战之初，蒙军对济南的进攻屡被挫败。四月，忽必烈改派右丞相史天泽到济南前线，辅佐合必赤指挥作战。史天泽认为李璮“多谲而兵精，不宜力角”，于是改变战术，深沟高垒，对济南进行长期围困。六月，青阳梦炎受命率领宋军赴援济南。他鉴于战场形势已经严重逆转，不敢再向前推进，被迫率领援兵脱离济南战场迅速南撤。

七月中旬，济南城中粮食将尽，李璮内部发生分裂，其部下将士开始三三两两结伙缒城而下，向蒙古军投降。蒙古将领董文炳又招降了李璮爱将田都帅，使李璮阵营更为混乱，人心惶惶。七月二十九日凌晨，先是防守西门的士兵五六百人开门出降，紧接着防守南门、东门的五六千人又开门投降，蒙古军攻入城中。李璮于是亲手杀死爱妾，投大明湖自尽，但因水浅不得死，被蒙古军捕获，随即被右丞相史天泽下令处斩，枭首军门。而南宋方面得知李璮死讯后，宋理宗接受了两淮制置使李庭芝的建议，下令为李璮立庙，赐庙名为“显忠”，并追赠李璮为检校太师。

蒙古军随即对宋军发起反击。战至九月，亳州万户张弘略率军在蕲县击败宋军，收复了宿州、蕲县二城。至此，原被宋军攻占的地区又基本被蒙古军夺回。

李璮叛蒙降宋，标志着自金末以来山东红袄军势力的终结。蒙古政权尽管平定了李璮之乱，但自身也遭到了重大损失。不仅若干城市残破不堪，而且参战的蒙古军也因“（李）璮善战，故将士多失亡”。仅据蒙古益都路行省大都督撒吉思的统计，“李璮所伤涟水军民及陷宋蒙古、女真、探马赤军数”，便多达“七千九百三十二人”。不仅如此，李璮原有“沂、涟两军二万余人，勇而善战”。战后，蒙古军将沂、涟两军分编到各营，除分编到蒙将董文炳部的二千人外，其余都被秘密杀害。在平定李璮之乱后，忽必烈又趁机以强硬的手段取消了部分汉族军阀的特权和兵权，以消除地方割据势力的潜在威胁。这样

一来，蒙古政权便需要有相当长的时间来调整内部关系，从而又迟滞了忽必烈大举攻宋的步伐。

颁布《公田法》

宋蒙之间持续不断的战争导致南宋军费开支的急剧增加，给南宋财政造成了越来越大的压力。淳祐年间，因蒙古汗位之争，宋蒙之间的战争基本处于时断时续的状态，战争规模相对较小。尽管如此，在宋理宗淳祐六年（1246年），南宋政府一年的财政收入也只有“一万二千余万”，而一年的财政支出却高达“二万五千余万”，“凿空取办者过半”。蒙哥汗时期，蒙古军大举攻宋，战争规模越来越大，这对举步维艰的南宋财政来说，无疑是雪上加霜。贾似道入相后，其承受的财政压力可想而知。景定年间，贾似道解决财政危机和军粮收购的主要措施便是《公田法》。

早在淳祐八年（1248年），时任同签枢密院事的史宅之建议括浙西围田荡田作为公田，即已闹得“一路骚动，怨嗟沸腾”。宋理宗景定三年（1262年），刘良贵、吴势卿之徒向贾似道献上所谓的“公田之议”，言事官陈尧道、曹孝庆辈随而和之。他们以历来的“限田之法”为借口，极力吹嘘“置官户逾限之田，严归并飞走之弊，回买官田，可得一千万亩，每岁则有六七百之入，其于军饷则沛然有余，可免和籴，可以饷军，可以住造楮币，可平物价，可安富室，一事行而五利兴，实为无穷之利”。《公田法》能如此一本万利，当然迎合了贾似道的想法。于是，在景定四年（1264年）四月，贾似道设置官田所，命刘长贵为提领，陈訔为检阅，在平江府（治今江苏苏州）、嘉兴府（治今浙江嘉兴）、安吉州（治今浙江湖州）、常州（治今江苏常州）、镇江府（治今江苏镇江）、江阴军（治今江苏江阴）等六府州军开始了公田的购买。

《公田法》开始之时，是以购买品官之家超过“限田”以外的田亩为幌子的。贾似道首先把他自己在浙西的四万亩田地作为“倡导”，嗣荣王赵与芮继之，浙西帅司主管机宜文字的赵孟奎紧跟着也“自陈投卖”。这一姿态使得“朝野卷舌，噤不敢发一语”，宋廷终于可以放手购买公田了。可是不久以后就变成了强制性的征购：“断而敷派，除二百以下者免，余各买三分之一。”这说明，在品官形势之家的反对下，征购“限外之田”已不可能，只有转向一般中下层地主，强迫征购这些人的土地。征购价格原来规定是“亩起租满石者偿二百贯，九斗者偿一百八十贯”，可是实际上，“以租一石者偿十八界四十楮”。而且征购“数少者则全支楮，稍多则银券各半，又多则副以度牒，至多则加以登仕、将仕、校尉、承节、孺人、安人告身准直”；给一个将仕郎的官告，相当于楮券三千贯，校尉则为楮券一万贯；“五千亩以上，以银半分、官告五分、度牒三分、会子三分半；五千亩以下，以银半分、官告三分、度牒三分、会子三分半；千亩以下，度牒会子各半；五百亩至三百亩全以会子”。为实施《公田法》，贾似道在成立官田所之后，又将他的党羽安插于浙西六郡：包恢、成公策去平江，潘墀、李补、焦焕炎去嘉兴，谢奕、赵与訔等去安吉，洪穮、刘子庆去常州，章坰、郭梦熊去常州，杨班、黄伸去江阴，主管各地征购。此外，他还派陈訔、廖邦杰专事督责，对征购不力的县令予以撤职，而

“包恢知平江，督买田，至以肉刑从事”。

在贾似道集团的倒行逆施之下，《公田法》充分暴露了公开盗掠的本质。原来规定“二百亩以下者免”，实际上，不但二百亩者不得免，就是“百亩之家亦不免焉”。显而易见，《公田法》掠夺的对象，主要是权势不大的中下层地主，甚至包括一小部分上层农民。而且有的地方为了迎合这种派购，“凡六斗七斗皆作一石”，以扩大征购面。扩大征购严重损害了农民的利益，如廖邦杰所在的常州，“民至有本无田而以归并抑买自经者”。平江等六郡三百五十万亩公田就是在这种盗掠劫夺之下获得的。在建置公田的地方则设庄收租。为扩大征购面，六斗七斗的土地也在征购之列，而在收租之际则按一石征收，于是“元额有亏，则取足于田主，及归附以来元无底籍田主”，甚至“又将止收四五斗者抵换元卖田数，以至米数不敷，遂至抛荒，遗害农民”；“常润渐北则地渐高，而土渐硗，所收亩多止五大斗或四斗，今乃例拘八斗”；“或未种田而令纳租，或本非种稻而令纳米”；“或有硗瘠及租佃顽恶之处，又从而责换于田主，其害尤惨！”“换田”也好，追加地租也好，这类公田上的压榨较之私家地主还要残酷。至于用田亩换回来的官告、度牒，在南宋晚期已成无用之物，“民持之不得售”，更加说明了公田的盗掠性质。因此，自行公田之后，“六郡骚然”“自从田归官，百姓糟糠难”“自从买公田，丰年亦凶年”。

贾似道的《公田法》一经出笼，即遭到朝野上下一些士大夫的反对。徐经孙则“条其利害”，马光祖则“移书贾似道”，论其不便，不能再向江东推行，“必欲行之，罢光祖乃可”。景定五年七月，因彗星出现，“台臣交章言星变灾异皆公田不便、民间愁叹不平之所致，乞罢公田以答天意”。贾似道面对巨大的压力，遂以辞去相位相要挟。但宋理宗对《公田法》予以很高的评价，称“惟其上可免朝廷造楮之费，下可免浙西和籴之扰”，“今业已成矣，一岁之军饷仰给于此”。并劝勉贾似道：“若遽因人言而罢之，虽可以快一时之异议，如国计何？如军饷何？卿能任事，亦当任怨。礼义不愆，何恤人言！”由于宋理宗的坚决支持，“群议遂息”，《公田法》得以继续实施。

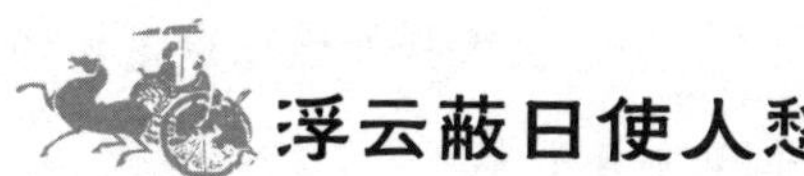

浮云蔽日使人愁

景定三年（1262年）四月，文天祥终于在秘书省正字官位上供职，整正校勘典籍。这一工作需要埋头书本，十分枯燥乏味，但文天祥却能甘于寂寞，在工作中兢兢业业、一丝不苟。

文天祥是理宗亲自提拔的状元，因人才出众，熟知理学，又忠心可嘉，故在供正字职不久，即兼任景献太子府教授。他因讲经讲得好，深得理宗赏识，理宗曾赏赐他金碗一只。这可是一种特殊的恩遇，但文天祥并不把它看得很重。

五月，又到了三年一次的殿试。朝廷以文天祥充殿试复校考官，并晋升为校书郎。这一科，庐陵人邓光荐、刘辰翁都中了进士。这两个人都是白鹭洲书院的学生，是南宋著名的爱国志士和诗人。尤其是邓光荐，他后来还成了文天祥亲密的朋友。

在这一次考试中，还发生了一件值得一提的事。殿试结束后，初考官把录取的第一卷送给以文天祥阅览。文天祥因任复校考官，故重又细读试卷，并让其他考官传阅。大家都为试卷的高水平而惊讶，认

为朝廷选得了优秀人才。但试卷中却有一字触犯了皇帝的名讳，按照规定，这样的考生不但不能录取，而且有罪。文天祥以为人才难得，便请求详定官从宽处理。结果，理宗御定录取进士的甲第时，该考生被列入赐进士出身等第。拆去卷头封弥，文天祥发现该考生竟是自己少年时期的老师东庐先生王国望。王国望后来官至从政郎、袁州军事推官。从这一件事中，我们至少可以看出三点：一、王国望才学之高与文天祥能中状元不无关系，所谓“名师出高徒”并非虚语；二、文天祥爱惜人才，并能甘冒风险保护人才；三、文天祥能破除皇帝名讳神圣不可侵犯的迷信观念，在当时的官僚中并不多见。

殿试结束时，正值文璧临安府司户参军任满。因为文璧在开庆元年中进士后封官已三年，按规定应予调迁。文璧以贤能称用，经知临安府马光祖荐举，朝廷改任他为知瑞州新昌县。文天祥与弟弟文璧一起在京生活不到两个月，弟弟又要离他而去，心中依恋不舍。临别时，兄弟对床夜话，文天祥写了一首《别弟赴新昌》的诗。

十载从游久，诸公讲切精。
天渊分理欲，内外一知行。
立政须规范，修身是法程。
对床小疏隔，恋恋弟兄情。

文璧离京时，文天祥正兼任景献府教授。他在长期从师学习和日常讲经过程中深切体会到，行道修身对一个当官的人来说是多么重要。他以长兄的身份在诗中谆谆教导文璧：此去新昌（江西宜丰）出任知县，施政必须以“存天理、灭人欲”为规范，修身应当以内省外践、知行结合为原则。在诗中文天祥所表达的仍然是他那“法天地之不息”

的唯物主义宇宙观和认识论。也就是说，他要求弟弟做一个正直为民的好官。

吴潜、江万里、文璧都走了，文天祥在临安已无一个知心的人。吴潜是文天祥的忘年至交，文天祥把他看作令人尊敬的长辈。鄂州解围后，贾似道专政，指使侍御使沈炎弹劾吴潜。吴潜罢相，谪建昌军，又徙潮州、循州（广东龙川）。景定三年六月初八，贾似道指使刘宗申将吴潜毒死在循州。死讯传来，文天祥不胜悲愤。

文天祥入京整整一年，仕途还算平顺。景定四年（1263 年）正月，他晋升为著作佐郎。著作佐郎为秘书省官员，掌编修国史、日历等事，是一个令人羡慕的清雅馆职，前程远大，宋代不少官员都曾由馆职登上宰执高位。

二月，文天祥兼权刑部郎官。刑部是朝廷的最高司法机关，尤其在南宋后期，由于社会矛盾十分尖锐，加之统治集团内部争权夺利的斗争愈演愈烈，诉讼不断，冤案众多，因此刑部的事务最为繁重。宋朝的官僚主义十分严重，不少官员既不熟悉刑法、律例，又不直接管事，任凭胥吏舞文弄法，有的甚至与胥吏勾结，通同作弊、贪赃枉法。宋代吏人的横行不法在历史上是有名的，有人称当时为“公人世界”。至于一些自命清高的士大夫，以为刑部是个肮脏之地，都不愿到那里任职。可是文天祥却与众不同，他非常重视刑部的工作，办事十分认真，事必躬亲。对于案件，他一定要仔细考核，决不随便判决。他精力充沛，日夜工作，不知疲倦。胥吏们对文天祥既畏惧又佩服，对他不敢也不能有任何欺蒙行为。文天祥之所以如此严格认真地对待刑部工作，显然与他主张改革行政以及为官清正、为民请命的政治理想是分不开的。

谁知这年八月突然发生的一场政治风波，使文天祥的仕途又出现

了坎坷。原来，曾被他弹劾的董宋臣又被理宗召回来了。理宗喜好声色，身边没有佞臣总觉得寂寞。

董宋臣不仅回来了，而且正好是文天祥的顶头上司。是可忍，孰不可忍。文天祥再次上书弹劾董宋臣，这就是著名的《癸亥上皇帝书》。文天祥首先表态，自己决不与董宋臣同朝共事。他引用先圣之言“惟仁者能好人，能恶人”，希望理宗能接受汉、唐宦官之祸的历史教训，防微杜渐。他认为董宋臣“心性残忍，群不肖所宗。窃恐复用之后，势焰肆张，植根既深，传种益广，末流之祸，莫知所届”。他提醒理宗不要上董宋臣“甘言卑词”的当。最后，文天祥请求理宗收回复用董宋臣的成命。

等到了八月份，文天祥的上书丝毫未见下文。理宗宁要董宋臣，不要文天祥。文天祥大失所望，便整顿行李，准备离开临安。这时，贾似道见文天祥要走，便出来打圆场。他知道文天祥是个人才，就任命他去知瑞州（江西高安）。

顺便交代一下，董宋臣此后在理宗面前一直荣宠不衰。秘书少监汤汉曾对他进行弹劾，理宗未予理会。董宋臣死的时候，理宗还追封他为节度使。

襄阳喋血

宋度宗咸淳四年，即蒙古忽必烈至元五年（1268 年）夏，忽必烈任命阿术为都元帅，指挥蒙古军进攻襄、樊二城。阿术因有过攻击襄阳的经验，知道进攻襄、樊二城单靠蒙古骑兵是不行的，便向忽必烈请求汉军协助。九月，蒙古军在完成作战准备后，开始在襄、樊二城外围大规模地筑城，打算对其进行合围。

先天不足的度宗

理宗曾经有两个儿子，即永王赵缉和昭王赵绎，但都夭折了。此后，后宫再没有为理宗生下皇子。吏部侍郎兼给事中洪咨夔曾建议理宗选宗室子弟养育宫中，择其优者为皇子，但理宗此时刚过中年，仍然希望后宫能产下一子，所以没有采纳。淳祐六年（1246年），理宗已经年过四十，仍然没有儿子，而立储之事已经不能再无限期地拖延下去，遂开始物色皇子人选。从感情和血缘关系来讲，理宗理所当然地倾向于亲弟弟赵与芮的儿子，即后来成为皇帝的度宗。

度宗于嘉熙四年（1240年）四月初九出生，小名德孙，母黄氏。黄氏名叫定喜，是赵与芮夫人李氏陪嫁而来的侍女，地位十分低下，后被赵与芮看中，二人有了夫妻之实。黄氏怀孕的时候，担心自己的地位影响孩子的未来，曾服药物堕胎，但没有成功。度宗极有可能因在母腹中受药物影响，出生后发育迟缓，手脚发软，很晚才能走路，七岁才会说话，智力也低于正常孩子。《宋史·度宗本纪》所谓度宗“资识内慧，七岁始言，言必合度，理宗奇之”，除了七岁才会说话为事实以外，其余夸赞都应该是出于史家的溢美之词，不足为信。

当时曾流传很多关于度宗出生时的神话。赵与芮的母亲全氏说夜晚梦到神仙对她说：“帝命汝孙，然非汝家所有。”也就是说，上天虽然给你送来一个孙子，但却不能继承本家香火，言外之意自然是要成为别人的孩子。这显然是骗人的把戏，赵与莒、赵与芮兄弟均为全氏之子，完全不存在这样的问题。赵与芮的夫人钱氏曾梦到日光照亮黄氏居住的屋子。黄氏则说有彩衣神仙抱着一条小龙放到自己怀中，随后怀孕；度宗出生的时候，屋内有红色光芒发出。这些神话大概是度宗被选为皇子以后编造出来的，目的是为了向世人表明度宗继承皇位乃天命所定。这是历代以来君权神授观念的必然结果。

理宗既然有了立德孙为皇子的愿望，便于淳祐六年十月将他接入宫内接受教育，赐名孟启。宝祐元年（1253年）正月，又立他为皇子，赐名禥，正式确立其皇储身份。十月，又封赵禥为忠王。

由于赵禥的先天缺陷，当朝大臣大多反对将他立为皇储。理宗为了说服大臣，甚至以完全虚幻的梦境来证明自己的想法是正确的。他说自己曾梦到神人相告“此（指度宗）十年太平天子也”。理宗此举表明立储之事遇到了很大的阻力，只好采取这种无奈而带有欺骗性的手段。然而，理宗自己万万没有想到的是，自己说出的话竟然在若干年后成为现实，度宗后来果然做了十年天子。

蒙军渡过长江，围攻鄂州，理宗询问吴潜对敌之策，吴潜主张理宗迁都以避敌锋芒，自己死守临安。理宗竟哭着质问吴潜：“你想做张邦昌吗?”言外之意，就是指责吴潜要另立朝廷，图谋篡位。蒙古军撤走以后，理宗对群臣说：“吴潜几误朕。”显然是将君臣之间的不和公之于众。二人之间在立储问题上的分歧，被右丞相贾似道利用。贾似道与吴潜早有矛盾。鄂州之战前，吴潜听从监察御史饶应子的建议，让贾似道移屯黄州。黄州乃是军事要冲，贾似道以为吴潜此举是要将他置于死地，因此怀恨在心。此时贾似道趁机上书，力主立忠王为太子，以迎合理宗之意，又命侍御史沈炎罗织吴潜指挥作战不力、在立储问题上“奸谋不测”等罪名。理宗便罢免了吴潜，扫清了立储问题

上的一大障碍。景定元年六月，理宗下诏立忠王赵禥为太子。

理宗对赵禥的教育非常严格。赵禥 7 岁时，理宗就让他入宫内小学读书，立为皇子后，又为他专门建造“资善堂”，作为学习的场所，并亲自为他作了一篇《资善堂记》。理宗还遍选名家当赵禥的老师，如汤汉、杨栋、叶梦鼎等人，都是名闻一时的大儒。理宗还对赵禥每天的日程做了严格的规定，天光刚亮就要入宫向理宗问安，然后到会议所参与处理政事，以锻炼其理政能力。从会议所出来以后，赵禥还要去讲堂听各位老师讲说经史，终日手不释卷。傍晚的时候，再到理宗面前问安。理宗借机考问他当天所学的内容，回答正确，赐座赐茶；回答不对，则为他反复剖析。讲完以后，如果赵禥还不明白，就会受到理宗的斥责，令其明日再学。

由于赵禥先天存在缺陷，因此学业并没有太大的长进，经常惹得理宗大怒。然而赵禥毕竟是与理宗血缘关系最近的侄子，即便不成器，理宗也只能尽力而为。

理宗知道赵禥资质太差，很难有所作为，就为他娶了一位聪明机智、颇识大体的妻子。赵禥的妻子名叫全玖，出身名门世家，是理宗母亲全太后的侄孙女，与度宗是表兄妹关系。全玖眉目清秀，仪态端庄。其父是一位地方官，全玖自幼随父亲游历各地，因此言语伶俐，对时局有较为清醒的认识。全玖初入宫时，理宗抚慰她说：“令尊宝祐间尽忠而死，每每念及，深感哀痛。”全玖听后，并没有哭诉父亲的去世，反而对理宗说：“妾父诚然值得追念，可淮、湖地区的百姓更值得挂念。”理宗感于全玖才智出众，于景定二年十二月将她册封为皇太子妃，让她辅助赵禥，倒也不失为一种补救措施。

景定五年十月二十六日，理宗去世，赵禥即位，是为度宗，尊理宗皇后谢氏为太后。群臣对赵禥的能力心中有数，故此时赵禥虽已25岁，但仍有人上表请求谢太后垂帘听政，终因不合祖宗法度而作罢。

度宗即位之初，出台了一些措施，以示将力求有所作为。他任命马廷鸾、留梦炎为侍读，李伯玉、陈宗礼、范东叟兼侍讲，何基、徐几兼崇政殿说书，以求能随时听到这些大臣讲述治国之道。他还下诏要求各级臣僚直言奏事，特别要求先朝旧臣赵葵、谢方叔、程元凤、马光祖、李曾伯等指出朝政中的弊端，以便加以改进。

然而，度宗这些举措只是装模作样而已，很快他就沉迷于声色犬马，少有时间和精力打理朝政。史书中说，度宗做太子的时候，就以好色闻名，当上皇帝以后，更加放纵。这一点，度宗算是继承了理宗的衣钵。宋制规定：皇帝临幸过的嫔妃，次日早晨要到门谢恩，由主管官员记录在案。度宗即位之初，一次到门谢恩的嫔妃竟达30余人！度宗日夜沉溺于酒色之中，连公文也懒于批复，竟交给最宠爱的妃子会稽郡夫人王秋儿等人处理。侍御史程无岳曾规劝过度宗："帝王长寿的方法在于修德，清心、寡欲、崇俭都是长寿的根本。"看来后宫之事已为外朝官员所知，只是这些人不敢直接指责皇帝的"家事"，只能以这种委婉的方式加以规劝。度宗当面表示"嘉纳"，但实际上仍旧我行我素，根本不予理会。

理宗在世时，就以崇尚理学著称，他为赵禥选的老师，也多是一些理学名家。受此影响，度宗对理学也十分偏爱。早在做太子时，他就在一次前往太学拜谒孔子时，提出增加张栻、吕祖谦为从祀，深得理宗赞赏。即位以后，他提拔了一些理学名士，如江万里、何基等人，录用了理学大家张九成、朱熹、陆九渊等人的后代为官，从此理学门徒占据了从中央到地方的很多职位。

令人不解的是，虽然度宗推崇理学，但理学家提出的"存天理，

灭人欲”的信条却几乎对他完全不起作用，他仍然每日沉迷于美色之中，醉生梦死。

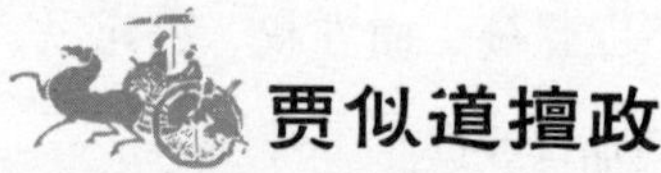

贾似道擅政

度宗在位的十年，正好是元朝攻宋的间歇期，让他当了十年太平天子，实在是前世修来的福分。这十年间实际主政的是贾似道。他以其政治作为赢得了极高的政治声望，竟成了朝中的擎天柱。

为解决宋理宗在位时期没有解决的遗留问题，贾似道一方面让宋度宗下诏恢复济王赵竑原来赠的少师、节度使的头衔，并追封为镇王，追谥“昭肃”，为其按规格重新建墓垒坟；另一方面又让宋度宗下诏，追命史弥远为“公忠翊运定策元勋”。同时，他又以贪赃枉法之罪将原本深得宋理宗宠信的宦官李忠辅、何舜卿等人流放远方，并让宋度宗下诏禁止地方贡献羡余，规定“敢有修贡羡为名者，以盗赃之罪罪之”。贾似道还改变了宋理宗“非鄞则婺”的用人路线，认为“浙东唯温、处士可任事，四明士不宜用于时”，扩大了用人的范围。

为了在政治上能进一步控制宋度宗，贾似道又以身体有病和厌倦政治为由，数次向宋度宗提出辞职请求。咸淳元年（1215 年）三月，贾似道依照惯例担任山陵使，护送宋理宗灵柩到绍兴府，下葬于永穆陵。葬礼结束后，贾似道便留在自己在绍兴的家中，援引故事，乞解机政。宋度宗先后派遣端明殿学士牟濴、权吏部尚书陈昉等人带着自己的亲笔信去绍兴，恭请贾似道还朝。接着，宋度宗又派出自己的亲生父亲福王赵与芮亲自出面到贾府敦请，贾似道这才以太师、右丞相兼枢密使的头衔回到朝廷。此后每过两三年，贾似道都要向宋度宗提出辞职要求，但都被度宗回绝。咸淳五年，宋度宗甚至痛哭流涕地向他下跪，哀求他不要辞职。

咸淳三年（1217 年）二月，宋度宗又下诏特封贾似道为平章军国重事，特许他一月三次赴经筵，三日一朝，赴都堂治事。咸淳六年，又允许他六日一朝。“平章军国重事”虽不是正式官衔，但贾似道的权力与宋宁宗时期的韩侂胄一样，远远大于宰相。贾似道在西湖边的葛岭起楼台亭榭，建起“半闲堂”，自号“半闲老人”。他故作雍容优雅，把大小朝政全都交给馆客廖莹中、堂吏翁应龙办理，又设置机速房，以遥控朝政。

咸淳八年（1272 年）九月，由贾似道担任大礼使，南宋王朝在明堂举行了祭天大礼。明堂礼毕，度宗又往景灵宫（太庙）祭祖。在返回时因突遇大雨，时任太常理直的胡显祖便根据开禧年间宋宁宗登辂遇雨改乘逍遥子（轿子）的旧例，在未请示贾似道的情况下，擅自决定请宋度宗改乘逍遥子进入和宁门。贾似道大怒，立即请求罢政，从嘉会门出城，在浙江亭等待宋度宗的决定。胡显祖是宋度宗宠爱的胡美人之兄。宋度宗再三向贾似道致歉，但贾似道仍不依不饶。最后，宋度宗不得不将胡显祖罢官，让胡美人到妙净寺做了尼姑，贾似道这才回到了朝廷。

贾似道居功自傲，专横跋扈，一手遮天，大搞顺我者昌、逆我者亡的伎俩。宋度宗尊称他为“师臣”“师相”，而朝廷官员则尊称他为“元臣”。自咸淳三年起，直到贾似道下台，其间除咸淳九年一年外，尽管先后有程元凤、叶梦鼎、江万里、马廷鸾、王爚、章鉴等人分别

担任过过左右丞相，但这些所谓宰相，却只能仰承贾似道之鼻息。这样，南宋朝政便完全落入了贾似道的掌握之中。

新一轮危机

忽必烈即汗位之初，原拟采取对南宋议和，以集中力量消灭阿里不哥的策略，但由于南宋方面拘留郝经以阻断议和之路，加上刘整叛宋和李璮叛蒙两件大事变的影响，忽必烈想让宋蒙战争停顿下来的计划遂告落空，双方在四川以及淮西地区仍有激烈交战。

早在蒙古贵由汗时期，蒙将李桢就曾上书建议：“襄阳乃吴、蜀之要冲，宋之喉襟，得之则可为他日取宋之基本。”贵由大汗对此建议颇感兴趣，于是任命李桢为襄阳军马万户。在蒙哥汗三路攻宋失败后，蒙古政权内部便已开始出现了否定以四川作为主攻方向，而主张改以荆湖为主攻方向的意见。中统元年（1260 年），郭侃向忽必烈献上《平宋策》，建议说：“宋据东南，以吴越为家，其要地，则荆襄而已。今日之计，当先取襄阳，既克襄阳，彼扬、庐诸城，弹丸地耳，置之勿顾，而直趋临安，疾雷不及掩耳，江淮、巴蜀不攻自平。”但郭侃的意见并未得到忽必烈的采纳。

在宋理宗景定二年，即蒙古忽必烈中统二年（1261 年），刘整投降蒙古后，曾向忽必烈献上取江南二策：“其一曰先取全蜀，蜀平，江南可定；其二曰清口、桃源，河、淮要冲，宜先城其地，屯山东军以图进取。”蒙古政权没有采纳其进攻淮东清口、桃源的意见，但采纳了他“先取全蜀”的建议，对川西嘉定府、川南泸州方面的宋军采取守势，而将重兵集中到川东方面。蒙古军以青居山（在今四川南充南三十余里）为中心，在虎啸山（在今四川广安东十里）修筑虎啸城（一作虎相城），在夔州、达州之间修筑了蟠龙山城，以进攻梁山军（治今重庆梁平）及忠、万、开、达诸州，企图绕出重庆下游，打开夔门，顺江东下。但这个作战计划因遭到宋军的顽强抵抗而未能实现。

南宋方面在刘整之乱发生后不久，便解除了俞兴的四川安抚制置使职务，改命刘雄飞为四川安抚制置副使兼知重庆府。由于四川遭到的军事压力太大，南宋朝廷又于景定五年夏改任刘雄飞为知沅州兼常德、澧、靖五郡镇抚使，而从淮东抽调骁将夏贵出任四川安抚制置使兼知重庆府。

夏贵赴任后，一面命令知夔州徐宗武在白帝城下岩穴立六尺四寸的铁柱两根，又设拦江锁七条，“长二百七十七丈五尺，五千一十股”，以防蒙古军由夔门冲下；一面组织四川宋军进行反击。因蒙将张庭瑞筑城虎啸山，夏贵调集了数万军队围攻虎啸山。张庭瑞率部坚守，蒙古阆蓬等处都元帅府参议焦德裕奉命率兵来援，击退宋军。第二年，夏贵派遣昝万寿、孙立等率军进攻潼川府，与蒙古汉军都元帅刘元礼、蒙将杨文安所部在射洪（旧治在今四川射洪县西北）、蓬溪（治今四川蓬溪）一带交战；自己则亲率主力沿资江潜行，逆流而上，击败蒙将刘整。此后，双方在四川的战事陷于胶着状态，互有胜败。

到宋度宗咸淳四年（1268 年），即蒙古忽必烈至元五年，在四川六十余州中，南宋还控制着二十余州。尽管“所谓二十余州者，又皆荒残。或一州而存一县，或一县而存一乡”，但昝万寿据守着以嘉定府为中心的川西部分州县、张珏据守着以重庆府为中心的川东部分州

县，梅应春据守着以泸州为中心的部分州县，徐宗武据守着以夔州（治今重庆奉节）为中心的部分州县，以长江为纽带的防御体系基本保持完整。

由于蒙古军在四川的军事行动并未达到“先取全蜀”的战略目的，因此蒙古政权在重点对四川用兵的同时，又组建了一支特遣队，由兀良合台之子、擅长于长途奔袭的蒙古元帅阿术指挥，分别对南宋的淮西和京湖战区实施渗透，以另寻突破口，打破南宋的长江防御体系。

宋度宗咸淳元年，即蒙古忽必烈至元二年（1265年），阿术率领蒙古军对淮西地区发动了一次大规模的奔袭，试图突破南宋淮西防线。在这次作战中，蒙古军尽管推进到了庐州和安庆，但因伤亡惨重，最终被迫北撤。

宋度宗咸淳三年（1267年），即蒙古忽必烈至元四年八月，阿术又率领蒙古军渡过汉水，深入到襄阳以南地区，“俘生口五万、马牛五千”后，突破宋军的水陆拦截，由安阳滩渡过汉水北返。在这次作战中，蒙军尽管遭到了宋军的猛烈反击，阿术在战斗中坠马，如不是蒙将木花里救援及时，阿术就成了宋军的俘虏，但蒙军对襄、樊一带的地形地貌却有了较全面的了解。阿术路过襄阳时，曾驻马虎头山，遥指汉东白河口说：“若筑垒于此，襄阳粮道可断也。”另外，蒙军的水战能力在这次作战中也得到了检验。蒙将怀都在“宋遣水军绝归路”的情况下，曾经“选士卒浮水，杀宋军，夺战舰二十余艘，斩首千余级”。

阿术所部对襄阳一带的攻掠行动，表明蒙古政权已经有了攻取襄阳的意图。在这次军事行动结束后的十一月，时任蒙古政权南京宣慰的刘整也在觐见忽必烈时提出了新的攻宋方略，建议“先攻襄阳，撤其捍蔽”，而后顺汉江而下，攻取鄂州，从鄂州撕破南宋长江防御体系。刘整的建议虽然遭到了许多蒙古官员的反对，但却得到了忽必烈的坚决支持。

襄阳城由襄阳和樊城两座城池构成。樊城居于汉水之北，襄阳居于汉水之南。两城夹汉水而立，当时有浮桥相连，形成一组防御整体。襄阳位于南阳盆地的南部，为南宋京湖战区的战略要塞。但对襄阳战略地位的认识，宋蒙双方都经历了相当一段时间才有了准确的定位。

自宋理宗端平三年，即蒙古太宗八年（1236年），南宋因襄阳之乱而弃守襄阳之后，宋蒙双方长期都没有控制襄阳的意图，襄阳因而成为了一片废地。到宋理宗淳祐六年至淳祐十年间（1246—1250年），宋理宗曾一度命令时任京湖制置使的贾似道再建襄阳，屯兵驻守，但贾似道却认为襄阳“孤垒绵远，无关屏障”，从而予以拒绝。淳祐十一年（1251年），李曾伯继任京湖制置使，方才力排众议，一力主持，重修了襄、樊二城，将其重新纳入京湖战区的防御体系之中。

李曾伯以重兵守襄阳，因而不可避免地削弱了鄂州防务。宋理宗开庆元年，即蒙古宪宗九年（1259），忽必烈之所以敢于率兵直接围攻鄂州，鄂州防务较弱是一个重要原因。在鄂州之战紧迫之时，宋理宗“必欲弃襄以全鄂”，但却遭到了一向反对恢复襄阳守备的贾似道的坚决反对。对此，贾似道解释说：“非故自相矛盾。盖襄既复，则城池米粟甲兵委难以资虏。”

贾似道反对守备襄及迫不得已守襄，也有其合理的因素。南宋之所以能长期对抗蒙古，一是宋军善于守城，二是宋军长于水战。而襄阳作为战略进攻的桥头堡，无论向北还是向南，都有着重要的军事价值，但如果仅将它作为被动防御的要塞却有其严重的不足。汉水相对长江而言江面狭窄、河道曲折，水流量偏小。宋军大型战舰因无法进入汉水作战，失去了水战的优势。而且，“自郢至襄，水程七百里，素多滩险，虑防抄截，又须计办陆运，以济不及”。宋军往襄阳运送物资，因逆流而上，行进艰难，只有吃水较浅的运粮船才能上行。如无纤夫拉纤，只能靠撑篙前行，船行速度极为缓慢。元军在褊狭的江面夹江布防，很容易就能使用砲石封锁江面。而宋军的野战能力一向较弱，完全不足以与蒙古的“精兵突骑”较量，难以夹江护卫自郢州到襄、樊的水运及陆运。刘整之所以建议忽必烈将用兵重点摆放到襄、樊，也无非是看到了南宋这一防御体系上的薄弱环节。由于蒙古军自南阳盆地向南进攻襄、樊在交通上有便利之处，骑兵可以完全展开，因而在军事上具有明显的优势。其后发生的襄、樊攻防战，在相当程度上逐渐演变成了一场蒙军围点打援的战役。

襄阳保卫战

宋度宗咸淳四年，即蒙古忽必烈至元五年（1268 年）夏，忽必烈任命阿术为都元帅，指挥蒙古军进攻襄、樊二城。阿术因有过攻击襄阳的经验，知道进攻襄、樊二城单靠蒙古骑兵是不行的，便向忽必烈请求：“所领者蒙古军，若遇山水寨栅，非汉军不可。宜令史枢率汉军协力征进。”忽必烈不仅同意了阿术的请求，而且指派刘整为都元帅，赴襄阳与都元帅阿术同议军事。九月，蒙军在完成作战准备后，开始在襄、樊二城外围大规模地筑城，对其进行合围。

南宋方面对此已有准备，加强了襄阳和樊城的城防，屯驻了重兵，囤积了大量的粮食。防守襄、樊二城的宋军在京西安抚副使、知襄阳府吕文焕的指挥下，对合围襄、樊二城的蒙古军也不断地进行反击。

宋度宗咸淳五年，即蒙古忽必烈至元六年春，阿术一边指挥蒙军围攻襄、樊，一边抽调部队进攻復州（治今湖北天门）、德安府等地，以扫清襄、樊外围。忽必烈则一面再调遣民兵二万赴襄阳，一面又派遣擅长指挥围城作战的中书左丞相史天泽与驸马忽剌到襄、樊督战，“相要害，立城堡”，指导蒙军构筑长围，以断绝襄、樊与外界的联系。

三月，南宋京湖都统张世杰奉命率马步军和舟师增援襄、樊，但在赤滩圃（在襄阳东南汉江上）遭遇蒙军阻击，经过激战，被迫撤回。六月，南宋荆鄂都统唐永坚在交战中被蒙古水军千户邢德立、张志等生擒。七月，南宋权荆湖安抚制置大使、知鄂州夏贵利用江水上涨、蒙古军“山下营屯涨没几尽”之机，率领水师在沿岸骑兵的护卫下溯流而上，将衣粮等物资送进了襄樊。

但在七天后，当夏贵乘夜色率军顺流返回时，在鹿门山（在襄阳东南）却遭到蒙古军的伏击而败走。随后阿术“率诸将追骑兵”，赵璧“率水军万户解汝楫追舟师”。在虎尾洲（在襄阳南），宋军水师被蒙古军击败，“士卒死者十六七，获战舰五十一，生擒将士三百余人”。随后，蒙古军针对合围的漏洞，在万山（在襄阳西北十里）修筑了城堡，在汉江西岸的灌子滩（在襄阳南三十里）构筑了新城，以断绝襄樊西、东两面与外界的联系。

当年岁末，京湖制置使吕文德病逝。吕文德是一个有着传奇经历的人。他本是庐州的樵夫，身材高大魁梧，长了一副好身板，但与军队并无瓜葛，只因有一年吕文德在雪天进城卖柴，在地上留下一行脚印，每一个足有一尺多长。恰巧两淮制帅赵葵从这里路过，大吃一惊，便顺着脚印一直追到吕文德家中。当时吕文德外出打猎并未在家，赵葵便一直坐在家里等待。当天晚上吕文德回来时，身上扛着虎、鹿各一只，造型算是酷到了家。赵葵素有爱才之名，自然不肯轻易放过，立即将他收入麾下，此后吕文德就一直在宋军之中效力。

吕文德与蒙军对阵几十年，立下战功无数，一直很有名望，后来又因受贾似道的扶持，权势更加显赫，袍泽故将遍布南宋的各大战场，形成了一个规模庞大的吕氏军事集团，在南宋的军队系统中占据着举足轻重的地位。

吕文德死后，朝廷马上将他的儿子吕师夔任命为湖广总领、知鄂州，并赐给京湖制司二百万钱以安抚人心。可是吕师夔虽为少帅，但年纪轻轻，难当重任，朝廷只好又命沿江制置副使夏贵暂管京湖军务。然而夏贵的资望也不够，仍然不能服众，于是有人建议让大将高达接替吕师夔，贾似道听完立刻大怒道："吾用高达，如吕氏何!"

高达原任知襄阳府，曾在鄂州大战时立下大功，本来确实是出镇京湖的合适人选，可是由于高达曾得罪过贾似道，贾似道便在鄂州大战后命吕文德对高达进行过陷害，并差一点将其害死。事后吕、高两人结下了很大的怨仇，如果由高达出任京湖制帅，庞大的吕氏集团必将"人情震恐"。史载襄阳守将吕文焕刚听到朝廷有意命高达出镇京湖的消息后，内心惶恐不安。他的门客便献计道："朝廷之所以启用高达，完全是因为襄阳形势危急，咱们只需报称打了胜仗，朝廷自然就不会派高达过来了。"吕文焕听完觉得很有道理，正巧此时守军捉来了几名蒙古骑兵，吕文焕就以此谎报大捷。本来贾似道也不肯重用高达，于是此事也就不了了之了。

第二年（1270 年）年初，南宋政府调任两淮安抚制置使李庭芝为京湖安抚制置使兼知江陵府。因夏贵资历较高，贾似道遂接受其请求，将其调驻黄州，改以高达为湖北安抚使、知鄂州。为增强救援襄、樊宋军的力量，贾似道还从殿前司和两淮诸军中的抽调兵力编成援襄军，由殿前副都指挥使范文虎（吕文德之婿）全权指挥，开赴襄樊。

在蒙古军方面，阿术与刘整经过两年多的作战，痛切感到水军力量与南宋还有相当的差距，于是向忽必烈上书，声称：“围守襄阳，必当以教水军、造战舰为先务。”忽必烈遂下令教练水军七万余人，造战舰五千艘。

九月，范文虎统领由殿前司和两淮诸军中的精锐部队所编成的援襄部队到达襄、樊前线后，改变战术，水陆并进，在汉水西岸向北推进，对蒙古军在百丈山、鹿门山、灌子滩的据点展开攻击。蒙军在阿术、刘整的指挥下，在灌子滩江中与宋军交战，范文虎大败而退。

宋咸淳七年，即蒙古至元八年（1271 年）夏季，雨水较多，汉水泛溢，蒙古军在沿江修筑的堡垒多被淹没。宋军抓住时机进行反击，京湖制置司和沿江制置司组织力量再援襄、樊。沿江制置副使孙虎臣及京湖制置副使高世杰奉命由均州（旧治现已没入丹江水库中）率军顺流而下，范文虎等人则指挥宋军逆流而上，两相夹攻，“打透鹿门”。又以鹿门山为基地，“督促粮运，输之襄阳，昼夜不绝”。“夏贵亦遣兵担运粟米数千石，呼延德亦运柴薪布帛以往”。

不久，蒙军进行反击，蒙古将领百家奴率部“乘战船顺流至鹿门山，欲塞宋粮道，出击范文虎军”。阿术率领蒙古军万户阿剌罕等在湍滩击败范文虎所部宋军。宋将苏刘义、夏松等人指挥的舟师也遭到阿术、合答率领的蒙军拦击，作战失利。由于夏贵一军大败，“丧舟数百”，战场形势急转直下。宋度宗只好下令让各路援襄部队撤回，京湖制置司还驻旧郢州，范文虎的部队退屯新郢州（在汉水南岸）。同时，京湖制置司又命令知均州刘懋等人打造战舰，并调遣总管张顺、路钤张贵提兵前往均州，准备再次从均州顺流而下援助襄樊。

这一年十一月，忽必烈采纳刘秉忠等人的建议，宣布正式建国号为“大元”。第二年，忽必烈宣布改中都为大都，定都燕京（中都）。

孤城陷落

为配合元朝的建立，襄、樊方面的元军也加强了攻势。忽必烈对襄、樊前线元军的指挥权进行了调整，让阿术统领蒙军，刘整、阿里海牙（一作阿尔哈雅）分统汉军。三月，元军发动猛攻，攻破樊城外城，消灭宋军二千人，生擒宋军将领十六人。

五月下旬，汉江水涨，京湖制置司重立赏格，贾似道又在京湖制置司赏格之上再加奖赏，派遣张顺、张贵以及范文虎之侄范天顺等人率运输船队从均州中水路硬寨出发，进援襄樊。

从中水路到襄、樊，水路仅一百二十余里。张顺等人率军在五月二十四日夜出发，顺流直下，一路与停泊在江中的元军船队混战，发射火炮药箭，重创敌军。二十五日天明时分，宋军抵达襄阳，将军需物资送入城中。黑灯瞎火中，张顺身中三枪六箭，在激战中阵亡。

城中守军与外界隔绝已久，此时见援军赶到，顿时士气大振，急忙开水门将援军接入城内，可是义军这时才发现殿后的张顺不见了踪影。直到数日之后，襄阳守军才发现一具身披甲胄、手持弓刀的尸体溯流而上，漂到襄阳城外。守军对这种违反自然规律的现象很不理解，急忙将尸体捞了上来，却发现此人正是张顺。虽然他身中三枪六箭，早已死去多日，但仍怒气勃发有如活人，守军都惊以为神，便在城中将其结冢装殓，立庙祭祀。

张贵、范天顺等人率领的船队进入襄阳城，极大地鼓舞了城中军民的斗志。张贵等人原定在第二天便离开襄、樊，向下游进发，与夏贵接应的兵船会合，但因汉江水陡然回落，被迫取消原定计划，接受知襄阳府吕文焕的挽留，加入襄、樊战守。

九月，张贵在与夏贵完成约定后，冲出襄阳，顺流而下，率舟师转战五十余里，行至柜门关与龙尾洲一带，遭到元军伏击，张贵被俘，不屈而死。

张贵、张顺本是襄阳的普通农民，他们在国家民族处于危难时刻时能够挺身而出，与外敌奋勇作战，立下了赫赫战功。虽然最终双双以身殉国，但不失为死得其所。可是，张贵、张顺的这一次入援，已经是宋军对襄阳的最后一次援救，在此之后，襄阳守军就再也没能得到外界的一点帮助，他们的命运也就不可更改了。

九月以后，汉江水量越来越小，宋军失去了水战优势。夏贵、孙虎臣、高世杰的兵船只能进行分区防守，而范文虎与李庭芝的矛盾又越来越深，宋军难以合力作战，只能坐视元军围攻襄樊。在这种情况下，南宋朝廷解除了范文虎的“总统之权”，改命李庭芝统一指挥援襄宋军。

十一月，李庭芝请求宋廷派贾似道到襄樊前线建立督府，由贾似道统一指挥各路宋军。但此时贾似道认为“然纵使臣行，亦后时矣，恐无益于襄阳之存亡”，拒绝到襄樊前线建立督府，并向宋度宗提出了新的作战方案：“若推至来年春夏之交，则调一大将统三万兵船直捣颍、亳，又调一大将统二万兵直捣山东，则襄围之贼皆河南北山东之人，必将自顾其父母妻子相率离叛。如是，则襄围不解，臣未之信。”

然而，未等贾似道的这个计划付诸实施，宋咸淳九年，即元至元十年（1273年）正月，元军焚毁襄阳和樊城之间的浮桥，集中力量猛攻樊城，并调来回回人亦思马制作的巨石炮，攻陷了樊城。宋军守将牛富率残部巷战，身负重伤，赴火而死。

樊城失陷后，蒙军立即集中兵力，准备攻打襄阳。此时襄阳已经被蒙军围困了整整五年。城内因各种物资均告匮乏，樊城的依托已告失去，朝廷的援军更是久无声息，完全陷入山穷水尽之境。守将吕文焕每次巡城，都不免南望而哭。

此时蒙古大军在襄阳城外云集，想要攻破城池并非难事，不过蒙古诸将考虑到吕家在南宋军队系统中巨大的影响力，所以很想招降吕文焕，便派已经投降的原南宋荆鄂都统唐永坚携带劝降书信来到襄阳城下，劝说吕文焕开城投降。吕文焕派人用一顿乱箭将他射跑。蒙古只好又派大将刘整亲自出马，吕文焕仍以乱箭招呼，其中一箭射中了刘整，幸亏被铠甲挡住，才没有被射伤。

二月末，蒙古在屡劝无效的情况下开始攻城，炮手亦思马考察了一下地形，将“回回炮”设在了襄阳东南角，发出一炮，“声震天地，所击无不摧陷，入地七尺”，当场就把吕文焕震住了。蒙古诸将也不想强攻，于是收兵继续招降。大将阿里海牙亲自来到城下，向吕文焕喊话：“君以孤军城守者数年，今飞鸟路绝，主上深嘉汝忠。若降，则尊官厚禄可必得，决不杀汝也。”

吕文焕的报国意志已经动摇，但是又怕献出城后性命不保。阿里海牙明白吕文焕的顾虑，当场折箭为誓，力保他投降之后性命无虞，于是吕文焕这个坚守襄阳五年的英雄人物，在最后一刻变节投敌，打开城门向蒙军投降。武功大夫、右领卫将军范天顺不愿降元，仰天大呼：“好汉谁肯降贼？死时也做大宋忠义鬼！”遂自缢身死。范天顺的壮举，与其叔父范文虎的怯懦，可谓天壤之别。至此，这场历时五年之久的襄阳保卫战就以蒙古的全面胜利而告终。

襄阳之战，是宋蒙两国四十余年战争史上规模最大的一次会战，双方投入的兵力最多，战争持续的时间最长，战况最残酷，造成的影响也最为重大。事后，连元朝丞相伯颜也承认“困襄阳之计，俱为龙断者”，双方都打得筋疲力尽。因而襄樊的失陷，对宋元双方的士气影响极大。获胜的元军自然是士气高涨，而宋军士气则一落千丈，连素来刚愎自用的贾似道在得知襄樊失陷的消息后，也难以自持，自称“一闻，战眩颠沛，几于无生。不谓事不可期、力无所措，乃至此极”。特别是坚守襄阳数年、给予蒙元军队重创的吕文焕在降元后得到了优厚的待遇，对瓦解宋军的军心具有决定性的作用。

通过襄阳之战，元军在降将刘整的指导下，训练出了一支强大的水军，又使用了威力巨大的回回炮，极大地提高了元军攻坚作战的能力。自此，宋军的水上作战及城守作战优势已丧失殆尽。

襄阳对于南宋而言，是一座具有决定意义的军事重镇，该城丢失之后，南宋长江中游门户也就为之洞开。元军顺江而下，势不可当，偏安东南一隅的南宋朝廷也就岌岌可危了。

第八章

山河破碎

襄阳号称“南船北马、七省通衢”，水陆要道四通八达，元军占领此处后，南宋长江中游门户洞开，元军已经具备了沿汉水进入长江，长驱而下直取临安的客观条件，忽必烈也确实有意即刻南征，好尽快扫清六合，统一天下。

残破的防线

襄阳失守之后，宋元之间的战局急转直下，南宋王朝已经处于国运垂危的阶段，而咸淳十年（1274年）是形势变化的关键一年。

吕文焕出降之后，为求自保，急忙向元军将帅献上了进取郢州之计。郢州位于今湖北省中部，汉江中游地带，是一座介于襄阳与鄂州之间的军事重镇。襄阳大战期间，南宋京湖制帅李庭芝的战前指挥部就设在这里，因此这里屯集了大量兵力，并不是一个轻易就能得手的地方。蒙古诸将刚立完大功，对攻打郢州的计划兴趣索然，谁也不肯回应，只把吕文焕礼送到大都与忽必烈相见。忽必烈为了给南宋尚未投降的将领树立一个良好的榜样，非但没有责怪吕文焕坚守之罪，还将他封为昭勇大将军、侍卫亲军都指挥使、襄汉大都督，官爵竟比他在南宋时还要显赫。这一招果然见效，后期蒙古大举南侵时，南宋大批将领果然是望风而降。

襄阳号称“南船北马、七省通衢”，水陆要道四通八达，元军占领此处后，南宋长江中游门户洞开，元军已经具备了沿汉水进入长江，长驱而下直取临安的客观条件，忽必烈也确实有意即刻南征，好尽快扫清六合，混一天下。不过在刚刚结束的襄阳之战中，蒙古耗费了太多的国力，如果立即出兵进行新一轮的大规模作战，恐怕折腾不起。所以忽必烈在与诸多谋臣反复论证之后，觉得还是应该把作战时间稍微向后拖延一下，这就给南宋留下了最后一丝喘息之机。

南宋失去襄阳之后，败亡之势已不可挽回。在当时的三大战场上，四川战场早已残破，宋军只能偏居川东一隅，苦守长江上游门户；京湖防线在失去襄阳之后，鄂州前方已无屏蔽，随时都有被元军攻克的危险；只有两淮防线尚属稳固。可是元军既然已有能力从中路打开局面，两淮防线也就失去了意义。因此，国家的兴亡已经命垂一线，那么南宋君臣又是采用何种手段来应对这种危急的局面呢？

前文曾经说过，当襄阳陷落的消息传到临安之后，贾似道痛心疾首，自称“战眩颠沛，几于无生”，然后上表请求出京巡边。可是宋度宗一直拿他当主心骨看待，越是这种危难时刻，就越不肯放他出京，于是一再对其挽留，然后又在朝中设置“机速房”，交给贾似道署理。

机速房的主要职能是处理军机要务，类似于清代的军机处，但只由贾似道一人署理，下设僚佐两名，由贾似道的亲信许自、家铉翁担任。由于当时处于战争年代，军情压倒一切，所以机速房的实权已经凌驾于相府、枢密院之上，成为国家最高决策部门，可见宋度宗设立机速房的举措，当属南宋末年的一次重大行政改革，只可惜所带来的效果实在令人不敢恭维。

在机速房的三名骨干成员中，贾似道在掌权之前或许还有一些作为，可到后来已经彻底腐败堕落，而剩下的两名僚佐也都是只知空谈误国的腐儒。周密在《癸辛杂识·别集》中有过这么一段记载：当襄阳陷落之后，民间不断有士人上书朝廷献计献策，试图解救国家于危难之中。当时有一个叫杨安宇的四川人也来凑热闹，跑到机速房自称胸怀妙计，足以抵御元军。僚佐许自听完大喜，急忙以很低的姿态将杨安宇迎进机速房，虚心询问计策。可是交谈之后他才发现，这个杨安宇其实是个江湖骗子，那些所谓的良策其实是一些旁门左道的把戏。

许自大失所望，认为自己被杨安宇戏弄了，气急之下操着家乡的福建土话对其破口大骂。谁知这个杨安宇也是个火暴脾气，立即用四川方言与许自对骂。本来许自以国家大员的身份和一个江湖骗子当庭对骂已经是很失体统了，不想他在被骂之后却发现四川的骂人话构思巧妙、新颖独特，让人听起来有一股酣畅淋漓的感觉，于是许自就别出心裁地上书请求把杨安宇派往前线，让他用这种威力巨大的污言秽语将元军骂退。这种想法简直荒诞到了极点。南宋把国家的安危交到许自这种人的手里，哪还有半点起死回生的希望？

对于襄阳之战的善后工作，南宋朝廷处理得也是一塌糊涂。一般来说，在这种大规模的战役失败之后，不论什么原因，都要追究相关将帅大臣的行政责任，可宋廷为了稳定人心，几乎毫无作为。身为京湖战场主帅的李庭芝，虽然在战役过程中尽心用力，但既然战败，李庭芝也只能按规矩自请引咎辞职，朝廷也给予了批准，可是不到半年他就被起复为两淮安抚制置使，还被赐钱二百万缗，以作犒赏备御之用。而在襄阳之战中一直跟李庭芝作对的范文虎，已在此战结束前被解除军职，转为知安庆府。此时朝野舆情汹汹，纷纷要求追究他的行政责任，但在贾似道的包庇下，范文虎只被降了一级，仍知安庆府。其他将领也大多如此，就连降将吕文焕的亲族都没有受到牵连。

当时吕文德之子吕师夔出任广西经略安抚使，知静江府，当吕文焕开城投降的消息传来后，吕师夔吓得是魂飞魄散，急忙连上五道表章自劾待罪，称自己在得知吕文焕投降之后，难过得“陨越无地，不能顷刻自安”，请求朝廷能让自己交出本兼各职，发往军前效力，“毁家纾难，以赎门户之愆，以报君父之造。”吕文焕的从兄吕文福当时知庐州，闻讯之后也急忙上表待罪，但在贾似道的包庇之下，这些人竟然安然无事，虽说此前吕师夔和吕文福都不在京湖战场上，确实不必为襄阳失守负责，但是他们都是吕文焕的至亲，吕文焕投降之后，朝廷即便不对他们进行株连，是不是也应该让他们避避嫌疑，离开重要的边防岗位？可朝廷竟然不闻不问，依旧对他们信任有加，结果到后来元军大举南侵时，这些人马上全部投降。

与惩处败军之将的无所作为相比，宋廷对褒奖死节将士做得却是有声有色。在襄阳之战中殉国的范天顺被追封为静江军承宣使，牛富被追封为金州观察使，两人的儿子也都被授官，并给予田地金币以抚恤其家；凡是在襄樊两城中逃回来的将士都给以加官赏钱；对那些随吕文焕降敌但又逃回来的官员也给予加官晋爵。宋朝优待官员的风气可见一斑。不过以宽为政、善待大臣的做法固然令人称道，但凡事都要讲个不偏不倚，光奖不罚不合中庸之道。宋廷为激励士气而大行嘉奖死节之士没有错，但对那些败军之将却不闻不问，未免有过于宽松的嫌疑。既然战败也不会受到处罚，谁还会去拼死作战呢？

南宋在襄阳之战后的一年内，除了搞出来一个不伦不类的机速房和对边关将帅稍作调整之外，几乎什么也没有做，白白浪费了一整年的宝贵时间，结果也只能坐以待毙了。而在这一年当中，蒙古一方却没闲着。就在吕文焕开城投降的第二个月，忽必烈就诏令大将刘整在兴元府、汴京等处打造战舰两千艘，以备大举南征之需。当年四月，忽必烈又对河南的行政制度进行了改革，将诸路行省罢废，改为东、西行枢密院事（按照元朝制度，地方有战事，则建行枢密院事）。忽必烈此举，使蒙古的行政体制在大战之前就先行进入了战争状态。六月，忽必烈为了收买人心，开始不断赈济饥民，并免除了上都、南京两路的赋税，又因为刘整与阿里海牙不和，便将襄阳守军一分为二，命两人各统一部。进入九月，秋粮已经收获，蒙古在这一年中没有大动干戈，收完秋粮就已恢复了国力，大举南征之事也就提上了日程。

元至元十一年（1274 年）正月，忽必烈将诸路将帅召入大都，询问南征灭宋之策。阿里海牙言："荆襄自古用武之地，汉水上流已为我有，顺流长驱，宋必可平。"阿术也在一旁说道："臣略地江淮，备见宋兵弱于往昔，今不取之，时不能再。"忽必烈又征询史天泽的意见。史天泽说道："此乃国家大事，陛下应派安童、伯颜此类重臣亲自出马，都督诸军，如此，则四海混同指日可待。臣虽老迈，如任副将，犹足为之！"忽必烈沉思片刻之后说道："伯颜可办此事。"随后便命中书省再签十万大军，蒙古南征灭宋之举就此正式走上了轨道。

鄂州陷落

伯颜是蒙古八邻部人，他的祖父阿拉黑是成吉思汗时代的千夫长，叔祖父则是大名鼎鼎的中央万户长纳牙阿。伯颜年轻时，曾随拖雷第五子旭烈兀远征西域，是伊儿汗国的开国功臣。但在公元 1265 年时，伯颜奉命回国奏事，被忽必烈留下重用，先任中书左丞相，再迁右丞相，后来又改任同知枢密院事，至此被升为行中书省丞相，总领灭宋事宜。

这年六月，忽必烈认为大举南征的时机已经成熟，便以南宋扣留蒙使郝经为借口，正式发出讨宋诏书，号召三军将士，水陆并进、大举南征，伯颜于诏书发出的一个月后带兵启程。

伯颜通晓诗文，在攻宋之前，写有《奉使收江南》一诗，道是：

剑指青山山欲裂，马饮长江江欲竭。精兵百万下江南，干戈不染生灵血。

后来平宋归来，他又有《过金陵梅岭冈留题》一诗，云：马首经从岭岛归，王师到处悉平夷。担头不带江南物，只插梅花三两枝。

那么，伯颜是不是真像他自己在诗里说的那样威而不杀、慎洁清廉呢？从有关史料来看，这两首诗确非夸大之词。

伯颜出征前，忽必烈曾对他说："过去宋太祖赵匡胤的大将曹彬奉命攻取南唐，以不喜多杀人而平定江南。你要体会我的这种心情，做我的曹彬。"伯颜志在统一江南各地，真正做到了不嗜杀掠。

伯颜的到来对于南宋来说，将是一次关系到生死存亡的巨大考验，然而不巧的是，宋度宗偏偏在这个时候驾崩了。

这年七月初九，宋度宗赵禥突然驾崩于福宁殿，年仅三十五岁。宋度宗为帝十年，期间既无重大过失，也无丝毫作为，国家大权全都掌握在贾似道手里。宋度宗则只知道沉湎酒色，万事不理。到他统治末期，南宋国内文恬武嬉、吏治败坏，物价指数连年飞升，百姓生活在水深火热之中，各种社会矛盾空前严重，亡国之兆已尽显无遗。宋度宗能在元军到来之前主动死掉，一个人跑到阴间去享清福，这是他前世修来的福气，而亡国之君的屈辱，就只好由他的儿子来承受了。

宋度宗当了十年皇帝，生了七个儿子，生产率不低，但存活率却不高，有四个儿子在他去世前夭折。剩下的三个儿子中，老大是由杨淑妃所生的赵昰，时年七岁；老二是由全皇后所生的赵显，时年四岁；老三是由俞修容所生的赵昺，时年三岁。宋度宗去世得非常突然，还没有来得及对新君人选做出安排。不过古时立嗣制度是很成熟的，既然皇后已经有了儿子，也就不关别人的事了，自然是要由度宗的嫡子赵显来继承皇位。于是大臣们就共保他登基，但因为他年纪太小，群

臣又请谢太后（理宗皇后）临朝称制，但朝中大权仍然掌握在贾似道手中。

在理宗和度宗统治时期，宋朝的灭亡之势已经不可逆转。恭帝即位不满两年，宋廷就投降了元朝。宋室江山宋太祖赵匡胤从后周孤儿寡母手中夺得，最后又失于孤儿寡母之手。对此后人写诗讥讽道：

当日陈桥驿里时，欺他寡妇与孤儿。
谁知三百余年后，寡妇孤儿亦被欺。

贾似道的声威在度宗时代达到顶峰。当年贾似道的母亲去世，宋度宗特地降旨命百官随贾似道一起去台州办理丧事，还特许贾似道在贾母的葬礼中使用天子的仪仗，并允许将贾母的坟垒成山陵形状。典礼之日，整整下了一天的暴雨，文武百官都始终站在雨里，一动也不敢动。等丧事办完，宋度宗马上下诏贾似道不必守制，立即回朝视事。宋度宗既然给了这么大面子，贾似道也就没有再推辞，接旨之后就返回了临安，仍任太师、平章军国重事。

宋度宗死后，垂帘听政的谢太后又依照北宋文彦博的前例，让贾似道享受“独班起居”的政治待遇，继续操纵朝政。不过随着元军的大举南侵，贾似道的政治生涯也即将走到尽头。

蒙古这次出兵，仍然兵分两路，左路军作为侧翼，以中书右丞博罗欢为主帅，参知政事董文炳为副帅，降将刘整为前导，从枣阳出兵西侵淮西，目的是牵制南宋两淮的兵力；右路军作为这次南征的主力军，由左丞相伯颜为主帅，汉军大将史天泽为副帅，由降将吕文焕为前导，率领蒙汉大军二十万，对外号称百万，从襄阳水陆并进，浩浩荡荡杀入南宋的京湖战区，准备夺取鄂州，然后顺长江而下，直奔临安。

九月二十日，蒙古大军逼近汉水中游重镇郢州。前文说过，郢州是介于襄阳与鄂州之间的另一座军事重镇，元军围困襄阳期间，南宋京湖制帅李庭芝在很长一段时间都把前线指挥部设在这里，因此郢州的军事设施相当完备，绝不是一个容易攻克的地方。

当时郢州守将是被后人尊称为“宋末三杰”之一的张世杰。此人的勇略虽然不能跟古时良将相比，但在当时的宋军之中还算是出类拔萃的。郢州筑于汉水之东，张世杰为了加强这里的防御力量，特地在汉水西岸又筑了一座新城，与郢州夹江相对，然后在两城之间的汉水上密植桩木，横上铁链，又在两岸之上架起炮弩，严密封锁江面，构成了一个类似于当年襄阳、樊城的防御体系。

可惜郢州的地势难以与襄阳相比。如果把整个京湖战场比喻成一座办公大楼的话，襄阳就是这座楼的正门，过了这里道路就发散了。郢州虽然也可以比作主楼梯，但是，由于还有“副楼梯”存在，蒙古大军就有了另外的选择。

伯颜率领大军到达郢州之后，抓来不少当地百姓询问情况，得知郢州兵精城坚，难以攻克，但是在郢州之南有个叫做黄家湾堡的地方，那里有一条水道可以进入藤湖，大军完全可以从藤湖绕过郢州进入汉水。伯颜派人侦查了一下情况，果然如此，不由大喜，立即传令大军从黄家湾堡进入藤湖，准备放过郢州，以最快的速度直奔鄂州。

当时有不少将领都对伯颜这一决定很不理解，纷纷说道：“郢州是交通要道，现在不将其攻克，等将来撤军的时候可怎么办啊！”伯颜哈哈大笑道：“你们这些人，真是头发短，见识更短。等我进了江南，全国都是咱们的了，还要郢州这个地方有什么用呢？”诸将恍然大悟，

这才明白过来领导的意图。原来伯颜根本就不在乎一城一地的得失，而是要直取南宋要害，迅速将其灭亡。这种眼界堪称是高瞻远瞩，要不怎么都说领导的水平就是比一般人高呢！

伯颜传命诸军在当地略作休整，然后于十月下旬率全军悄无声息地沿黄家湾堡进入了藤湖，行进数十里后，又进入汉水。这时张汉杰才明白元军的作战意图，不由大惊失色，急忙派副都统赵文义率两千兵马追击。赵文义虽然英勇作战，但终因寡不敌众，当场战殁，部下战死者达五百余人，其余也都纷纷溃散。

十月二十三日，元军来到沙洋（今湖北荆门东南），伯颜派俘虏持黄榜入城招降。沙洋守将王虎臣虽然被突然来临的元军惊得色变，但坚决不肯投降。伯颜又派吕文焕前去劝降，仍然没有效果，伯颜于是开始传令攻城。沙洋是座小城，元军使用了一种金汁炮作为主要的攻城器械。这是一种火炮，又赶上这一天西北风大作，元军顺风发炮，当天就把城池攻破。守将王虎臣被执，于众全部惨遭杀害。

次日，蒙古大军来到了沙洋南五里的新城，这是李庭芝任京湖帅时修建的一座小城，由其爱将边居谊镇守。伯颜根本没把这座城放在眼里，到达之后就命人把沙洋守将王虎臣押到新城之下，喊话道：“边都统快快投降，否则大祸至矣！”但城上毫无反应。伯颜命人用箭将黄榜、檄文射入城内，希望守城的兵将能自动放弃抵抗。

边居谊看过黄榜之后，也派人登上城头喊话，说要和吕文焕直接对话。吕文焕只当他是想向自己投降，不禁大喜过望，得意扬扬地来到城下，刚要向上喊话，谁知城上突然乱箭齐发，吕文焕猝不及防，右臂被箭射中，战马也被射死，差一点就被宋军捕获，幸亏左右拼死力救，这才使他逃过一劫。

吕文焕投降之后，被忽必烈授予高官显爵，所以一门心思地想多招揽几个汉奸，以报答忽必烈的知遇之恩。谁知自出兵以来，非但没能招降一兵一卒，还差点被人骗杀，不禁让吕文焕感到脸面丢尽，于是也不顾臂上的箭伤，立即传命攻城，但又被边居谊用火器打退。其后几日，元军继续攻城，边居谊率军拼死抵挡。城里守军中有想缒城出降的，被边居谊捕获后斩杀于城头。边居谊不可谓不尽心用力，可是新城毕竟是座小城，抵御了仅仅数日，就被元军攻克，城内三千守军全遭屠杀。守将边居谊在城破之前，携全家蹈火而死，壮烈殉国。

十一月下旬，元军逼进复州（今湖北仙桃），知复州翟贵举城迎降。复州是鄂州前方的最后一座重镇，伯颜在得到翟贵投降的消息之后，严令诸将不得纵一兵入城，要以最快的速度直奔鄂州，争取早日渡过长江天堑。

在此之前，宋廷已经得知伯颜绕过郢州南下，知道鄂州又将再受威胁。为了保住长江天堑，宋廷急忙派淮西制置使夏贵和京湖宣抚使朱禩孙（驻军江陵）火速驰援鄂州。淮西制置使夏贵率战船万余艘先行赶到，并命都统王达率八千人马守住江畔要塞阳逻堡，并派部将王仪驻守汉阳军，控扼元军由汉水进入长江的通道。

十二月上旬，元军各部都已陆续赶到了长江沿岸，进入了战斗状态，但宋军防守严密，令元军不能轻易渡过。十二月十一日，伯颜派人去阳逻堡，想招降守将王达，但王达却对来人说道："眼前的事情都是明摆着的，你们过了长江，南宋就要亡国。我世受国恩，没有叛变的道理，现在就拿我的命跟你赌上一把，输赢成败在此一举。"

伯颜听完知道他不会投降，便率军发起猛攻，但连攻三天也没有能够攻克阳逻堡，于是便将阿术找来商议："宋军以为我们只有攻克阳逻堡才能渡江，所以在这里布下了重兵，我看还是不宜力取，你今晚就带兵溯江而上，争取在上游找到突破口。"阿术对此深表赞同，当

夜就率军沿江而上，来到青山几对面停住。

青山几位于鄂州东北二十五里，尾亘长湖，首枕大江，也是江防的紧要之处，宋军在这里也驻有重兵。不过恰巧这夜大雪，宋军的防备有所松懈，阿术便趁机传命诸军全线出击。万户史格（史天泽之子）率军先行，南宋荆鄂都统程鹏飞率部迎战，两军大战于长江中流。这一战打得非常激烈，史格被乱箭射中，但仍奋勇作战，终于将程鹏飞击退，阿术趁机率兵渡过长江。在长江南岸，双方又再次展开混战。元军曾被多次打散，但均被阿术聚拢回来。最终程鹏飞身披七创，力不能支，只好弃阵逃跑。阿术便命人在江上架起浮桥，将元军余部接到长江南岸，然后派人向伯颜报喜。

伯颜得知阿术已渡过长江之后，大喜过望，立即召集部队再度猛攻阳逻堡。此时南宋淮西制置使夏贵也收到元军渡江的消息，因此无心再战，立即率军逃走。在逃跑途中又纵兵在长江西南岸大肆劫掠一番，逃回庐州。阳逻堡遂落入了元军手中，守将王达以下八千余人全部战死。此战过后，伯颜便率主力安然渡过长江天堑，为了显示其必胜的决心，伯颜下令将渡江所用的三千艘战船全部焚毁，浓烟滚滚，遮云蔽日，鄂州军民望之无不生畏。

元军顺利过江之后，兵临鄂州城下。此时鄂州守将李雷刚刚被罢职，城内由京湖宣抚司参议官张晏主事。此人既无威望，又无能力，从来没见过这么大场面，急得不知该如何是好。紧跟着传来一系列坏消息：汉阳守将王仪已经开城投降，荆鄂都统程鹏飞也向元军投降，而奉命援救鄂州的京湖宣抚使朱禩孙在听到阳逻堡失守的消息后，立即率部逃回了江陵。张晏然情知无法再守，于是急忙开城投降。至此，南宋坚守了一百四十余年的长江防线，终于被元军彻底撕开。

丁家洲溃败

鄂州是长江中游的头号军事重镇，伯颜于公元1274年九月率领大军从襄阳启程，当年末就进入了鄂州城内，行军速度惊人。伯颜对此非常满意。入城之后，他对南宋降将及军民好生抚慰，并为投降过来的将领重新安排了工作：命知汉阳军的王仪仍任原职，荆鄂都统程鹏飞还被升为荆湖宣抚使，其他降将也都有封赏。而元军也一改此前的野蛮作风，入城之后不但没有烧杀劫掠，连一颗菜也不敢向老百姓索取，军容军纪有了大幅提高，简直就像变了一支队伍，于是鄂州军民皆大欢喜。城中秩序井然，与元军到来之前没有太大的分别。

为了不给南宋留下任何喘息之机，伯颜在刚刚进入鄂州之后，就命大将阿里海牙率兵四万驻守鄂州，自己则与阿术率大军继续沿江南下。这时南宋降将吕文焕就派上了用场，因为京湖地区本来就是吕家的天下，吕氏兄弟在这里镇守多年，袍泽故旧遍布四方，影响力无与伦比。而在吕文焕投降之后，贾似道为了避免闹出大乱，竟然企图用吕氏旧部来安定局面，所以仍让这些人留在重要的岗位上工作。结果在元军进入鄂州之后的短短一个月内，沿江制置使陈奕、知蕲州管景模和副将吕师道、知江州钱真孙和守将吕师夔、知安庆府范文虎等吕氏旧部纷纷望风而降，元军几乎是兵不血刃地连下沿江重镇，势如破

竹般地直捣南宋的腹心之地。

此时南宋君臣的信心已经全面崩溃，朝野内外只好又把希望寄托在贾似道身上，盼着这个“再造宋室”的功臣能再创奇迹，于是请求贾似道带兵迎战的表章如同雪片一般飞入朝中。事情既然已经到了这个地步，谢太后自然不会阻拦。贾似道虽然明知道出战必败，但既然坐在这个位置上，想躲也躲不过去，只好打肿脸充胖子，模仿诸葛亮的样子上《出师表》，大表自己的功劳，又不断埋怨宋度宗在襄阳失守之前不肯放自己离京督战，搞得事情糜烂至此。

事到如今，谢太后对这些牢骚话也无心计较，赶紧给贾似道调集了十三万精兵和两千五百艘战船，以及大批粮草、器械、金银、交钞等战略物资，寄希望于贾似道能一战退敌，再挽宋室安危于一发之间。

贾似道不得已，在临安设都督府，准备出征。蒙军的一路统帅刘整原系宋朝骁将，理宗末年，贾似道在武将中推行“打算法”排斥异己，刘整为其上司利用“打算法”迫害，被迫归降蒙古。贾似道对刘整的能力一清二楚。由于惧怕刘整，他迟迟不敢出兵，直到德祐元年正月，听说刘整死后，他才高兴地说：“吾得天助也。”上表恭帝，请求出征。

贾似道抽调各路精兵十余万，装载着无数金帛、器甲和给养，甚至带着妻妾，离开京城，阵势绵延百余里。二月，行至芜湖，与淮西制置使夏贵会合。夏贵一见贾似道，从袖中抽出一张字条，上写：“宋历三百二十年。”言下之意，宋朝历时已近 320 年，国势已尽，不要为它丢了性命。贾似道心照不宣，点头默许。

贾似道以侍卫步军指挥使孙虎臣为前锋，率七万大军进至丁家洲（今安徽铜陵东北长江中），自己则率后军屯驻鲁港（今安徽芜湖南），又任命夏贵为水军统帅，率战船横亘江中，摆出一副决战的姿态。

然而对于这次出兵，贾似道的自信心明显不足，样子虽然是做出来了，可是并不敢真的和元军决战，而只想用和谈的手段把元军哄退，于是他派人找到刚刚降敌的吕师夔，想让他从中斡旋。吕师夔是吕文德之子，他们一家受过贾似道不少恩惠，按说理应回报，可是他毕竟刚刚投降，在那边还没混成熟脸，因此不敢接这个茬。贾似道见得不到回信，只好又派出当年在鄂州曾代自己与元军议和的宋京去安庆府，试图寻找与元军谈和的机会。

宋京这次出使，贾似道明确指示他可以称臣纳贡，不像当年在鄂州时只给他开出了一张空头支票。因为此时元军已经在长江之南站稳了脚跟，形势要比当年危急得多；再有就是贾似道的官位也比当年大得多，能够做得了主。不过对于元军来说，这种条件已经没有任何吸引力了，所以伯颜见到宋京之后，根本就不与他详谈，只是说了一句："我军未渡江之前，这种条件是可以接受的，现在沿江州郡都已落入我手，如果贾似道真想议和的话，就叫他亲自过来吧！"

不过这个时候又出现了一个新的情况，就是忽必烈在得知元军的战况之后，一方面为伯颜进军神速而鼓舞，但同时又担心元军因进展速度过快、战线拉得太长出现意外，于是派兵部尚书廉希贤和工部侍郎严忠范通知伯颜暂时先屯驻于安庆府，由他两人奉国书赴临安，准备逼迫南宋不战而降。

关于忽必烈给南宋开出的议和条件，因为缺乏确切记载，实际内容已无从知晓，不过既然元军已经渡过长江，忽必烈恐怕绝不会甘心只让南宋奉表称臣而已。可是南宋虽然失去了长江天堑，但兵力尚多，地盘也有不少，如果让南宋君臣束手就擒，他们也绝不会答应，因此忽必烈此举实际上有些多余。

伯颜接旨之后，便找来阿术商量，说道："现在我军的形势一片

大好，可皇上却下令不击，你来分析一下，看看这个事情究竟怎么处理才好？”（伯颜出兵后不久，副帅史天泽就因病下岗，由大将阿术代领其职。）阿术闻言之后便很负责任地说道：“主上这种安排真是很出人意料，不过现在的形势当属逆水行舟、不进则退，如果我们放过了贾似道，恐怕到了夏天之后，宋军就会利用我军不耐炎热的弱点发起攻击，到时候所得州郡恐怕都很难保全。何况宋人一向无信，刚说完想要议和，又派人抓了咱们的巡逻兵，我看只有发兵进击。如果皇上怪罪下来，责任我一个人承担。”伯颜听完大加赞赏，随即传令发兵，于二月十六日抵达丁家洲，在距离宋军仅数里之处扎住阵脚，准备与宋军决战。

此时宋军面前的形势已经非常严峻，但反过来看，又未尝不是一个反败为胜的绝佳机会。这是因为在元军渡过长江天堑之后，恃江立国的南宋就已经命悬一线了，不过，万一要能在丁家洲击败元军的主力，不但能把元军赶回长江之北，还能使他们元气大伤，说不定连襄阳都能夺回来，南宋岂不是就能起死回生了？

从当时的情况看，这种机会并非没有。伯颜渡江时率领二十万大军，但是有四万人正驻守鄂州，手头只有十五六万人马，而贾似道离京时带有十三万大军，加上夏贵带来会合的淮西数万兵马，人数应该与元军大致相当。蒙古在这些年中，虽然在水师建设上取得了长足的进步，但水战一向是南宋的老本行，不应该弱于元军，何况还是本土作战，宋军对这里的自然环境肯定要比元军熟悉得多，更不应该落于下风，可见宋军的基础条件并不在元军之下。如果贾似道真要能在这里击败伯颜，也不枉他在南宋专横跋扈这么多年。

可惜条件再好，也需人来掌握。宋军主帅贾似道是一个典型的纨绔子弟，年轻时还勉强算是小有作为，可是当了这么多年的大官，能耐不见半分增长，腐朽性却是与日俱增，早已不再复当年之勇；宋军的副帅兼前锋孙虎臣，本来是个无名之辈，全靠巴结贾似道才谋得美差，根本就没有任何可取之处；唯独后赶过来会合的夏贵算是一员久经沙场的老将，有一定的军事才能，可夏贵既是吕文德的淮西老乡，又曾是他的旧部，因此与吕氏集团中人关系非常密切。此时那些人都已向元军投降，夏贵的心思也不免活动起来，加上他既不满孙虎臣位在自己之上，又因不久前刚在鄂州大败一场，生怕贾似道万一得胜，会追究他的罪过，所以根本就不盼着宋军能够取胜。宋军的三名主将都是这个样子，谁胜谁败也就不想可知了。

二月二十日，元军大将阿术率领水师对宋军发起猛攻，伯颜则在岸上架起巨炮轰击宋军船队，顿时将宋军横亘在江中的舰队冲击得一片狼藉，多亏宋军水师先锋将姜才拼死抵挡，才使宋军暂时稳住了阵脚。谁知就在姜才拼死与元军作战之时，却发生了一件能把人活活气死的事情。

姜才在宋军之中以勇猛善战闻名，体力自然很好，对女色的要求十分强烈。他有一个美妾，生得貌美如花，放在哪儿都有人惦记。姜才出来打仗，生怕后院起火，于是就把这名美妾一起带到了军中，可不想又被副帅孙虎臣惦记上了。姜才刚一出战，孙虎臣扭头就上了他的船，然后钻进舱内就对那名美妾欲行非礼。

孙虎臣这种行为，显然到了不要脸的地步，姜才船上的士兵大为不满，齐声高喊："步帅遁矣（孙虎臣是侍卫步军指挥使）！"于是军心大乱，本来就无心作战的夏贵立即带兵逃窜。他在经过贾似道座舰时又大声高喊："彼重我寡，势不支矣！"贾似道情急之下，立即鸣金收兵，宋军水师听到号令急忙调头，这一下阵形彻底失控。阿术趁机率元军冲了进来，顿时将南宋水师杀得溃不成军。贾似道、孙虎臣、

夏贵、姜才等人纷纷落荒而逃，宋军死伤不计其数，连江水都被鲜血染红了。

当晚，贾似道逃到了珠金沙，将手下的残兵败将召到一起议事。这些人一个个都是愁眉不展，唯有大将夏贵神态自若。副帅孙虎臣是最后一个到的，见到贾似道就捶胸痛哭道："吾兵无一人用命者！"夏贵听完竟然微笑着说道："我曾拼死力战。"贾似道明知他是在大言不惭，却也无心计较，只是问道："现在仗打成这个样子，又该如何是好呢?"夏贵无所谓地说道："队伍已经成了这个熊样儿，还指望他们退敌吗？师相还是赶紧回扬州招揽溃兵，然后把圣驾接到海上避难。我还是回淮西替国家守好地盘。"说完也不等贾似道答话，就自领本部人马返回了淮西。

贾似道虽对夏贵的态度大为不满，但也觉得除了去扬州之外，再也没有什么好路可走，也只好带着孙虎臣等一干心腹将领连夜逃往扬州。第二日，溃兵蔽江而下，贾似道派人扬旗召之，竟然无人肯理，倒有不少人对着旗榜大骂不止。堂堂的师相贾似道对此无可奈何，他的威风已经到了尽头。

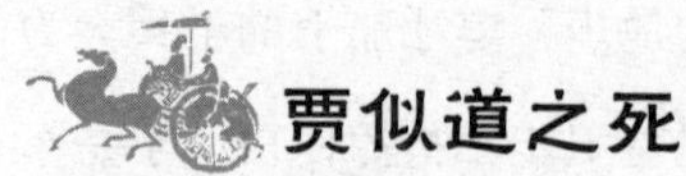

贾似道之死

德祐元年（1275年）二月二十四日，惊魂甫定的贾似道逃进了扬州城，连夜上书请求谢太后赶紧带皇帝迁都避难，同时用蜡书暗中指示殿前军都指挥使韩震保护皇帝离京，并在信中说道："但得赵家一点血，即有兴复之望。"在朝廷接到贾似道的表章之前，宋军兵败于丁家洲的消息已经传回了临安，朝野内外不由惊恐万分，阻挡元军入京的信心也随之全面崩溃。谢太后无奈之下，只好一面连发诏书，征召天下兵马入京勤王，一面派人送信给降将吕文焕，托他在其中斡旋，看看能不能找到与元军议和的机会。

吕文焕降敌之后，虽然已经彻底沦为了蒙古的鹰犬，但心中多少还有一丝良知尚存，所以回信的时候一再解释自己叛变投敌是无奈之举，可见他还是觉得自己的行为对不起南宋对他的恩德。不过尽管如此，吕文焕毕竟是刚刚投降蒙古的宋将，在那边人头还没混熟，不敢揽这个差事，所以婉拒了谢太后的请求。而就在此时，又发生了一件出人意料的事情——忽必烈派来议和的使者被宋军误杀，这使宋蒙两国议和的最后一丝希望随之断绝。

丁家洲之战前，忽必烈派遣兵部尚书廉希贤和工部侍郎严忠范赴临安议和。在和伯颜碰头之后，两人就请伯颜派出一队人马保护他们的安全。伯颜听完就劝他们说："使者就是送信的，没人会加害你们，我要派兵护送你们，万一引起宋军误会，反倒会对你们不利。"道理虽是如此，可是廉希贤和严忠范担心路上不安全，因此一再坚持，伯颜也没有办法，便派出了一支五百人的队伍保护他们前进，结果到了独松关（临安西北的重要关隘）时，守将张濡竟然将这支队伍误以为是元军的先头部队，于是不问青红皂白率兵杀出，严忠范当场被杀，廉希贤重伤被执，不久就死在押往临安的路上。

伯颜得知此事后，立即致书谴责南宋杀使的行为，这时宋廷才知道廉希贤和严忠范是过来议和的，不由后悔莫及，急忙又派人过去解释，称这件事完全是边将的个人行为，与朝廷没有任何关系，宋廷一

定会严惩凶手，为蒙使抵命，希望能与蒙古再开议和。可实际上，张濡杀掉蒙使之后，不但没有获罪，还因功被升为知广德军。这个消息被伯颜知道了，所以他根本不相信宋廷的话，只是为了探明虚实，这才派行省议事官张羽随宋使回临安。可是由于南宋当时的局势异常混乱，张羽刚刚走到平江府（今江苏苏州），就被当地的戍卒所杀，这一来，就连南宋方面都不好意思再谈议和了，伯颜当然也不会再派使者过去，两国议和之路也就彻底中断了。

就在这个非常短暂的和谈期内，局势又有了新的变化。伯颜在丁家洲大胜之后，率领大军乘胜南下，沿途州郡不是被元军轻易攻克，就是主动投降。当年三月初二，伯颜就已进入了长江第一重镇建康府（今江苏南京），随后开仓放粮，赈济灾民。当时江东流行瘟疫，伯颜还派医生去给百姓治病，由是民心大悦。与之相比，临安城内却是愁云密布，可朝中大臣仍在为争权夺利而钩心斗角。

丁家洲兵败之后，贾似道跑到了扬州，他的亲信翁应龙则逃回了临安。别人问他贾似道在什么地方，翁应龙回答不知道，于是上至谢太后下到文武百官都认为贾似道已经死了。谢太后为了稳定政局，急忙将贾似道的亲信陈宜中升为参知政事，又命她的兄弟谢堂出任两浙镇抚使，谢至为保宁军节度使，全皇后的弟弟全永坚加检校少保，出任浙东抚谕使，福王赵与芮出判绍兴府，把这些宗室、外戚纷纷提拔到重要岗位上工作。可是任命刚刚下达完毕，贾似道请求宋廷迁都的表章就已经回到了京城，顿时让谢太后不知该如何是好。

贾似道当权的时候，宗室和外戚是不受重视的，这些人刚刚升官，热乎劲还没过去，所以都不肯支持贾似道。而以宰相王爚为代表的百官，因为以前总受贾似道的压制，这时也开始趁机反对贾似道。新得宠的参知政事陈宜中本来是贾似道的死党，但此人是个忘恩负义的卑鄙小人。他认为贾似道已经成为他前进路上的绊脚石，必须把他一脚踢开，因此也跟着落井下石。贾似道于是众叛亲离，倒台已成了必然。

尽管贾似道本来也不是什么忠臣、能臣，即便倒台也并不可惜，不过他建议把朝廷迁出临安确实还是可取的，也不存在私心。但是由于朝中大臣已经开始反对贾似道，自然也就不会赞成他迁都的建议。谢太后收到贾似道的表章之后，召集群臣商议对策。王爚首先发表意见，认为天子应该居中，不可擅离京城。谢太后当时并没有表态，结果王爚立即以政见未被采纳为由离京而去。不久之后，南宋就读于宗学的学生们也跟着上书称："朝廷迁都，不是到庆元（今浙江宁波），就是到平江（今江苏苏州），不过皇帝能去，蒙古人就也能去，何必白白折腾一场呢！"

这时朝中新贵陈宜中为了撇清自己和贾似道的关系，竟然狠毒地提出请斩贾似道以谢天下，想把贾似道置于死地。倒是谢太后还念着贾似道曾有勤勉三朝之功，认为如果因为一次误国就将其诛杀，不符合宋朝历来优待大臣的传统作风，所以就只罢去了他的平章军国重事和都督诸路军马之职，叫他离开扬州，回绍兴府为母亲守丧。

贾似道虽然暂时逃过一劫，但专权太久，树敌过多，躲得了初一，也躲不过十五。贾似道回到绍兴府时，福王赵与芮对他非常憎恨，闭门不肯接纳，朝廷便将贾似道前后迁往婺州（今浙江金华）、建宁（今福建建瓯）居住，可都因遭到当地官员的强烈反对而作罢，已经没有地方安排他了。正好在这个期间弹劾他的官员越来越多，谢太后便降旨将贾似道贬为高州团练副使，迁往循州（今广东龙川）安置。福王赵与芮得知这一消息后，便将山阴县尉郑虎臣任命为押送官。此人父亲曾被贾似道责罚过，两家本是世仇，显然赵与芮是想借郑虎臣之手置贾似道于死地。

郑虎臣对此也是心知肚明，一路上不断地拿话敲打贾似道，想以此逼他自尽。可是贾似道的脸皮很厚，始终推说自己身为国家大臣，没有诏书不能轻易寻死。公元 1275 年九月，他们来到漳州五里外的木棉庵，有人就劝郑虎臣把贾似道弄死，郑虎臣便发起牢骚，说道："便是这物事，受得这苦，欲死而不死。"然后又说："吾为天下杀似道，虽死何憾！"于是当晚趁贾似道上厕所的机会，将其拉杀，然后以病卒上报朝廷。

贾似道作为宋朝最后一个权相，历仕理、度、恭三朝，擅权时间长达十六年之久，连皇帝都不敢直呼其名，而将其尊称为"师相"。可一朝失势，竟被一个小小的县尉杀死在厕所里，死法竟然是这样的肮脏与卑污，可见世事难料、枯荣有别，令人唏嘘不已。

焦山水战

丁家洲战败之后，谢太后立即发出诏书，征召天下兵马入京勤王，可是各地将领都觉得南宋大势已去，不想回京陪葬，因此诏书发出之后，只得到张世杰、李庭芝、文天祥、李芾等寥寥几人的回应，其中郢州守将张世杰已在贾似道获罪之前就赶了回来。

前文曾经说过，元军入侵之前，张世杰带着重兵把守郢州，把各项防御工事都已备齐，准备跟元军拚死一战。谁知元军竟然不肯攻城，从郢州背后绕出汉水而去，直接攻克鄂州，越过长江天堑。至此，张世杰再守郢州也就失去了意义，所以他在接到勤王诏书之后，立即带兵南下，辗转千里来到临安。当时大多数将领都不肯回应勤王的号召，而张世杰的驻地既远，又要穿过元军占领区，他能够第一个回京，不由得让宋廷大为感动，马上将他擢升为保康军承宣使、总都督府诸军，将抵御元军的希望寄托在他的身上。

伯颜进入建康府之后，不断遣兵出击，先后攻占了镇江、京口、江阴军、无锡、平江府、常州、广德军等地，很快就占领了屏蔽临安的江南东路和两浙西路的东北部地区，使临安的安全受到了严重的威胁。张世杰回京之后，宋廷急忙命他主动出击，争取解除眼前的危难之势。于是张世杰便派部将阎顺收复了广德军，谢洪永收复了平江府，刘师勇收复了常州，从元军手中夺回了部分失地。受此鼓舞，张世杰便在公元 1275 年六月与屯兵扬州的李庭芝相约，准备在镇江对元军发起一次大规模的进攻。

镇江是长江下游的一大重镇，是联系淮东与江南的枢纽城市，其重要地位仅次于建康府。当时元军已经攻占了所有的沿江重镇，江南宋军和两淮宋军因此失去了联络，宋军如果能收复镇江，就可以打开江南与两淮间的通道，防御形势就会有很大的改观。

七月初，张世杰与知泰州孙虎臣率战船一万艘开赴镇江，列阵于镇江城北的焦山之下。李庭芝为了配合这次行动，早在六月下旬就派都统姜才、副将张林领兵出瓜洲，赶来与张世杰相会。宋廷也特地派殿帅张彦率兵经常州过来支援，准备三路齐发，在镇江打一个翻身仗。

镇江因为有着极其重要的战略地位，元军也非常重视，因此在攻降这里之后，伯颜就命行院副使阿塔海、参政董文炳在这里建立起行枢密院。后来元军副帅阿术为了攻打扬州，又把指挥部设在了镇江之北的瓜州，使这里成了元军攻宋的一大战略基地。此战双方投入的具体兵力并

没有确切记录，不过南宋方面为了打赢这一战，已经调集了所有能够调动的军队，而元军出战的队伍，仅为镇江当地驻军，可见宋军对此战的兵力投入，绝不在元军之下，并非没有获胜的可能。

可是，到了作战的时刻，张彦、李庭芝未到，张世杰与平江都统刘师勇、知泰州孙虎臣率舟师孤军迎战。七月初一，宋军集战舰万余艘，以十船为一舫，连以铁索，沉碇于江，横列焦山南北江面，规定非有号令不得起碇，决意孤注一掷，与元军死战。

元军副帅阿术集战舰屯于瓜洲江岸，右丞相阿塔海、参知政事董文炳集战舰泊于南岸西津渡；遣万户张弘范率兵一千人乘舟西攻殊金沙（今江苏镇江西北），控制上游江路。

随后阿术率诸将登南岸石公山（今江苏镇江东北）观察，见宋水师战舰云集，旌旗蔽江，但其舰以铁索相连，不便机动。乃决定实施火攻，以两翼夹攻、水陆并进战法突破宋军防御。

七月初二，阿术居中，选强健善射者千人，乘巨舰分两翼夹射。命万户怀都率步骑布阵江岸，防宋军登岸袭击；万户刘琛率军沿江南岸东进，攻取夹滩（焦山东北），绕到宋军之后，切断宋军退路；董文炳率水师自焦山南麓，攻宋军右翼；万户刘国杰攻左翼；万户忽剌出攻其中；令张弘范自上游顺风急进，循焦山北麓向宋军猛攻。

元军小型战船机动灵活，横冲直撞，宋军虽殊死奋战，但舰大连舟难以行动，当两翼元军交射火箭，宋船顿时帆蓬俱焚，烟焰蔽江。激战半日，宋军大乱，前军多坠水中溺死，后军见势争相逃遁，溃不成军。元军乘胜追至焦山，获黄鹄、白鹞等船七百余艘。

此战，元军水陆协同作战，战术运用得当，用两面夹攻、中央突破的方法，把过去蒙古骑兵惯用战法用于水战，并施以火攻，大败宋水军，致宋长江防线彻底崩溃，临安危在旦夕。

国运垂危

常州军民正在同元军浴血奋战，亟待援兵到来。朝廷却迟迟不肯发兵，最后只派了一个名叫张全的带领两千淮兵前去救援。张全既是贪生怕死之辈，又无将帅之才，赶到常州，也只是杯水车薪，无济于事。

募兵勤王

德祐元年正月初一，文天祥在赣州从谍报中得知元军渡过长江占领鄂州的消息。

正月十三，文天祥接到朝廷的勤王诏书，命他“疾速起发勤王义士，前赴行在”。他捧读诏书，泪流满面。文天祥一向以身许国，如今国运垂危，岂能坐视！他想，自己虽是一介书生，不熟悉军事，但为国赴难，义不容辞，于是他忠愤激发，立即行动起来。

正月十六，文天祥传檄各路，痛斥吕文焕卖国之罪，希望有人站出来任勤王军盟主，自己愿意率兵相从。因当时各地守将大多无抗元决心，一时无人响应。文天祥不能等待，只得上下东西拼命奔走，开始募兵筹粮。

文天祥树起招募勤王义军的大旗后，各地爱国志士纷纷起来响应。广东摧锋军统制方兴率千人自粤北前来参加勤王军，文天祥便“使陈继周发郡中豪杰并结溪峒蛮，使方兴召吉州兵”。

陈继周，字硕卿，宁都（今属江西）人。淳祐三年（1243 年）贡士，以军功进入仕途。他有二十八年当州县官的实际经验，晚年家居赣州城内，非常熟悉本地情况。文天祥在起兵当天，就上门向他请教。他向文天祥详尽地介绍了“闾里豪杰子弟与凡起兵之处”，于是文天祥把陈继周留在军幕。陈继周便和他的儿子太学生陈逢父昼夜参与筹划调度。后来，文天祥任他为江西安抚司准备调遣，他率领赣州义士跟随文天祥前去勤王。从外貌上看，陈继周虽似弱不胜衣，但他德高望重，勤王义士都把他视作父兄，听从他的话，谁也不甘落后。

所谓“溪峒蛮”，是指当时散居在闽、粤、赣及其毗邻的湘、浙等地的畲族、瑶族和苗族的部落武装。他们性格强悍，战斗力强，对元兵的南侵和杀掠也十分痛恨，这就使文天祥团结他们共同抗元有了可能。

在宋末上层统治者中，有很大一部分人因害怕在抗元战争中失去生命财产，为了维护自己的既得利益，常常不顾人民死活，出卖国家利益，无耻地投降敌人，企图成为元朝的新贵。可是，在下层官民中，却有着为数众多的爱国志士。他们为了民族大义，往往能自觉地投入抗元斗争，甚至不惜牺牲生命。为此，文天祥常为那些屈居下位的人才鸣不平，曾在《己未上皇帝书》中呼吁“破格以用人”。他认为：“至如诸州之义甲，各有土豪；诸峒之壮丁，各有隅长。彼其人望，为一州长雄。其间盖有豪武特达之才，可以备总统之任，一日举之以为百校之长，则将帅由是选也。其颖异通敏者，引之于帷幄樽俎之密，又从而拔其尤者，委之以人民社稷之重，则人才不可胜用也。”他甚至主张，那些当过盗贼、判过刑的人，只要有胆有识，也可以吸收进来，抗击北寇。

国家已到了生死存亡的最后关头，只要能抗战的，都是爱国者。当时最重要的是把每个人的能力激发出来，不能再循规蹈矩了。如果宋廷早就这么做，哪至于此？文天祥的主张是正确的。在他这种破格用人政策的感召下，大批抗元志士迅速集中到了他的麾下。

当时，文璧正任制置两浙主管官告院。文天祥在赣州建立勤王军帅府后，即上奏朝廷请求以文璧为助手。朝廷差文璧为勤王军主管书

写机宜文字。

文天祥招募勤王义军，由于各方响应，很快就聚集了上万人。他决心舍命救国，在自己的战袍上绣了“拼命文天祥”五字。宋廷闻此消息，为了加重文天祥的责任，便于二月二十五日任他为右文殿修撰、枢密副都承旨、江西安抚副使兼知赣州。不久，又命他兼江西提刑，并晋升他为集英殿修撰、江西安抚使，催他赶快提兵入卫京师。枢密院是国家最高军事机关，副都承旨是枢密使的属官，而安抚使又是一路的统帅。文天祥有了这些官衔，就能更加名正言顺地带领军队。于是，他便号召所部扩大募兵。

这天，文天祥来到家中，和母亲、兄弟商量之后，把家产清理了一下，然后邀请当地父老乡亲的代表到他家客厅。他先为大家敬酒，然后诚恳地说：

“各位父老乡亲，如今元军已打过长江，大宋江山危在旦夕，我决定起兵勤王。为解决义军的粮饷，现将全部家产变卖。你们有能力买的就买，没有能力买的，就请做个中人。”

说着文天祥拿出一个匣子，把它打开，对大家说：

“这些是田契、房契，还有家母和内人的首饰……值多少钱，各位说一下，我今天要把它们全卖了。”

在座的父老乡亲听了文天祥这番话，十分感动，一位长者说：

“文大人真是爱国爱民，此举实在令人钦佩。抗元救国人人有责，我不买文大人的家产，但我愿捐献钱财，作为军饷。”

一些人也纷纷响应，愿意捐钱捐物。

最后大伙一共拿出了二万两银子和一千石稻谷，献给义军，而文天祥的房契、地契以及首饰暂时寄存在乡亲手里。

文天祥很感激，向大家致敬，并且说：

“感谢各位父老乡亲，我文天祥一定不辜负各位的期望，依靠百姓，抗元救国！”

乡亲们说道：“文大人放心去吧！多几个像文大人您这样的官儿，大宋肯定不会亡！”

文天祥献出家产，而且是全部家产，他的举动具有极大的号召力，没过多少天，各地爱国人士纷纷捐钱捐粮，很快凑足了义军急需的粮饷，又一个难题解决了。

文天祥在江西组织了几万义军勤王，有的好心朋友劝告他：“如今元军如狼似虎，正分三路向南挺进，攻破郊县，迫近内地，势不可当，你率领几万乌合之众前去迎战，这跟驱使一群人与猛虎搏斗有什么两样呢？”

文天祥坚定地说：“我也知道你说得很有道理。但国家养育臣民三百多年，现在遇到危难，要征召天下兵马，居然没有一兵一马捍卫响应。对此我实在是深恶痛绝，所以才自不量力，打算以身许国，以此激励天下的忠臣义士闻风响应，保卫朝廷。正义在手才能确定谋略，人多力众才可以获得成功，只有这样国家社稷才有可能保全啊！”

奸相作梗

四月初一，文天祥用老将王辅佐为总统，领兵从赣州前往吉州。朝廷又加任文天祥权兵部侍郎，其他职任依旧。不久，王辅佐死，以

广东统制方兴替代其职。文天祥又在吉州会合诸郡民丁，结成大屯，准备入卫临安。

谁知事有不巧，五月间文天祥的祖母刘夫人在赣州去世。文天祥只得先请文璧陪同母亲护柩回富川老家，然后按照当时礼制，上书请求解官守孝。六月十五日，文天祥刚安葬了祖母，就接到朝廷起复的诏令，命他率部留屯隆兴府，经略九江。他多次上书，请求等守丧期满再复官，朝廷不许，仍催促他移军隆兴府（今江西南昌），说“留屯隆兴，非但为隆兴守御计，异时随机用事，其为效与勤王等”。在六月以前，朝廷曾多次急如星火地催文天祥入卫临安，为何事情突然发生变化？这使文天祥感到非常意外。要弄清其中真正的原因，还得从朝廷内部抗战派与投降派之间的斗争说起。

擅权误国的贾似道已被罢免，此时朝廷如果能够振作起来，任用贤臣，局势或许还可以扭转。但此时，朝廷恰恰犯下另一个严重的错误，即任命陈宜中为相。在陈宜中的主持下，宋朝终于陷入万劫不复的深渊。陈宜中是一个狂妄自大、欺世盗名的两面派，惯于提出冠冕堂皇的高调言辞，谴责任何妥协退让的主张和行为。陈宜中本为贾似道所援引，贾似道兵败以后，他却率先提出处死贾似道，以提高自己的声望，毫无廉耻。统率禁军的殿前指挥使韩震提出迁都建议，他竟然私自将其骗到自己家中杀害。

陈宜中长期通过这种哗众取宠的表演和豪言壮语来获得权势，提高自己的威望，但事实上却是一个优柔寡断、冒充抵抗英雄的胆小鬼。德祐元年春夏之交，正值战事最为激烈的时候，朝野内外纷纷要求他亲往前线督战，他却犹豫畏缩，不肯出城。显而易见，陈宜中不可能为宋朝冒生命危险。

自从三月初王爚、陈宜中分别担任左、右丞相以来，两人论事多不相合，乃至产生了尖锐的矛盾。王爚是南宋元老大臣，为人“清修刚劲”。他认为今天国家坏到这种程度，是因为有些臣子私欲塞心，朝廷又赏罚不明。他主张只有赏罚分明，才能使人心兴起。升文天祥官职，催他领兵入卫，正是王爚的主意；而陈宜中却百般阻止。

右相陈宜中为了跟王爚争权夺利，竟把斗争的矛头指向了文天祥，不但不准他进京，反倒对他横加指责，说他的言行狂妄，与儿戏无异，让他率领队伍在隆兴府待命。

文天祥接到朝旨之后愤怒无比，立刻上书申诉，声称自己招纳的勤王兵都是由义民组成，并非正规武装。这些人之所以赶来投军，完全是基于一腔爱国热情，如果朝廷迟迟不允许他们为国作战，等这股热情消失之后，又有谁肯为国家上阵杀敌？与此同时，朝野上下一些正直人士也纷纷上书，为文天祥鸣冤叫屈，揭露陈宜中嫉贤妒能的丑恶嘴脸。可是谢太后对陈宜中十分迷信，对其一味偏袒，不久之后，就连王爚也被免职，而文天祥进京勤王的事情自然没有了下文。

直到当年七月，张世杰又在焦山大败一场，南宋的形势愈加吃紧，朝廷只好传旨召文天祥入京，文天祥这才得以率领勤王兵从吉州开拔，并于八月中旬到达临安。谁知这时竟然又出现新的情况。文天祥到达之后，朝廷竟然不让他拱卫京师，反而派他去守卫平江府，这自然又是陈宜中等人的阴谋。文天祥千里迢迢从家乡赶来，是为了入京勤王，可连板凳都没有坐热，就被打发到平江府，这自然令他大为不满。文天祥不愿从命，便与朝中大臣反复交涉，朝廷还专门为此举行了三省堪会，但结果仍然是要他出守平江。

这一决定将文天祥深深激怒。他大发书生意气，无论谁来劝说，就是不肯赴任。这种态度要是放在平时，一顶抗旨不遵的大帽子肯定马上扣下来，不过当时国势危难，文天祥手里还有几万人马，朝廷也

不敢过于得罪他，只好不断地给文天祥加官晋爵，想把他哄走。但文天祥始终不肯成行，双方就顶起牛来了。当年十月，谢太后把陈宜中拜为右相，并将另一个奸臣留梦炎拜为左相。而陈宜中为了能与蒙古达成议和，竟然怂恿谢太后追封已故的吕文德为和义郡王，将其子吕师孟升为兵部尚书，目的仅仅是想让已经投降蒙古的吕文焕在议和之中出把力。

前方将士浴血奋战，尚且难得一官半职，而吕家人竟然能因为族里出了一个大叛徒而一步登天，文天祥对此无比激愤，觉得实在是没法再留在临安了，这才带着队伍开赴平江府。

血战常州

就在文天祥与投降派作斗争的时候，常州告急的文书雪片似的纷纷传来。常州如果丢失，平江就很难守住，临安也将受到威胁。

围攻常州的元军统帅伯颜打算不惜一切代价攻下常州，而守卫常州的姚知府和全城百姓则决心与常州共存亡。

伯颜见常州城防巩固，就令部下驱使郊外百姓在城墙外筑起一座土垒，借以攻城。

常州郊外的百姓不分男女老少都被元军拉去筑土垒，在皮鞭和刀枪的逼迫下，夜以继日地干着，许多人正干着活就倒下去了。元军根本不顾倒下的百姓是死是活，把人和泥土一起堆在土垒上。

土垒距常州城墙很近，守城的宋军只要一放箭，便可阻止土垒的修建，但修土垒的都是自己的父老乡亲，他们怎么忍心下手啊。

土垒修好了，元军借助它发起了进攻，姚知府带领守城的宋军一次又一次地打退了攻城的元军，土垒没能发挥多大作用。

后来，伯颜调来了火炮。蒙古军在北方抓了大批汉族工匠，为他们研制新式武器，经过几十年的努力，他们的武器装备和技术在许多方面已超过了南宋。“轰”的几声巨响，火炮把城墙轰了几个缺口，元军借着浓烟冲了进去。守城的宋军及百姓在姚知府的带领下，迎敌而上，展开血战，将元军硬压下去，并堵住了城墙缺口。

常州军民正在同元军浴血奋战，亟待援兵到来，但朝廷却迟迟不肯发兵，最后只派了一个叫张全的带领两千淮兵前去救援。张全既是贪生怕死之辈，又无将帅之才，赶到常州，也只是杯水车薪，无济于事。

此时文天祥领兵刚到平江，便立即召集诸将领商议对策。文天祥分析道：

“朝廷令咱们守平江府，但我们不能坐等元军到来。现在常州危急，如果不去援助，他们占了常州，马上就会向平江攻来，平江也就难保了。平江一旦失守，通向临安的大门就打开了。因此，当务之急就是援救常州！”

一经分析，部下争先恐后地要求带兵前往。文天祥考虑平江也要留兵驻守，于是决定由尹玉、朱华、麻士龙三位将军率领三千人马协助张全援救常州，其余人马随后接应。

尹玉等三位将军领兵向常州城开去，与张全的部队会师。文天祥以为张全是久经沙场的战将，同时又从大局出发，让义军将领听从张全指挥。哪知张全不仅徒有虚名，而且是个极端自私阴险的家伙。

援军开到离常州不远的地方，发现前面有元军，于是张全带着自己的人马驻扎下来，说是在这里设置埋伏，让麻士龙领着队伍继续前进。

麻士龙率部下没走多远，便与元军相遇了。伯颜的骑兵狂风暴雨般地向义军袭来，麻士龙立刻领兵迎了上去。两军相接，一场混战。这是文天祥的义军第一次和元军交锋，将士们奋勇当先，一往无前。尽管元军人数众多，实力大大超过义军，可是战士们没有一个畏惧，没有一个退缩。

麻士龙大声呼喊着，挥刀向元军砍去，他一面指挥作战，一面派人向张全报告，请求支援。

没有想到，张全这个卑鄙小人只想保存自己力量，竟然坐视不理，没有派出一兵一卒。

元军的进攻一次次被麻士龙率领的部队击退，元军尸体满山遍野。但是，由于寡不敌众，义军被包围了。麻士龙带领部下左冲右突，还是难以突出重围，损失十分严重。

战斗又进行了一个多时辰，张全仍不肯发兵，最后麻士龙也英勇牺牲，这支义军队伍无一人生还。

张全这个胆小鬼，埋伏在远远的地方，目睹了战斗情景，吓得惊惶失措，急忙集合起队伍向后撤去，一直撤到了常州东南的五木。

五木是文天祥所派将领朱华率兵驻扎的地方，大运河从这里经过。朱华带领他的广东军驻在河西岸，张全率兵后撤，驻在河的东岸，为准备打退元军进攻，朱华提出修筑工事，挖战壕，设障碍，而张全坚决不同意。他受朝廷投降派的指使，前来的目的并不是真的援救常州，而只是做个样子。

元军尾随张全而来，就要攻打五木了。首先遭到攻击的是朱华的阵地。虽然阵地上没有工事，防守起来很困难，但朱华手下的广东兵却非常英勇。他们奋不顾身，敢打敢拼，导致元军从早上一直打到午后，足足打了四个时辰，仍没攻下朱华的阵地。

这时，张全却在河对面隔岸观火，他不仅不指挥军队渡河支持朱华，甚至还命令部队不准向对岸的元军射箭。

四个时辰过去了，朱华有些抵挡不往了，在西岸喊道：

“张将军快率兵渡河，前来援救！我这里形势危险，尹将军也遭敌人阻截。”

而张全却在河对面无耻地答道：“元军势力太大，我们不能以卵击石！我这里从水上退却，你也赶紧从陆上逃吧！”

“尹将军那边怎么办？”朱华急声问。

“休要管那么多了，咱们谁也顾不了谁，各走各的吧！”

朱华听后怒火万丈，隔河将张全痛骂一顿，然后翻身上马，又指挥部队迎战元军。又战了些时候，人困马乏，又无援军，而敌人进攻的势头却越来越猛，朱华部下死伤很多，渐渐支持不住了。

“撤！渡过河去。”为保存剩余力量，朱华不得已下令撤退。

朱华的队伍边打边退，有的涉水过河，有的在岸边掩护。这时张全的兵船还有一部分在运河里没撤完，朱华军中的受伤者和体弱者见是自家的船，便想攀登上去，一起撤走。而黑心的张全却给船上部队下了一道命令：

“凡是有攀船的，一律把他们的手指砍下来！”

一时间，船边血指横飞，义军中的许多人惨遭伤害，淹死在运河里。

张全逃走了，向他的主子报“功”去了。朱华率领的部队伤亡严重，支持不住，向东退去。

再说义军将领尹玉。这时他正率领赣军五百人在五木的小山后被

元军缠住，无法向朱华靠拢。伯颜率军击败了麻士龙和朱华之后，便率领大队人马绕过小山头向尹玉扑去。傍晚时分，元军以优势兵力将他们包围。

在强大的元军面前，尹玉及其部下毫不畏惧。他们占据有利地形，拉满弓，搭上箭，只等元军一靠近便万箭齐发，吓得元军不敢靠近。就这样双方坚持了很久。

天渐渐黑了，元军越来越多，包围圈越来越小，尹玉部队的箭矢已尽，五百名士兵剩下不足三百人，尹玉也负了伤。但是，他们仍不退缩，坚持战斗。元军又进攻了。尹玉身先士卒，挥刀冲在前面，砍死一个又一个元军。这时，他身负重伤，把七星剑交给部下说："我的伤势太重，你们想法突围吧，见了文大人就把这把宝剑交给他，并说我没给义军丢脸，让他赶快再派兵援救常州。"部下流着泪劝他撤离，尹玉坚决不肯，继续战斗。他的胸前连中数箭，仍未倒下，又挥刀砍死数名元军。元军见他浑身流血，怒目圆睁，立在那里，为他的精神所震慑，没有人敢靠近。

最后，尹玉倒在了血泊里。

在群龙无首的情况下，尹玉的士兵仍旧和元军又打了一整夜，箭用光了，就用石头砸，刀枪断了，就用拳头、牙齿和元军拼。就这样，士兵们前赴后继，浴血奋战，没有一个人投降。最后这支五百人的队伍，除四人突围脱险外，全部壮烈牺牲。

文天祥在平江听到这一消息，悲愤交加。

"尹将军等人为国献身，真令人敬佩，没想到张全竟是这等卑鄙的小人！刘沭，传我的令，除留守的部队外，其余人马立刻随我前往常州，我要亲自为尹将军等人报仇！"文天祥发出了无可动摇的命令。

"是！"刘沭领命。

这时，朝廷派使者带来命令，要文天祥放弃平江，移守独松关。

常州就要失守了，而平江是战略要地，怎能不战而让呢？文天祥做梦也没想到朝廷会做出如此糊涂的决策。他很清楚，这完全是陈宜中和留梦炎搞的鬼。

怒火化诗句，悲愤作檄文，文天祥大声吟着刚写完的一首新诗：

山河千里在，烟火一家无。
壮哉睢阳守，冤哉马邑屠！
苍天如可问，赤子果何辜？
唇齿提封旧，抚膺三叹吁。

屈辱的谈判

由于临安三面受围，形势十分危急，宋廷急令文天祥放弃平江，坚守临安。

文天祥一撤离平江，常州、平江、余杭相继失守。到这时文天祥明白要抵御元军的进犯，就先要同朝廷中的投降派作斗争。

从平江撤离后，文天祥一直在回忆自己从出仕到奉命回到临安的往事。他想：自己是大丈夫，不能苟且偷生，要力挽狂澜，建立千古不朽的功业！

临安危在旦夕，必须尽快找人商议对策。于是文天祥到六和塔下的军营中找张世杰商议。张世杰也是主战派的领袖，他和文天祥同时响应

勤王的诏令，组织义军在江苏和元军交战。元军也深知张世杰的厉害。

文天祥说：“现在形势紧张，但分析起来，北边还有许多地方没有被元军控制，比如淮东一带仍有宋军在坚守阵地；福建、两广都在我们手里，没有后顾之忧；京城里勤王兵马就有三四万人，再加上城外的人就更多了，我们是有抵抗力量的。”

“说得对，”张世杰表示赞成，“我们就在临安同伯颜决一死战，只要在这儿挡住元军，北边淮东的宋军切断他们的后路，福建、两广的军民再支援我们，整个战局就会改变。”

“那我们联名上书朝廷，建议他们采纳我们的意见！”文天祥接着说。

张世杰同意了，他们立刻写好奏折，送到宫中，然后各自返回驻地耐心等着。

结果让他们失望。投降派生怕这样做会惹恼元军，将来不好求和，因此不肯采纳，但他们又说不出拒绝的理由，于是右丞相陈宜中就让谢太后下诏，以此事要慎重搪塞过去。

就在“战”与“和”两种意见争论之时，左丞相留梦炎看到大局日坏，为保住性命，官也不要，偷偷逃跑了。

右丞相陈宜中与谢太后则忙着准备投降。他们派出一批批使者去见伯颜。先求伯颜退兵，伯颜不允；又表示愿意“称侄纳币”，也就是把两国的关系当成叔叔和侄子的关系一样，而且年年向蒙古这个“叔叔国”交钱献物，伯颜仍不同意；他们又要求称侄孙，伯颜还不同意……总之，伯颜一心要灭亡南宋。

德祐二年（1276年），文天祥临危受命任签书枢密院事，开始进入处理军国大事的决策机构。他利用这一机会，找陈宜中商议道：

“我建议把三宫（太皇太后、太后、皇帝）迁走，让福王、沂王分别驻在福建、广东。这样，我就可以在临安与元军决战，而且即使临安失守了，日后也能继续同元军周旋。”

文天祥的主张非常有远见，可是陈宜中和谢太后一心想着投降，不肯采纳。

朝廷乱作一团，谢太后宣布吴坚为左丞相时，上朝的文官只有六人。投降派所关心的只是如何讨得伯颜的欢心，当使者回来说伯颜不肯接受称侄、称侄孙的条件时，他们不知所措了。谢太后吓得直发抖，不等别人说话，马上痛哭流涕地说：“如果能保存宗庙社稷，就是称臣也没有什么关系。”陈宜中感到有些难堪，迟疑了一下，但还是同意了。

接着宋廷便派人去伯颜大营“奉表称臣”，而且答应每年献纳银子25万两，绢25万匹，想借此保存住南宋。然而伯颜得寸进尺，坚持一定要把军队开进临安，而且一定要南宋丞相前来请降，并且要献上传国玉玺。

“奉表称臣”的做法，文天祥不能容忍。就在谢太后进表称臣的同时，他针锋相对地提出反对意见：

“现在应该任命福王、沂王为临安知府，我担任副职，负责保卫京城。这样，军民见福王、沂王留在京师，就会有信心，有希望，誓死守卫保住京城。”

这个意见谢太后怎么可能听得进去？文天祥只好又来到六和塔下找到张世杰。

“现在京师的军队和能动员起来参战的百姓有二十万人，我们以战为守，背城决一死战，或许还有希望。”文天祥提出自己的看法。

张世杰早已看出朝廷没有作战的决心，就对文天祥说：“你还是回江西据守，我到两淮活动，以后再争取机会反击吧……”

文天祥从张世杰那里回来，失望、忧虑，阴云笼罩在心头，一连几天愁眉不展。

正月十三的早上，有人报告文天祥：杜浒带了四千人前来求见。

杜浒是天台人，他叔叔曾做过丞相，他本人当过县令，很有侠义之气。一见文天祥，他便说：

“文大人抗元救国的名声，早已传遍各地，我这次别人不找，专门找您，就是为了投奔真正抗元的人。我见临安危急，便召集了四千义兵，他们都是决心抗元的志士，现在到您这里，就听您指挥，誓死也要保卫大宋江山！”

文天祥听了这话心中又燃起了希望之火，他高兴的不仅仅是得了一支四千人的军队，更重要的是，他知道了人民的心愿，于是更加坚定了抗元救国的决心。

杜浒从此跟随文天祥。他与文天祥同生死，共患难，并肩战斗，既是文天祥的得力助手，又是文天祥的好朋友。

正月十八，伯颜率兵进至皋亭山，离临安城只有三十里了。文天祥再次向朝廷请求，要“三宫”撤走，自己率众军民背城一战。陈宜中等人执意不肯。

谢太后这时已把国玺送给伯颜。伯颜要求南宋派陈宜中前来谈投降之事，谢太后让他立刻就去。陈宜中心想求和投降，但又不想充当罪魁祸首，于是在十八日晚上，步留梦炎的后尘，也偷偷逃跑了，做了南宋第二个逃跑的丞相。

朝廷不能没有右丞相。十九日，南宋朝廷任命文天祥为右丞相兼枢密使，统率诸路军马。从此，人们便称他为文丞相。

文天祥本来在家乡过着悠闲的生活，为了挽救国家危亡才抛家舍业，从此可谓“身世浮沉雨打萍”。在饱经磨难之后，终于从一介书生成为当朝宰相，这与其说是荣耀，不如说是挑战，是牺牲。从此，他与安逸舒适的生活无缘了。

最后的努力

朝廷此时任命文天祥为右丞相，是想让他出来收拾残局，并代替陈宜中去元营接洽投降的事项。

而文天祥则自有他的考虑，朝廷要他出使元营，朝中的大小官吏也都恳求文天祥前去议和，以保住他们的性命。

怒斥元酋

朝廷此时任命文天祥为右丞相，是想让他出来收拾残局，并代替陈宜中去元营接洽投降的事项。朝中的大小官吏也都恳求文天祥前去，以保住他们的性命。

文天祥在国事危急的紧要关头，同意出使元营。他认为："第一，国事至此，不能顾惜自己的生命；第二，伯颜总得讲道理，自己可以用语言打动他，也许能取得讲和退兵的结果；第三，也可以借机窥探元军的虚实，归来好研究对付的策略。

他还提出，自己辞去右丞相不拜，以端明殿学士的身份前往，以此表明自己没有议和、议降的权力，不是去谈投降事宜的。

文天祥身边的杜浒坚决反对文天祥出使元营，他说："伯颜什么事都能干出来，文大人此去他们是不会让你脱身的。再说，文大人离开了临安，朝廷也就失去了主心骨，谁还能支撑这个局面?"

然而，文天祥没有听从他的劝告，朝廷中的其他人更不听杜浒的意见。二十日，谢太后命文天祥和左丞相吴坚、同知枢密谢堂、安抚贾余庆、中贵官邓惟善出使元营。当文天祥大步走出朝门时，他想，在这些人里，敢同伯颜进行斗争的也就是他了，自己肩负着重担，不能怕威胁，也不能受利诱，一定不辱使命。

然而，文天祥错误地估计了元军，将他们看得太简单了：元宋交战多年，现在元军已在临安城下，怎么会有说服他们退兵的可能呢？以往出使元营的人没有被扣留过，那是出使的人没有把对方惹怒，而文天祥慷慨陈词，触怒伯颜，他们怎肯放他回去，又怎能让他窥探虚实呢？他不把自己当成右丞相，而朝廷、伯颜则不这样看。

这种深入虎穴、勇于自我牺牲的精神是难能可贵的，但此举脱离实际，实属下策，以至于后来连他自己也后悔莫及。

不久，文天祥及其随行的人来到设在皋亭山明因寺的伯颜大营前。尽管元营前站满兵将，布满刀枪，杀气腾腾，十分森严，他却翻身下马，昂头挺胸，旁若无人地走进了元营。伯颜骄横而傲慢地坐在大营正中的虎皮交椅上，卫士手持刀枪站立两厢，好一个威风凛凛。

“下跪!”两旁的卫士吆喝道。

文天祥面不改色，从容不迫地作了个揖，然后立在那里。

“为何不下跪?”伯颜问。

“我身为大宋使臣，哪有向你下跪的道理!”文天祥据理而答。

伯颜一听，深知此人非同一般，便让人搬来椅子，让文天祥坐下。

“丞相前来是谈投降的事吗?”伯颜单刀直入，先发制人。

“投降是前丞相一手操办的，我一概不知。现在太皇太后派我做丞相，我没敢拜，先来军前商量两国关系的大事。”文天祥胸有成竹，绝对不承认是来谈投降的，只是说前来商量。

“商量大事，也很好嘛!”伯颜一时摸不着头脑，随口答道。

接着，文天祥就反问伯颜：“本朝承帝王正统，乃衣冠礼乐之所在，北朝究竟是想把它作为国家来对待呢，还是想毁了它的社稷呢?”

这是个非常尖锐的问题。忽必烈下令攻宋，发布诏书时只以贾似道扣留使者为口实，并没有说要灭亡宋朝。文天祥抓住这点，要伯颜答复。

伯颜为难了，只好含糊其词道："我们皇上的诏书说得明白，'社稷必不动，百姓必不杀'。"

文天祥听了这话，便以子之矛攻子之盾，进一步提出要求：

"你们先后几次和本朝订约，但都背信弃义。现在你既然说'社稷必不动，百姓必不杀'，也就是说愿意与宋朝保持友好关系，那就请把军队退到平江或嘉兴，再把咱们谈的情况上奏北朝皇帝，等诏令下来，然后再继续商议。"

文天祥心想，现在大兵压境，只有坚持元军先撤，才能缓和一下局面，以便采取对策。

伯颜知道这是文天祥设的缓兵之计，但又没有理由发火，只得辩解说："这恐怕不好办吧。"

"那么说，你们大兵围住临安，想干什么？不就是想灭了宋朝吗？"

"这个……"伯颜有些不好回答了，但仍用傲慢的眼神看着文天祥，似乎是在威胁：我们就是要灭了你们！

文天祥毫不示弱，声调越来越高："依我看，退兵讲和，乃是上策，不然打下去对你们也没有好处。现在，淮东、淮西仍在我们手里，两浙、闽广还有更多的土地，百姓誓与元军战到底，你们肯定不能打赢！"

"哈哈……"伯颜冷笑道，"你们南朝的文臣武将，投降的太多了……"

"贾似道、吕文焕这样的败类是有，但英雄豪杰，忠义之士，不可胜数！比如常州一战，你亲自出马，不也是损兵折将，头破血流吗？"

文天祥的强硬态度使伯颜感到惊讶，他从来没见过敢于顶撞元军统帅的南宋使节，但也不相信文天祥真的不屈服，于是就声色俱厉地恐吓道："大胆！竟敢侮辱本帅。来人啊，把他拉出去砍了！"

文天祥听了，毫不畏惧，冷笑道："我是大宋状元宰相，只欠一死报国，刀锯油锅，我都不怕！"

伯颜听了这话，一时不知所措，心下暗暗佩服。大帐里，伯颜身边的元将见文天祥的态度这样坚定和凛然难犯，都非常惊奇和钦佩。而与文天祥同去的吴坚等人，早已吓得面如土色。

伯颜想，再和文天祥谈下去也不会有好结果，就对他们说：

"现在，我派宋朝降将程鹏飞陪同吴坚等人返回临安，去见太皇太后，亲自听听宋朝朝廷的意见。文丞相今晚暂时留在这儿安歇。等他们回来，咱们再来商议。商量好了，你即可回去。"

这是伯颜想出的一条毒计，他了解南宋朝廷情况，吴坚等人回去，必然会加紧投降活动，谢太后除了投降，没有别的主意。扣着文天祥，是因为他怕文天祥回去反对投降，很有可能再率领义军起来抵抗。

文天祥看出他的用意，厉声质问："我为商议宋元双方大事而来，现在他们几位回去，为何扣留我？"

伯颜装出笑脸，温和地说："你是宋朝大臣，责任重大，今天说的这些事，咱们要再好好地商量，就暂且留下来吧！"

他不容文天祥申辩，就派手下人把文天祥带走软禁起来。

一夜之间，形势发生了巨大变化。吴坚等几位使者返回临安，朝廷中从谢太后到各位大臣，都认为战、守、走均已不可能，只有投降，于是准备好了正式降表。贾余庆借机窃取了文天祥右丞相的职位，准备与元朝签订投降协议。

二十一日，吴坚、贾余庆等人带着降表来到元营，同来的还有吕师孟等人。他们向伯颜递了降表，表明南宋正式投降。

伯颜接受了降表后，请文天祥进帐。这时，仪式已然结束，伯颜正准备打发贾余庆等人离去，但仍扣着文天祥不放。文天祥见此情景，

怒火万丈，他想回去当面质问谢太后，已经不可能了，便指着贾余庆破口大骂，骂他卖国求荣，骂他认贼作父：

“贾余庆你想一想，大宋没有亏待你，而你却引狼入室，奉献国土，将来你怎么有脸见先帝于地下……”

骂完贾余庆，他又骂伯颜不守信用：“卑鄙无耻的小人，言而无信，靠欺诈手段得了临安，大宋人饶不了你们……”

伯颜见文天祥这样，也没办法，就让原先在襄阳投降元军的吕文焕以及这次前来的吕师孟叔侄二人去劝文天祥。

吕文焕上前说：“文丞相息怒，忍耐两天，伯颜就会让你回去了。”

文天祥一见吕文焕，十分厌恶，心想，这样一个不知羞耻的家伙，居然也来劝我！于是大骂道：“你这叛贼，还有脸来跟我说话，快快滚开！”

吕文焕又羞又恼，仍厚着脸皮问：“丞相何故骂文焕是叛贼？”

文天祥厉声说道：“国家不幸，到了这种地步，你就是罪魁。身为大将，却以城投敌，不是叛贼又是什么？三尺孩童都在骂你，何况我呢！”

吕文焕脸上火辣辣的，但他极力为自己开脱：“我守襄阳六年，粮尽援绝，朝廷不发一兵一卒，怎么能怪我？”

文天祥义正词严地指出：“力穷援绝，就应该以死报国。你贪生怕死，爱子惜妻，投降元军，既辜负了国恩，也败坏了自己的声誉！现在你们这一族人都成了叛逆，千秋万世之后，也要受人唾骂！”

吕文焕被说得哑口无言，耷拉着脑袋不吭声了。

吕文焕的侄子吕师孟，也是个投降派人物，这次随使者入元营，决心来做奴才，还自以为得计，见文天祥这样骂叔叔，又听文天祥说他们一族人都是叛逆，就气冲冲地走上前，用无赖的口吻说：

“文丞相不是曾经上疏要杀我吕师孟吗？朝廷并没有要杀我们呀！”他的意思是朝廷也没把他们当叛徒看。

“你叔侄都投降北朝，没有把你们全族斩首问罪，是本朝人用刑失当。而你还有脸到朝廷去做兵部尚书！我深恨当时没能杀了你们叔侄。现在你们要杀我，正是成全我做大宋的忠臣，是我求之不得的呢！请杀吧！”

一席话说得吕师孟张口结舌。文天祥的英雄气概，使他们叔侄两个惶恐不安，也使在场元军将领无不钦佩。他们将此事禀告了伯颜，伯颜吐着舌头称赞道：“文丞相心直口快，真是一个大丈夫！”

驿馆——囚禁文天祥的地方，门口层层设防，连围墙外也有穿便衣的暗哨把守。文天祥失去了自由。

屋内，临窗处有一张桌子，桌上备有文房四宝，靠东墙铺有三张床，一张是文天祥睡的，另外两张是伯颜派来监视文天祥的元朝官员唆都和忙古歹睡的。

唆都和忙古歹除了监视他，还有另一重任，那就是做说客。几天来，这两个说客费了许多口舌，却没有任何效果，这使得他们感到狼狈与尴尬。

文天祥不愿理睬他们，终日只是写诗练字；唆都和忙古歹闲得无聊，经常外出散心。

这天，屋里只剩下文天祥一人，他面对素笺，想起战国时齐国的孟尝君在出使秦国时被拘，当他设法逃出虎口到达秦国的边境函谷关时，天还没亮。按照当时的边关规定，必须等鸡叫才可放人出关，孟尝君回国心切，他想了想，尖着嗓子学起了鸡叫，他这一叫，远近的鸡都跟着叫了，于是，边关放行，孟尝君脱险！

文天祥想，倘若我也能像孟尝君那样逃出虎口，回到临安，那才好哩。想到此，文天祥诗潮滚滚，当即挥笔写道：

眼看铜驼燕雀羞，东风花柳自皇州。
白云万里易成梦，明月一间都是愁。
男子铁心无地着，故人血泪向天流。
鸡鸣曾脱函关厄，还有当年此客不？

写毕，文天祥低吟了一遍，觉得非常满意。他把诗藏好，以免给元人搜去，暴露自己的心志。

羁押北上

正月廿三日，伯颜进驻湖州（浙江吴兴）市内，派人将宋朝皇帝的传国玉玺送往元廷。

正月廿四日，伯颜建大将旗鼓，率左右翼万户，大摇大摆地巡视临安城，并观潮于钱塘江，又登狮子峰，南宋宗室大臣依次来见。直至傍晚，伯颜才回湖州市内。

正月廿五日，元万户张弘范、郎中孟祺同程鹏飞带着所换宋帝称臣降表及赵显、谢道清谕南宋未降州郡手诏回到元营。

同日，伯颜因感到驻在临安近郊的文天祥勤王军对他是个严重威胁，便派镇抚唐古歹、宋官赵兴祖等解散文天祥所募勤王兵二万余人，并发给文书，令他们各归乡里。但是，勤王军的义士们不甘心就此放下武器，他们大部分回到江西继续进行零星的斗争，剩下的由方兴、朱华、邹源、张汴率领，由浙南进入福建，前去追随益王、广王，以便继续抗元。

文天祥得知勤王义军被解散，遭到很大的打击。他伤心得痛哭流涕，非常后悔，深感自己不该来元营谈判。他说："予自高（皋）亭山为北所留，深悔一出之误。闻故人刘小村（刘沐）、陈蒲塘（陈继周）引兵而南，流涕不自甘。"

然而文天祥并不绝望。他在《思蒲塘》中说："南国应无恙，中兴事会长。"他以为闽、粤尚未沦陷，宋朝复国中兴仍有希望。他还在《思方将军》中说："如虎如熊今固在，将军何处上金台？"他相信勤王军的义士们仍有为国立功的机会。

文天祥被拘元营后，唆都派他的属官信世昌来充当馆伴（古代陪同外族宾客的官员）。信世昌，字云父，东平府（今属山东）人，曾任元朝太常丞，是个北方的儒士。文天祥觉得这个人知古今、识道理，可与对话。信士昌原是北宋灭亡后的北方遗民，对宋朝仍怀有感情。他明白文天祥是想为民请命和保存宋朝社稷才来元营的。他作诗赠文天祥说，"宗庙有灵贤相出，黔黎无害大皇明"，以为"大宋衣冠正宗"，元朝必不敢无礼于宋朝社稷。可是，通过几天来的经历，文天祥心里明白元朝是决不会保存宋朝社稷的，故以"云父念本朝，亦愿望之辞"回应信世昌。信世昌喜欢写诗，曾向文天祥请教诗法。文天祥告诉他："比兴悠长，意在言外。"信世昌立即领悟，并写了一首五绝诗："东风吹落花，残英犹恋枝。莫怨东风恶，花有再开时。"此诗隐喻文天祥"不忘王室，而王室必将中兴"。文天祥认为信世昌有齐鲁孔

孟之遗风，是个值得交往的人，并从信世昌身上看出，在北方沦陷区的汉人之中，爱国之士大有人在。文天祥感到那些宋朝叛臣远不如信世昌，因而写诗叹道：“东鲁遗黎老子孙，南方心事北方身。几多江左腰金客，便把君王作路人。”

宋廷已经降元，文天祥的勤王军也被遣散，伯颜以为文天祥抗元失去了凭借，而他又十分钦佩文天祥忠义爱国的男子汉大丈夫气概，如果文天祥能为元朝所用，对收拾两淮和江南残局非常有利，因此他决定诱降文天祥。但伯颜知道文天祥凛然不可侵犯，不敢亲自去劝，就先派唆都前去试探。

有一天，唆都对文天祥说：“大元将兴学校、立科举，丞相为大宋状元宰相，今为大元宰相无疑。丞相常说：‘国存与存，国亡与亡。’这是男子心。天下一统，做大元宰相，是甚次第。‘国亡与亡’四个字休道。”文天祥意识到这是唆都在向他诱降。他一向淡泊名利，出仕本非为了取得高官厚禄。对于民族敌人的高层统治者，他更是无比蔑视，说“虎牌毡笠号公卿，不直人间一唾轻”。对于唆都的诱降，他严词拒绝，并为宋廷降元而痛哭失声。唆都怕文天祥以死殉国，就暂时停止了对其劝降。

有一次，唆都和忙古歹问文天祥：“度宗有几子？”文天祥答道：“三子。”接着他们又问“德祐皇帝是第几子？”“第一子、第三子是否封王？”“现在何处？”文天祥一一做了回答：德祐皇帝是第二子，是度宗的嫡子；第一子封为吉王，第三子封为信王，现在已由大臣护卫离开了临安。唆都、忙古歹吃惊地追问：“去何处？”文天祥从容答道：“非闽则广。宋疆土万里，尽有世界在。”唆都、忙古歹说：“既是一家，何必远去？”

文天祥知道敌人在套问二王的下落，并企图灭绝宋朝的王室，他就乘机表明自己的立场："何为恁地说？宗庙社稷所关，岂是细事！北朝若待皇帝好，则二王为人臣，若待皇帝不好，即便别有皇帝出来。"唆都、忙古歹听说南宋可能另立皇帝来与元朝对抗，犹如挨了当头闷棍，惊愕得目瞪口呆。

伯颜在扣留了文天祥之后，于二月初五导演了一出宋朝降元的丑剧。六岁的德祐皇帝赵显，率领文武百官，拜表祥曦殿，宣布南宋皇帝退位，向元朝乞为藩辅。于是，伯颜奉元朝旨意，降宋朝京都为两浙大都督府，命忙古歹、范文虎等入城治理都督府事务。同时，伯颜又命程鹏飞取出谢道清手诏，命令南宋所有州县全部无条件降元；又命以三省、枢密院名义，由吴坚、贾余庆等执政官签署檄文，谕天下州郡归附。

左丞相吴坚人称"老儒"，是个软弱无能的人，一切听从贾余庆的摆布。宰执们都在谕降檄文上署了名，唯独家铉翁不肯签押。无耻叛臣程鹏飞见家铉翁不听命令，当堂变脸，欲将他捆绑起来。家铉翁岂甘示弱，他威严地说："中书省无缚执政之理！归私第以待命可也。"在家铉翁强烈的民族自尊心面前，程鹏飞做贼心虚，只得罢手。

接着，伯颜命张惠、阿剌罕、董文炳、张弘范、唆都等人，查封临安的府库，收缴南宋各部门的府印、告敕，撤销各官府机构和禁卫军。几天后，元军又入宫来索取宫女、内侍及乐官，上百名宫女因不愿受辱，跳莲池自杀。

二月初六，伯颜要谢道清和赵显封贾余庆为右丞相兼枢密使、刘岊为同签书枢密院事，与左丞相吴坚、同知枢密院事谢堂、签书枢密院事家铉翁共五人任"祈请使"，去大都奉表元廷。贾余庆是个积极的投降分子，自称原是河南相州（河南安阳）人，奉承伯颜，想成为元

朝新贵，气焰不可一世。谢堂是个无见识的人，只会随声附和。吴坚老儒，胆怯不敢争论。刘岊本是个狎邪小人，人称“江南浪子”，因国难而得美官，扬扬自得，文天祥把他看作沐猴而冠的丑角。只有家铉翁是个爱国忠臣，以直言廷争著名，他幻想去大都说服元朝皇帝，为保存赵宋社稷争取一线希望。

以此五人为祈请使全是伯颜的主意。在启程之前，吴坚以老病求免，得到了伯颜的同意，所以降表中没有他的名字，只有贾、谢、家、刘四人。后来伯颜决定要文天祥也一起北上，便把他的名字也加了进去。但文天祥本人绝没有“祈请”的意思。

二月初八这天，就在船要开的时候，杜浒突然来到码头。他跪在文天祥面前，诚恳地说：

“文大人，让我跟您一起去吧！我愿意一辈子跟随您，服侍您，生死都要和您在一起。”

文天祥感动得说不出话来，急忙将他搀扶起来，然后含着眼泪，深情地望着他，答应了这位挚友的请求。

同文天祥一起到皋亭山元营的随从，有的已不辞而别，剩下余元庆、金应等十人，也同船北上。

船沿运河向北行，一路上，文天祥和杜浒谈起临安的情况。

“咱们的义军是不是已经被贾余庆等人解散了？”文天祥问。

“他们发出榜文，让义军将士各自还乡，可是大部分弟兄没听他们那一套，许多人说回到江西还继续干。”杜浒答道。

“朝廷里有什么消息？”

“元军把‘三宫’俘虏北上，而且还把府库里的各种图籍、祭器和宝物都抢劫走了……”

文天祥听了，连连叹息：“真可惜啊！难道大宋就这么完了吗？”

“还有救。”杜浒凑近身子小声地说，“听说吉王、信王已经安全到达永嘉（今浙江温州）了，正力图恢复宋朝。另外，张世杰率领部队也已经到定海（今舟山），很快就会赶去勤王！”

“好，大宋还有希望！”文天祥高兴极了，“咱们得想法子赶快到南方去！”

杜浒带来的消息，更加坚定了文天祥逃出去的信心，于是他们开始寻找脱身的机会。

二月十日，船停泊在杭县谢村。晚上，文天祥和杜浒商量好了乘夜色正浓时逃走。可是不巧，元军派一个姓刘的百户带着二三十人和一条船来了，逼着文天祥他们下船登岸，对其严加看管。贾余庆见刘百户是汉人，就对元将铁木儿说，文丞相别有用心，要多加小心。这样元将铁木儿戒备就更严了，而且第二天一早还让文天祥他们上了另一条船。在一片喝骂和催促声中，文天祥及其他随行人员被押着向前走。他感到莫大的羞辱，心中火冒三丈，但事已至此，只得权且忍耐，再寻找机会。

船从谢村开出，离临安越来越远，文天祥望着临安的方向，心中十分悲痛，默默地说：“别了，临安，但是，请相信，这分别是暂时的，我文天祥一定要回来！”

往北走，正是元军进攻临安经过的地方，农田村舍一片凄凉。文天祥触景生情，感慨万分。特别是到了平江，文天祥想起当时要不是被朝廷下令调走，自己必然会死守平江城，现在也不会成为元军的俘虏。船在平江停了一个多时辰，人们听说文丞相被押，从这里经过，纷纷前来探望，有几个原来地方上的官吏在码头上等候多时，他们涕泪满面，要求登船拜见。元军看到这情景，生怕出事，赶忙解缆开船，并对文天祥严加防范。虽然文天祥又没能够逃脱，但他由此看出了民

心，因而也更加坚定了逃跑和继续抗战的决心。

船经无锡，文天祥想起十八年前陪弟弟文璧经此地去临安应考的情景，感到世事沧桑，心中无限凄楚。

船到常州，举目四望，一片萧条景象，常州人民被元军杀戮殆尽。文天祥愤慨不已，决心为无辜的人民报仇。

常州边上的五木是文天祥的战友尹玉、麻士龙和无数爱国战士牺牲的地方。经过这里时，文天祥仿佛觉得汤汤河水都是眼泪汇成，他暗暗地祈祷说："安眠吧！你们的血不会白流，你们的牺牲是会得到补偿的！"

二月十八日，船行到了镇江，眼看就要和江南父老告别了，文天祥心中更加焦急，他恨不得能插翅飞出去。

元朝大将阿术当时驻扎在镇江对岸的瓜州。他主持江北军事，地位显赫。十九日，他想见见宋朝的"祈请使"以及文天祥，于是就让这些人渡江前去。

阿术灭宋之功不亚于伯颜，因此趾高气扬，不可一世。贾余庆等"祈请使"见了阿术，奴颜婢膝，丑态百出。文天祥怒不可遏，在一旁一言不发。

狡诈的阿术见文天祥闭口不言，便起了疑心，另外，他考虑到这批人北上，要经过宋军坚守的地区，于是吩咐押解的军官要对文天祥及其他人严加看管，同时先押他们回镇江等候命令，待布置妥当，再继续北进。

在镇江，文天祥借住在一个名叫沈颐的人家里，元军派人监守。开始元军监守很严，过了两天，见文天祥没有什么动静，就放松了。

这时，文天祥找杜浒以及余元庆商量逃走的事。文天祥分析道："镇江是军事重镇，敌人防守严密，逃走不易，但如果现在不逃，过了江，越向北就越不易脱身。这里离扬州和真州都不远，两地都在宋将手中，去扬州危险大，去真州虽说要逆流而上，但州城就在江边，元军防范也不严密，因此，只要找到船就可逃往那里。”

要逃走就得横下一条心，杜浒说：“逃跑的计划如果泄露，就会死，逃到半路被捉回来，也会死，而且大家都活不成，咱们大家会不会后悔?”

文天祥指着自己心口发誓说：“死有什么可怕？我不后悔!”说罢，他从身上取出一把匕首，对杜浒和余元庆说：“万一逃不成，就自杀殉国。”杜浒和余元庆非常激动，也都掏出匕首。接着大家都表示了决心，然后开始行动。

要逃走一定要有船，要找船一定要有当地人的帮助。文天祥被元军派的王千户监视得很严，走不开。杜浒和余元庆行动方便些，所以他俩便外出去找船。

这时镇江街头出现了一个醉汉，他整天在酒楼上喝得醉醺醺的，然后疯疯癫癫地找那些素不相识的人闲谈，这人就是杜浒。他遇见心向宋朝的人，就送些银两，并且说出自己要找船的事。他先后找了十多个人，这些人很愿意帮忙，只是都找不到船。这一举动很冒险，只因百姓都很痛恨元军，没有人去告发，所以没有发生意外。

余元庆比杜浒谨慎，他仗着自己是真州人，天天在街上转，找熟人打听。可是一连八天过去了，他们仍然没有找到船。看到长江上小船一只又一只，都由元军严格看管，杜浒和余元庆不断叹气，焦急万分。

第九天晚上，余元庆在街上走着走着，碰巧遇一位老朋友，而且这个人碰巧是给元军管船的。余元庆大喜，立刻求老朋友帮忙，并许诺事成之后给他一千两赏银，以后还保他当大官。

“要是为钱和官我就不干了，”这人气愤地说，“我就是要为大宋救出一位丞相，让他好去建功立业，赶走元军。银两、官职我都不要，只求丞相赐一纸文书，太平之后，我好去拜见！”

余元庆非常高兴，回来报告了文、杜二人。

这些天杜浒虽然没有找到船，但他结识了一个熟悉道路的老兵。杜浒送给他一些钱，并请他喝酒，这人便答应到时领大家抄小路到江边，那样比较安全。另外，杜浒还结识了一位专门查夜的刘百户。这人爱贪小便宜，得了杜浒的银两，喝了杜浒的酒，便答应随时派人提了官灯来接杜浒，不受夜禁的限制。

二月二十九日准备工作就绪，文天祥决定夜间逃走，并事先派了两个人到找好的船上，让他们在甘露寺下等候。没料到就在二十九日中午，元军派人通知，要文天祥一行人立刻渡江到瓜州去。面对这个突如其来的消息，文天祥非常吃惊，但他很快冷静下来，借口自己住在老百姓家，得到通知太晚了，来不及准备，请元军宽容一个晚上，明早再过江去。元军没怀疑，勉强答应了。

监视文天祥的那个王千户，总是寸步不离文天祥，就连睡觉也要挨着文天祥。如果不摆脱他，文天祥就无法逃走，于是文天祥让杜浒买了许多酒和肉，借口明天要走，摆起了酒席，一来辞别乡土，二来酬谢房主人沈颐，请王千户作陪。他们痛饮了一场，过了一个时辰，沈颐醉了，紧接着王千户也烂醉如泥。

不久，事先约好的那个带路老兵也来了。老兵藏在屋里，杜浒在门外等着刘百户派人送来官灯。二更天，果然来了个十五六岁的提着官灯的元兵。杜浒大喜，叫了老兵，带上提官灯的元兵走在前头。文天祥换了衣服，跟在后面，其他人一个一个地在黑暗处远远地跟着。因为有官灯，一路无人盘查。到了人烟稀少的地方，杜浒拿出些银子给提官灯的元兵，告诉他明天到某处去取灯。这个元兵也不怀疑，拿了钱就走了。

有了官灯，一行人过大街，穿小巷，畅通无阻。在街的尽头，元军把十几匹马拴在路中间，以此设立关卡盘查过往路人。因为多少天来一直没有什么情况，元军就都躲在屋里睡觉了。文天祥一行，踮起脚轻轻地从马旁边走过去。马见生人，骚动起来。幸亏屋里的元军睡得死，没被吵醒，他们才幸运地又闯过了一关。

在老兵的带领下，他们抄小道，很快来到江边的甘露寺。杜浒打发走了老兵，大家开始找船。不料，船没找到，先派去的人也无影无踪。大家非常担心。

余元庆也很着急，但他想朋友不会失约，可能是这里不安全，把船藏到僻静处去了。于是他不顾天寒水冷，撩起衣服，沿江涉水寻找起船来。

文天祥等人立在江边焦急地等着。文天祥心想，即使找不到船，也绝不能等着落到元军手里。他摸了摸随身带的匕首，暗下决心，不得已时，就自刎或投江。

过了一会儿，远处传来了船桨的击水声。余元庆走了一二里路，终于把船找回来了。

文天祥等十二人安然上了小船，满心欢喜地向长江上游驶去。

没走多远，大家心里又紧张起来。原来沿江岸几十里停的都是元军的船只，一会儿打梆子，一会儿唱更，戒备森严。江上没有第二条路可走，文天祥他们的小船必须从元军船只旁边经过，如果有人盘问，必然前功尽弃。幸好没人问。元军做梦也没想到文天祥会从他们兵船旁边溜走。

又走了一阵，突然遇到了元军的巡查船，船上元军喊道：“什

么船？”

“河魨船！”老艄公答道。

元军发觉船上可疑，遂乱叫着“歹船！歹船！停下！停下！”并快速向小船驶来。

文天祥等人都捏着一把汗，老艄公拼命地摇着，小船像箭一般地离去。这时恰好退潮，元军的巡查船搁浅了，他们只好眼巴巴地看着可疑的船离去。

确定已脱离了元军的纠缠后，文天祥思潮起伏，诗兴大发，提笔挥洒道：

十二男儿夜出关，晓来到处捉南冠。

博浪力士犹难觅，要觅张良更是难。

终于摆脱元人的控制，文天祥有种苍鹰出笼的感觉。

新的征程终于开始了。

天明时分，小船终于停泊真州。

文天祥向老艄公再三致谢，然后向真州城奔去。城头上绣着“宋”字的大旗，跃入文天祥一行人的眼帘，令他们激动不已。余元庆对守城士兵急切喊道：“快开城门。”

“什么人？”守城士兵大声问道。

“文天祥丞相蒙难至此，快开城门。”余元庆高声答道。

守兵通报后，安抚使苗再成惊喜万分，他亲自打开城门，亲手将文天祥扶上马。

在经过整整四十天的生死煎熬之后，文天祥终于重获自由，不由令他百感交集，便以《脱京口》为总标题，写下了十五首“难”字诗，备述他脱离虎口之险。后来这组诗被收入著名诗集《指南录》中，成为研究文天祥和这段历史的宝贵资料。

真州被逐

真州知州苗再成热情地将文天祥接进州衙，将他安顿在清边堂居住。杜浒和其他十个随从人员则被带至直司。苗再成命人搜查了他们所带的武器，见无可疑之处，然后才表示对他们的信任。文天祥见真州宋军防患如此严密，心中暗自钦佩。

苗再成固守真州，已数月不知朝廷信息。当他与文天祥相见后，问明了京城临安的形势，不禁悲愤得眼泪直流。过了一会儿，将校和幕僚们都来拜见文天祥，当他们听说临安沦陷的消息，个个表现出对元军的强烈仇恨。他们向文天祥介绍两淮的情况："两淮兵力，足以复兴。惜天使李公（淮东李庭芝）怯不敢进；而夏老（淮西夏贵）与淮东薄有嫌隙，不得合从。得丞相来通两淮脉络，不出一月，连兵大举，先去北（元军）巢之在淮者，江南可传檄定也。"

文天祥问苗再成："计将安出?"苗再成说："先约夏老，以兵出江边，如向建康之状，以牵制之。此则以通、泰军，义打湾头（江苏扬州东北）；以高邮、淮安（今属江苏）、宝应（今属江苏）军，义打扬子桥（江苏扬州南）；以扬州大军向瓜洲；某与赵刺史孟锦，以舟师直捣镇江。并同日举，北不能相救；湾头、扬子桥皆沿江脆兵守之，

且怨北，王师至，即下。聚而攻瓜洲之三面，再成则自江中一面薄之。虽有智者，不能为之谋。此策既就，然后淮东军至京口，淮西军入金城（江苏句容北）。北在两浙，无路得出，虏师可生致也。”

苗再成提出两淮军联合起来，由淮西军在建康牵制元军，由淮东各军合围瓜洲和直捣镇江，使在两浙的元军失去退路，然后宋军再合力破之。

这个计划只要两淮守将能忠心保国、团结一致，本来是切实可行的，也与文天祥在出知平江府前向朝廷提出的抗元战略相一致。那时，文天祥曾认为：如果不“仿方镇以建守”，将使“敌至一州则破一州，至一县则一县破”。只有“分天下为四镇，建都督统御于其中”，如“以淮西益淮东而建阃于扬州”，责“扬州取两淮，使其地大力众，足以抗敌”；然后再“约日齐奋，有进无退”，则“敌不难却也”。因此，文天祥听了苗再成的战略方案，喜不自禁，以为宋朝复兴的机会来了。

文天祥立即动笔先后给李庭芝、夏贵写了信，苗再成“各以复帖副之”。苗再成又请文天祥“致书戎帅及诸郡，并白此意”。于是，文天祥再给扬州守将朱焕、姜才、蒙亨等人一一写了信，又给各州知州写信，约以复兴。苗再成派人四出去说明他们的战略意图。真州诸将十分踊跃。文天祥则翘首盼望，希望能得到各地的回报。

可惜的是，苗再成的战略方案在当时根本不可能实现。一是因为李庭芝虽有兵力，但“怯不敢进”，只知消极防守扬州，拥兵自重，加上夏贵与他有矛盾，淮东、淮西两军不一定肯出兵联合。二是夏贵早在二月廿二日以淮西投降了元军，只因当时信息不通，苗再成尚未得知。

夏贵是个八十岁的老头，曾是鄂州、鲁港战役中的逃兵，早有降元之心。二月十九日，元朝下诏和宋朝祈请使写信劝他投降，他得知临安已降，便也于二月廿二日率部归附了元朝，元廷封他为淮西安抚使。当时的知镇巢军（安徽巢县）洪福，原是夏贵的家僮。夏贵不仅自己投敌，还派他的侄子去诱降洪福，被洪福斩首。元军久攻镇巢不克，夏贵竟亲至城下，以好言欺骗洪福，请求单骑入城。洪福轻信了夏贵的话，就打开城门。埋伏在城边的元兵突然冲出来活捉了洪福父子，并实行屠城。夏贵还亲临现场杀死了洪福一家。洪福临死前大骂夏贵不忠，并请南向而死，以明不背叛宋朝，闻者感动，为之流泪。

文天祥在真州，不知夏贵早已降元，还在等候淮西的回报。三月初二，苗再成来到清边堂，请文天祥为他收藏的李龙眠画《汉苏武忠节图》题诗。文天祥想起苏武崇高的民族气节，便觉“抚卷凄凉，浩气愤发，使人慷慨激烈，有去国思君之念”，于是作律诗三首，提笔写在卷后。他在诗中写道：“忠贞已向生前定，老节须从死后休。”“李陵罪在偷生日，苏武功成未死时。”借咏苏武表达自己的忠贞志向。

苗再成也是个爱国志士，他在坚守民族节操这一点上与文天祥是一致的，不然他也不会拿出《汉苏武忠节图》请文天祥题诗。

然而，就在这时候，元军设了一个反间计，要置文天祥于死地。

原来，就在文天祥等人从镇江逃走的第二天早上，元军发现他们失踪了，遂在城内到处搜查。虽然元军抓了许多可疑分子，但是没有什么结果。后来元军又到城外搜查，同样毫无发现。于是元军推断文天祥逃到了宋军据守的真州城里。他们非常害怕文天祥再组织宋军抗元，于是就想出了一条恶毒的反间计，企图借刀杀人。

元军收买了一个叫朱七二的无赖，让他连夜混进扬州城，散布谣言，说文丞相已经降元，现在被派往真州，想去骗城等。扬州守将李庭芝让人抓了朱七二，亲自审讯后，信以为真。正在这时，他接到苗再成派人送来的信，知道文天祥已到真州。他推想：元军对宋朝丞相

一定看守得非常严密，文天祥怎么能逃脱？一个人逃就很不容易，怎么能十二个人一同逃掉？于是他就确信文天祥一定是降元了。接着他派了一个提举带着信前往真州，责怪苗再成不该放文天祥进城，并命令苗再成把文天祥杀掉。

苗再成接见了扬州来的提举，看了信，犹豫起来。他想：从文天祥的言行看，不像降元的人；但李庭芝是他的上司，已经下了命令；再说十二个人一块逃出来，也的确令人可疑……苗再成心里乱极了，但他无论如何也不肯把文天祥杀掉。

就在文天祥到真州的第三天早上，苗再成约文天祥等人去看城防工事，文天祥高兴地答应了。先由陆都统领他们在小西门城上看，不一会儿，一名姓王的都统也来了，两人领着他们走出城。刚出城门一箭地，王都统突然说："有人在扬州说丞相来真州说降！"说完从怀中取出李庭芝的书信，抓住一角在文天祥面前晃了晃，但不给他看。文天祥闻言非常吃惊。正在这时，两名都统突然扬鞭催马，奔进城去，小西门也紧紧地关上了。

文天祥等人站在城外荒野中，心里不是滋味，想不到李庭芝等人居然会这样怀疑自己，这比受敌人的侮辱还难受。叫城城不开，申辩也没人听，到哪里去呢？文天祥心如刀割，不断叹息。

文天祥站在小西门外，彷徨无措，感到自己将不知死所。杜浒想到自己费尽心血才使大家脱离虎口，却受此冤屈，不禁仰天呼号，几次要跳城河自杀，都被人拉住。其他随从人员也个个面无人色，不知如何是好。他们既进不得城，在城外又会遭遇元兵，露立荒野，双手空空，又没有食物，急得他们心如刀割。这时忽有二人走上前来，自称义军头目张路分、徐路分，说是苗再成派来相送的，问文天祥要去哪里。文天祥说："必不得已，惟有去扬州见李相公（参政李庭芝）。"

路分说："安抚（苗再成）谓淮东不可往。"文天祥坚定不移地答道："夏老（夏贵）素不相识，且淮西无归路。只能去扬州。"两位路分只好说："那好吧。"

过了许久，有五十名带着弓箭刀剑的士兵前来跟随，苗再成又派人送还文天祥等人的衣被包袱。

文天祥、杜浒都骑着马，由两位路分引导着走了没几里路，五十个士兵忽然停住脚步，提刀在手。两位路分请文天祥下马，说"有事商量"，脸色非常可怕。

文天祥下马问："商量何事？"两位路分说："走几步再说。"

又走了一段路，两位路分又说："请坐，请坐。"

文天祥有些生气了："站着说吧！"

"今日之事，不是苗安抚的意思。李制使派人要杀丞相，苗安抚不肯加害，所以派我们二人来送行。如今丞相想去哪儿？"两位路分解释道。

"除了去扬州，还有什么地方可去呢？"

"扬州要杀丞相怎么办？"

"不管那么多了，我们只能听天由命。"

"苗安抚命令我们送丞相去淮西。"

"淮西的夏贵，我们从来就不认识，再说淮西旁边的城镇都有元军，无路可走。我们只能到扬州，李制使如果信任我，我就动员他出兵收复失地，不然我们就从通州（今江苏南通）下海到南方去。"文天祥坚定地说。

两人又说："李制使已不能容，不如到山寨里避一避再说。"

文天祥不耐烦了："何必这样呢！生则生，死则死，就在扬州城，下决定了！"

两位路分又说："苗安抚已经备好了船只，丞相从江上走，归南归北都可以。"

文天祥一听"归北"二字，认为是对自己的莫大侮辱，吃惊地说："难道苗安抚也怀疑我们了？"

这一番对话，是路分在试探文天祥的真实心意，是苗再成布置好的。二人见文天祥无降元之嫌，就说出了实情："苗安抚对丞相也是将信将疑，让我们见机行事。我等见文丞相是大忠臣，怎么敢杀害！既然您要去扬州，我们再送一送。"

文天祥这才恍然大悟。他暗自庆幸刚才自己的话没说错，否则就要死在真州了。正因为他不考虑个人安危，坚持去扬州，才取得了二人的信任。

文天祥拿出一些银两赏给五十个士兵，然后上路。原来走的是去淮西的路，现在两位路分又引他们走上去扬州的路。天色快黑了，路上无人，路两旁不远的地方就有元军的兵营，如果碰上元兵，那就没法逃脱了。

天黑以后，两位路分领着三十名士兵返回真州。剩下的二十名士兵又送文天祥他们走了十多里地，讨了些赏银，却不肯走了。他们告诉文天祥等人，黑夜里有贩货的商人去扬州，跟着他们走，就会到扬州西门。

文天祥等一行人不得已，只好在黑暗中默默地跟着商人的马队，前去扬州。

九死一生

四更时分，文天祥一行终于抵达扬州城西门外。文天祥正想敲城门，却犹豫起来，说："我们进了扬州城，跟李庭芝披肝沥胆，可能会把误会消除，但既然他当初非令苗再成杀我们不可，现在又怎么会听信我们呢？不能死在自己人手里。"

杜浒也不同意进城："我们不如先找个地方躲起来，到晚上投奔高邮，然后再从通州渡海南下，寻找二王，再图复兴之义举。"

金应却说："离城不远就有元军的哨兵，从这儿到通州五六百里，怎么能走到呢？与其路上受苦而死，还不如死在扬州城下，这倒是咱们自己的土地啊！另外，李庭芝也可能不杀我们呀！"

其他人，有的同意杜浒的意见，有的同意金应的说法。平时处事很果断的文天祥，此时也没了主意。而且这里又离元军占领的扬子桥很近，不是久留之地，怎么办呢？文天祥犯起难来。

正在这时，余元庆带来一个卖柴人，自称熟悉道路，能为大家带路。

"你能把我们带到高沙（江苏高邮西南）吗？"文天祥高兴地问。

"能！"卖柴人满口答应。

"到哪儿能暂时躲一下？"

"就到我家里去吧！"

“有多少路?”

“大概二三十里。”

“沿途有没有元军的哨兵?”

“几天才会来一次，今天能不能碰上，就看你们的运气了。”

听了这话，文天祥很高兴，于是决定随卖柴人到高沙去，然后渡海归江南，去成就复兴宋朝的大业。

天色微明，大家忙着赶路。就在这时，跟随文天祥多年的余元庆，以及另外三个人，因为怕苦怕死，不肯再往前走，带着分藏在他们身边的白银，偷偷逃走了。

文天祥发现后非常痛心难过，但他的决心并没有因此而动摇，一行八人，跟着卖柴人继续往前走去。

腹中无食，身上无力，饥寒交迫，文天祥从来没有经受过这样的煎熬。他步履艰难，走上几十步，就喘得上气不接下气，倒在荒草之中。随从将他扶起来，再走，一会儿又跌倒了。就这样反复十多次，最后，他再也走不动了。

这时，天已经亮了，白天容易碰上元军，因此只得停下来。要赶到卖柴人家躲避，已不可能了。在路旁不远的小山坡上，有个土围子，看起来原先是老百姓的住房，毁于战火，木料和砖瓦都没了，只有四面断墙。走近再看，里面到处是马粪，脏极了，但是这里倒是个藏身的地方。

卖柴人领他们进去，每个人在墙边稍微清扫一下，将衣服铺在地上，或坐或躺，安顿下来。他们个个饥饿难忍，于是卖柴人提出由他进城买些吃的回来，并且说：“你们白天怕是要饿一天了，午后城门才开，我大概傍晚才能回到这里。”

八个人又饿又乏，周围臭气熏天，坐着难受，躺下又睡不着，一个个不声不响地打发着时间。到了中午，大家很高兴，按元营的习惯，上午出哨，过午即归，因此大伙都说："今天又得命了！"

大伙刚刚松了口气，忽然听到远处人马嘈杂。他们从墙缝往外一看，只见有数千名元军骑兵，从东向西浩浩荡荡地开过来了。

"没有死在扬州城下，竟要死在这里了！"文天祥心里想着。八个人紧张极了。

马队就从土围子后面经过。八个人身子紧贴墙藏着，大气也不敢出。马蹄的嘚嘚声、箭筒的撞击声，听得十分真切。现在，只要有一个元兵向土围子里探探头，他们就没命了。

就在这千钧一发的时刻，忽然刮起了大风，乌云翻滚，豆大的雨点落了下来。元兵为了赶到有人家的地方避雨，只顾急忙赶路，迅速从土围边开了过去。望着远去的元军，大伙儿舒了口气，虽然浑身湿透了，但大难不死，人人心里都很高兴。

后来他们才知道，这是押送宋朝祈请使去大都的队伍，其中还有元军掠夺的财物以及其他人员。因为在镇江刚跑了文丞相，所以元军动用了上千人的军队来警戒。

风过雨停，他们饥渴难忍，于是文天祥派了两个人下山取水，顺便想弄点吃的来充饥。谁知这天因有祈请使经过，元军骑兵也改变了活动规律，二人刚下山，就被抓住。幸好他们机灵，又把腰间藏的白银全给了元兵，这才脱身。

天黑了，卖柴人还没有回来。原来，这一天元军活动频繁，有几百骑兵总在扬州西门外巡逻，所以午后城门没有开，卖柴人自然也就被关在城里。天黑以后，天气更冷了，大伙饥寒交迫，露天的土围子没法过夜，于是只得下山，到一座古庙里暂避一宿。

这古庙破烂不堪，但还可避风遮雨，里边住着一位讨饭的妇人。

八个人在庙里还没坐稳，就从外面进来了一个手持木棍的汉子，接着又进来三四个人。文天祥心想，难道刚躲过了元军，现在又碰见了土匪？

“你们别怕，”见大伙有些惊疑，那位讨饭的妇人赶忙解释，“他们都是樵夫，砍好柴在这里歇一宿，天亮进城去卖。”

双方互相打量了一番，见对方都无恶意，也就放心了。樵夫在院子里烧火煮了一锅粥，煮好要吃时，见文天祥等人饥寒难忍，实在可怜，就邀他们过去一起吃。文天祥等人吃了些粥，烤着火，身上舒服多了。

随即双方互相攀谈起来。文天祥简要地说了一路遇难经过，说想到高沙去，请樵夫帮忙。这些樵夫热情地给他们出主意：

“你们先到前面贾家庄住一天，吃饱了，备齐干粮和马匹，然后再上路。”

文天祥非常感激这些樵夫，特别是其中的一位少年，怕文天祥他们夜里挨冻，整整烧了一夜火。

五更时，文天祥等人随樵夫出发，天亮到了贾家庄。樵夫将他们安置在一个和昨天差不多的土围里，然后担柴进城。

等到中午，樵夫从城里回来，买来了大米、猪肉。八个人饿了两天，这才饱饱吃了一顿，精力也恢复了一些。淳朴善良的樵夫使文天祥体会到了人世间的温暖和真情。

黄昏时分，文天祥等人正准备上路，从扬州城里忽然跑来五个自称巡查的骑兵。他们是宋朝官员，但见到遇难的人举刀就砍，气势比元军还可怕。文天祥等人献出银两，这才免遭毒手。

这天晚上，樵夫为文天祥买了马匹，由三人引路，三人牵马，一行人向高沙进发。开始的四十里路还顺利，但一过桥他们就迷了路。

几个人乱走了一夜，不辨东西南北，人困马乏，风露满身。初六早上，起了大雾，雾散之后，再抬头一望，一队元军骑兵正朝他们走来。幸好路旁有座竹林，文天祥忙招呼大家进去躲避。

元军发现有人躲进竹林，先在竹林周围叫喊着，接着一拥而进，钻到竹林搜索起来。

一场搏斗开始了，结果帐兵王青被五花大绑地拉出竹林；张庆右眼中了一箭，颈部被砍了两刀；邹捷藏在厚厚的烂竹叶下，元军的马把他的脚踩得鲜血直流，而他忍住疼，一动不动，元军没能发现；杜浒和金应被抓住了，但他们身上有黄金，送给士兵后，才被放回；文天祥本人藏在杜浒旁边，元军从他身边走了三四回，却没有发现；吕武、夏仲躲在别处，也受到了惊吓。

就在情况十分紧急的时候，忽然刮起了大风，元军似乎听见风声中有人声，以为林中还藏有大批人马，不敢再搜。“快把林子烧了！”元军一面喊，一面撤出竹林。

文天祥等人随即赶紧跑到对面山上，找了一处草丛隐蔽起来。过一会儿，吕武过来报告：“元军骑兵已回驻地了。”大家心里的石头这才落了地。

引路牵马的六个樵夫，有的被抓，有的逃走，现在只剩下两个牵马的了，而马又没了，他俩不愿再走，于是文天祥给了一些银子让他们走了。

文天祥又打听到离这儿三四里路有一条通往高沙的古道，于是他们下山走上了正路。正当这群人疲惫不堪地向前走时，又遇见了一伙樵夫。樵夫见他们是遇难的，表示愿意帮助。他们见文天祥实在走不动了，就找来了一个箩筐，让文天祥坐在里面，六个人轮流抬着，一直将他抬到高邮城西。

在高邮城外，他们听说李庭芝捉拿“奸细”文天祥的命令已经下达到这里，于是不敢进城，雇了船，急忙向东驶去。

船到城子河，文天祥等人忽见河边积尸盈野，河中流尸无数，船行二十里，尸体未间断。一打听，原来在二月初六，元军押送宋朝使节和大批财物北上时，稽家庄和高邮的宋军前来袭击，元军大败，这尸体都是元军的。文天祥兴奋地说：“元军进犯江淮，只有这一战是我军的大胜仗啊！”

当天晚上，船停在稽家庄。这里有个庄官，听说文丞相来了，立即摆酒设宴，盛情款待，并让他儿子和一名馆客护送文天祥赴泰州。

三月十一日，文天祥顺利到达泰州。从泰州到通州的三百里水路都很难走，沿岸常有元军出没。他们一直等到二十一日才开船，行了两天两夜，历尽艰难困苦和危险，终于在二十三日到达了通州。

通州守将杨思复也接到了李庭芝捉拿文天祥的命令，他先以为文天祥是奸细，让守兵对文天祥等人反复盘查，好几天也不让他们进城。恰巧有一天，他又得到了镇江元军方面的情报，说是元军也在捉拿文天祥。元人的行动证明文天祥不是奸细。杨思复因此解除了疑虑，亲自到城外迎接文天祥等人进城，热情地接待了他们。

在通州，跟随文天祥二十年的金应不幸病故。此人与文天祥生死与共，感情深厚，文天祥特别悲伤。入殓时，文天祥特地在棺材上钉了七颗木钉和一个木牌作为记号，准备将来亲手取其骸骨归葬庐陵。文天祥还写了两首诗在金应坟前焚化，以寄托哀思。

文天祥在通州住了半个多月，这时，他听说二王在永嘉建了元帅府，张世杰、陆秀夫等文臣武将都在那里，继续组织抗元，力图恢复大宋江山。这一喜讯使文天祥非常激动，他不顾身体疲劳，决心再经历一次危险，渡海南归，到永嘉觐见二王。

闰三月十七日，文天祥乘海船，扬帆而去。走出扬子江入海时，他眼望碧波，心潮澎湃，写了下面这首《过扬子江》。

几日随风北海游，
回从扬子大江头。
臣心一片磁针石，
不指南方不肯休！

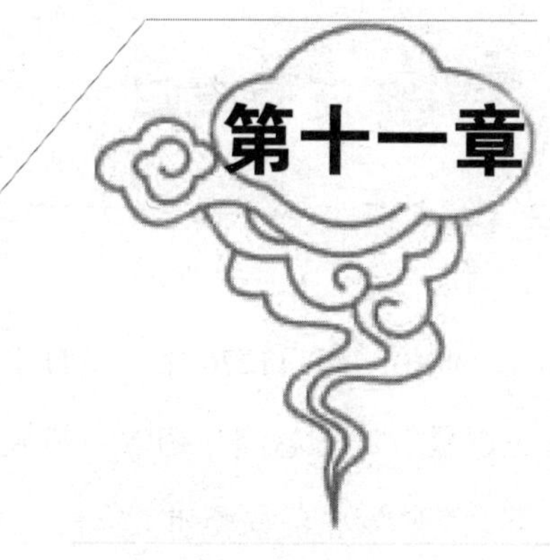

大宋灭亡

战斗结束后，崖山海面一片浓重的腥臊味儿，双方战死的士兵、跳海殉节的宋军官兵和义民的尸体陆续漂浮起来，七天以后，竟有十余万具。

泛海南归

德祐二年（1276年）正月十八，因元朝丞相伯颜进驻皋亭山，益王赵昰、广王赵昺与杨淑妃等人，在驸马都尉杨镇、杨亮节等的护卫下逃离临安，前往婺州。

后来听说知广德、婺州、处州、台州的官员已经投降了元军，他们只好改道去温州。

二月十一日，元朝下诏，谕临安新附州府司县官吏军民“各宜安居”，并命宋朝皇帝、太后及大臣等去上都朝觐元帝。三月初二，伯颜进入临安，派遣郎中孟祺籍没宋朝太庙和宫中的礼乐器、册宝、郊天仪仗以及秘书省、国子监、国史院、学士院、太常寺等处的图书、祭器、乐器等物。为了防止汉族军民的反抗，次日又搜刮江南各占领区州郡的武器。三月初十，伯颜等离开临安，将回北方。

为了带德祐皇帝和全太后等去向元帝献俘，三月十二日，元将阿塔海、阿剌罕、董文炳入宫催促德祐皇帝和全太后启程去北方。当孟祺宣读元帝诏书，念到“免系颈牵羊”之句表示“优待”宋朝亡国君主时，全太后竟感激涕零，忙教赵显下跪拜谢元帝恩德。赵显拜毕，元军即将母子俩装进轿子抬出宫去。福王与芮、沂王乃猷、度宗生母隆国夫人黄氏以及谢堂等官员随行。

谢太后因老病，暂时留在宫中。闰三月，当赵显与全太后随元兵北上，行至瓜洲时，李庭芝与姜才痛哭流涕，尽散金帛犒赏将士，以四万人夜捣瓜洲，企图夺回皇帝、太后。激战三个时辰，元兵拥着赵显、全太后等避去。姜才追赶至蒲子市，仍不肯退兵。阿术派人招降姜才，姜才说：“吾宁死，岂作降将军耶!”真州苗再成谋划夺驾，也未成功。

闰三月十四日，赵显、全太后被押送到大都。高应松绝食七天死，贾余庆病亡，家铉翁因国亡而日夜痛哭，拒绝元帝的封官。五月初一，赵显、全太后等又被押至上都。次日朝见元帝忽必烈，忽必烈封赵显为瀛国公。

待到八月间，元朝终于又派人将谢道清连同她的病床一起抬出宋宫，送往大都。

闰三月，陆秀夫、苏刘义听说二王前往温州，在半路追上了他们，并派人去清澳召来了陈宜中，又派人到定海召张世杰来见二王。张世杰带领他的军队到了温州江心寺。当年宋高宗在金兵追赶下，也曾南逃到这里，所以江心寺中留有御座。陈宜中、陆秀夫、张世杰这些宋朝的臣子们一起在御座下痛哭，奉赵昰为天下兵马都元帅，赵昺为副元帅，建立了一个抗元斗争的临时指挥机构，然后设置官吏，并号召各地勤王。

不久，死心塌地投降了元朝的宋太皇太后谢道清，竟派了两个宦官带着八名士兵召二王回临安。陈宜中等将谢道清派来的这伙人沉入江中，接着就离开温州，前往福建。

这时文天祥还在通州。他急切地寻找海船，巴不得立刻飞渡去浙东追随二王，实现其复国大计。可是，自从元兵占领长江两岸、进入临安以来，凡欲从淮入浙者，必须走海路，通州正是出海的孔道，因此海船已经发尽。当文天祥正在无计可施之时，三月间有台州三姜船

来到通州，却已被太监曹镇所雇。幸而同月又有送文书的人自定海回来，张世杰以一海船相送，杨师亮便用这艘船送文天祥去南方。于是，文天祥的船便可与曹太监的两艘船以及另一艘徐新班的广寿舟结伴同行。文天祥非常高兴。因为如果只有姜船，他就不能成行；要是只有张世杰送来的船，孤舟出海，无伴同行，可能会在海上遇险。现在事情竟如此凑巧，文天祥心想，莫非老天爷有意帮忙？

闰三月十七日，文天祥与杜浒、张庆、夏仲、吕武、邹捷共六人，乘船从通州城下七星港启航。船先在江北小河里航行。白天走、夜晚停，次日宿于石港。当船行驶到离石港十五里左右的卖鱼湾时，曹太监的船突然搁浅，须等涨潮时才能继续航行，他们只好停宿下来。本来从通州南下，很快就可从长江口出海，只因当时长江口的渚沙（上海崇明岛一带）已被元兵占领，所以要从海道去江南，得先北上，进入淮海以北的所谓“北洋”，绕一个大圈子，以避开长江口的元兵，然后转而向南，进入所谓“南洋”，这样就要多走几千里海路。文天祥等从通州往北航行，廿一日宿于泰州的宋家林。廿二日，船终于出海。

船一进入茫茫大海，文天祥举目四望，但见天水一色，漫无际涯，他不禁望洋兴叹：“大哉观乎!”这是文天祥平生第一次见到大海，顿觉心旷神怡，便暂时抛开了心中的一切忧虑，放眼欣赏壮丽的海景。汪洋大海使文天祥的胸襟大为开阔，他深感这是一次难得的奇游，就即兴赋了《出海》诗二首：

一团荡漾水晶盘，四畔青天作护阑。
著我扁舟了无碍，分明便作混沦看。
水天一色玉空明，便以乘槎上太清。
我爱东坡南海句，兹游奇绝冠平生。

闰三月廿八日，船乘顺风驶入通州海门界。午间，为避潮汛，抛锚停泊，忽见有十八艘海船乘风破浪驶来。大家以为来者可能是暴徒，四船立即戒严，搭箭上弦，准备随时进行战斗。不一会儿，待来船驶近，方知不是贼船，而是渔舟，相互交语而过。文天祥心想，如果来者真是一伙贼船，自己和同行者岂是对手？幸亏只是一场虚惊。由此可见，当时海上航行的环境有多么险恶!

文天祥在海上航行时终日提心吊胆。在途中，不仅要防元兵的追捕，又要防海盗劫掠，更可能遭遇风暴，丢掉性命。但他矢志南归的赤诚之心和继续战斗的坚强意志从未动摇。

重整旗鼓

德祐二年（1276 年）五月初一，陈宜中、张世杰等奉益王赵昰即帝位于福州（福建福州），史称端宗，改元景炎。端宗册封杨淑妃为皇太后，垂帘听政；进封广王赵昺为卫王；任命陈宜中为左丞相兼枢密使、都督诸路军马，李庭芝为右丞相，陈文龙、刘黼为参知政事，张世杰为枢密副使，陆秀夫为端明殿学士、签书枢密院事。

文天祥当时在温州，新朝廷给了他观文殿学士侍读的身份，召他去福安。南宋新朝廷的建立，为广大江南臣民的抗元斗争重又树起了一面旗帜，这使文天祥感到十分振奋。他奉召立即动身，准备赴行在

觐见皇帝。他从陆路取道江西前去福建，在途经庐陵县时，曾夜宿青原寺。他想起即将开展的抗元战争及未来的命运，心潮起伏：当时文天祥的情绪十分矛盾，虽然他满怀复国壮志，但是朝廷是否有抗元的决心和信心，他没有把握。前途未卜，他忧虑重重。

五月廿六日，文天祥到了福安。李庭芝虽已被任命为右丞相，因他正扼守淮东，一时不便来福建行在，朝廷便授文天祥通议大夫、右丞相、枢密使、都督诸路军马。

文天祥因有三个多月时间在逃亡途中，加上贾余庆等曾有意对他封锁消息，他不了解临安宋廷向元朝乞降的详细情况。当他一到福安，便责问陈宜中："当奉两宫（赵显、全太后）与二王同奔，奈何弃其所重？"在临安时，多次主动向元朝乞降原是陈宜中的主意，陈宜中本来就不赞成文天祥要求"三宫"入海暂避的建议，何况他在文天祥出使元营的前一天，即在二王出奔的同一天，就私自逃回温州。他根本没有复兴宋朝的打算。陈宜中心中有鬼，对文天祥的责问，只能哑口无言。

文天祥又多次批评陈宜中怯懦，说他"纪纲不立，权戚用事"。陈宜中听后，心中很不高兴。文天祥见张世杰，又问他新朝廷有多少兵力。张世杰答说只有他自己的部队。文天祥叹道："公军在此矣，朝廷大军何在？"这等于责备张世杰不顾大局，未能团结各路军队，只知拥兵自重。张世杰听了也很不高兴。

同时，陈宜中与陆秀夫也产生了矛盾。陆秀夫曾长期在李庭芝手下当幕僚，主管机宜文字，熟悉军务。福安新朝廷建立之初，陈宜中也曾遇事向陆秀夫咨询，陆秀夫悉心赞助。陆秀夫是个爱国忠义之士，能独立思考，不肯妄从。不久，陈宜中见陆秀夫议事与自己意见不一致，竟指使谏官弹劾陆秀夫，将他赶出朝廷，谪居潮州。

文天祥在温州时，曾广泛结识浙东爱国豪杰之士，为抗元斗争做了不少准备。他到福安后，打算回温州进取两浙、两淮。可是，陈宜中出于私心，不同意文天祥的计划。他曾放弃温州进入福建，想依靠张世杰的力量去收复两浙，为自己挽回面子，以免给文天祥落下话柄。

还有一件事使文天祥感到十分可惜。文天祥在通州时，知州杨师亮曾向他表示，欲筹集得海船数百艘，拥兵勤王。他一到永嘉，立即将这件事向福州大元帅行府详细报告。谁知陈宜中不相信杨师亮。五月初景炎帝即位后，他派遣毛浚去通州探看动静。杨师亮见来人未带文天祥的文书，感到朝廷不接纳自己的建议，勃然大怒，差点儿杀掉毛浚。七月，杨师亮因对宋朝复兴的大局完全失望，便以通州投降了元军。

当时的皇帝只是个小孩，太后又是个平庸的妇女，文天祥见国事皆由陈宜中、张世杰决定，自己名为宰相，实际上形同虚设，于是他辞相不拜，并考虑去广州开府督兵。

皇帝来福州，福州成了抗元的根据地，使当地老百姓非常振奋，人们几乎倾城出动，前来瞻仰御驾。可是，这个新朝廷却不能做出振作的样子。

文天祥到福安行朝后，把他从德祐二年（1276年）正月领兵赴阙和出使元营以来所写的诗，加上他到福建后所新做的诗，编成了《指南录》四卷，并写了《后序》。在《后序》中，文天祥回顾他在逃亡期间所经历的患难，非常感慨，他写道：

呜呼！予之及于死者，不知其几矣!诋大酋当死；骂逆贼当死；与贵酋处二十日，争曲直，屡当死；去京口，挟匕首，以备不测，几自刭死；经北舰十余里，为巡船所物色，几从鱼腹死；真州逐之城门外，

几彷徨死；如扬州，过瓜洲扬子桥，竟使遇哨，无不死；扬州城下，进退不由，殆例送死；坐桂公塘土围中，骑数千过其门，几落贼手死；贾家庄，几为巡徼所陵迫死；夜趋高邮，迷失道，几陷死；质明，避哨竹林中，逻者数十骑，几无所逃死；至高邮，制府檄下，几以捕系死；行城子河，出入乱尸中，舟与哨相后先，几邂逅死；至海陵，如高沙，常恐无辜死；道海安、如皋，凡三百里，北与寇往来其间，无日而非可死；至通州，几以不纳死。以小舟涉鲸波，出无可奈何，而死固付之度外矣。呜呼!死生，昼夜事也。死而死矣，而境界危恶，层见错出，非人世所堪，痛定思痛，痛何如哉!

人们常以“九死一生”来形容屡遭艰险，而文天祥却有十八次从死里逃生的经历，好不容易才辗转来到了福安，他庆幸自己总算活了下来。是什么在支撑他？是把拯救国难、复兴宋朝作为自己义不容辞的责任。

我们不能把文天祥、陆秀夫等人的行动理解为保护那几个乳臭未干的小皇帝。他们是为了保护父母之邦，为了延续华夏的衣冠文明。古代的士大夫一向珍视气节，文天祥在《正气歌》中写道：“天地有正气，杂然赋流形。下则为河岳，上则为日星。”气节充塞于天地。那么，表现在哪些人身上呢？“在齐太史简，在晋董狐笔，在秦张良椎，在汗苏武节。”这些人构成了一个伟大的传统。

正因为人们重视传统，一代代地践行传统精神，中华文明才会五千年不衰！北方民族的铁骑是很强悍，但他们最终被华夏文明所包容，成为中华民族大家族的一部分。

淮东沦陷

六月间，江东、江西路的抗元形势似乎较好。吴浚聚兵在江西广昌，收复了南丰、宜黄、宁都三县。傅卓领兵入衢州、信州境内各县，当地人民都蜂拥起来参加抗元斗争，翟国秀便乘势向信州进军，准备配合谢枋得攻取铅山县（今属江西）。

当时，淮东孤立在长江以北，宋军的处境比较困难。早在元军占领临安时，宋太皇太后谢道清曾手诏淮东制置使兼知扬州李庭芝降元，甚至无耻地说："今吾与嗣君已臣伏，卿尚为谁守之?"李庭芝不答，姜才发箭射死使者。元将阿术又派人至扬州城下招降。李庭芝斩使者，并说："吾惟一死而已!"然而不久，淮安、盱眙、泗州均因粮尽降元。扬州也已断粮，"兵有自食其子者"，但仍力战不屈。

浙东各州大部分落入元军之手，广州也已沦陷，淮东正处在绝粮的困境之中，只有江东、江西的军民还在积极抗元。因此六月间宋廷改任文天祥为枢密使、同都督诸路军马，命他开同督府于南剑州，经略江西。于是文天祥于七月初四从福安出发，七月十三日到达南剑州，开始聚兵集财，并号召天下勤王，准备攻取江西。

文天祥到南剑州后，一面部署攻取江西，一面又派吕武去江淮招豪杰，派杜浒去温州、台州募兵，以便发动浙东和两淮地区进行抗元斗争。

文天祥虽在南剑州建立了同督府，但在福安行朝又有以陈宜中为首的都督府。由于缺乏统一的部署和指挥，加上小朝廷内部存在矛盾，景炎元年（1276 年）下半年各地抗元形势的发展并不乐观。

在淮东，七月，姜才曾率兵五千保护从高邮运来的粮食前往福安，元将史弼领兵来夺，被姜才打败，阿术派兵来救，杀死宋军负米卒数千。至此扬州粮路断绝。

这时，正好宋廷派使者召李庭芝去福安当右丞相，李庭芝便留制置副使朱焕守扬州，自己与姜才领兵七千赴泰州，准备从海路去福建。不料李庭芝刚走，朱焕即于七月十二日以城降元。阿术分兵追及李庭芝，杀死宋军千余人。李庭芝入泰州，阿术围之。姜才因疽发背，不能战斗，泰州裨将孙贵等开门迎接元兵。李庭芝投莲池自杀。水浅不死，与姜才一起被俘至扬州。

阿术责李庭芝不降，姜才说："不投降的是我！"并大骂旁边的叛臣夏贵："你见了我怎么不愧死？"

扬州既失，通州、滁州、高邮等处相继降元。八月，元军又攻真州，安抚苗再成城破而死。八月十三日，阿术杀李庭芝和姜才。至此，淮东地区尽归元朝。

一代名将李庭芝，字祥甫，湖北随州人。嘉熙末，投到京湖制置使孟珙的幕下，担任权建始县令。淳祐初又考中进士，重新投到孟珙部下，被任命为制置使司主管机宜文字。淳祐六年（1246 年），孟珙病重，临终时荐李庭芝于朝廷。李庭芝感激孟珙知遇之恩，弃官，护送孟珙灵柩葬于兴国（今属江西），还辞官为孟珙服三年丧。

李庭芝长期担任京湖制置使和两淮制置使，参与了襄阳保卫战和扬州保卫战，多次打败蒙古大军，为保卫宋朝立下大功。

从德祐元年（1275 年）元军围攻扬州起，李庭芝带领将士一直在进行坚决抵抗。元军曾多次派人进入扬州城内劝降，李庭芝每次都将元劝降使杀死，烧毁招降榜文，鼓励将士奋勇杀敌。这时，南宋升李庭芝为参知政事（副相）仍兼任原职，并以金帛慰劳坚守扬州的将士。六月，李庭芝又被升为知枢密院事兼参知政事，朝廷要他到临安参与主持全国的抗元战争。但是因为局势已很危急，前往临安的道路已很难通行，他因而没能回朝。元军多次猛攻扬州，仍没有能攻下，加上元军主力南下进攻临安，进攻扬州的元军就改用长期围困的战略。这极大地牵制了元军的兵力，减缓了南下进攻宋廷的计划。

姜才，少年时被人掠入河北，长大后毅然南归，参加抗元斗争。他英勇善战，由士兵成为猛将。在扬子桥战役中，他虽被流矢贯肩，却拔矢挥刀而前，所向辟易。最后他不幸被俘，慷慨就义，不愧为民族英雄。

李庭芝殉国后，真州、通州也相继沦陷，至此，淮南全境都已被元军牢牢控制，元军再无北顾之忧，于是开始继续经营东南。当年十月，两浙元军开始向福建大举进攻，这时南宋流亡政权虽然有兵三十余万，但其中只有张世杰的一万多郢州兵是正规部队，其余都是厢军、溃军和新募集的民兵，这样的队伍显然不是蒙古精兵的对手。所以陈宜中、张世杰不敢跟元军抵抗，接到消息后立刻再度南逃，沿海路转移到泉州登岸。

泉州是当时中国的第一大港口，海上航线四通八达，与高丽、日本、勃泥、三佛齐、占城、真腊、天竺、大食等数十个国家都有密切的来往，号称“梯航万国”。南宋在这里建有市舶司，管理贸易商税，并兼管地方行政。当时提举泉州市舶司的是回回商人蒲寿庚，此人自幼就随父亲来华贸易，已有三十多年的时间，在泉州根深蒂固，拥有极大的势力。

南宋流亡政府到达泉州当天，蒲寿庚就登船觐见宋端宗，并请宋端宗入城居住，算是尽臣子之礼。这时有人劝张世杰，大意就是说蒲寿庚“非我族类，其心必异”。蒲寿庚是个回回人，说不定哪天就会投靠蒙古，为了防止出现这种不利局面，最好现在就把他扣住，令市舶司的人不敢轻举妄动。不过张世杰觉得这种做法太不地道，认为还是以德服人比较好，所以并没有听从建议，只是没有让宋端宗进城。

可是没过几天，宋军士兵因为海舟不足，开始强抢市舶司的船只充作军用，并趁机没收了船上的财物。蒲寿庚本来就已经怀了贰心，得知此事后立即造反，尽杀泉州城内的南宋宗室、大臣与士兵，派人向元军请降。此时元军已经进了福州，闻讯之后立即回应了蒲寿庚。南宋流亡政府只得继续向南逃窜，跑到潮州（今属广东）避难。当年十二月，元军就进入了泉州，仍命蒲寿庚为提举泉州市舶司事，命他招降附近州郡的守臣。

泉州是闽南重镇，此处陷落之后，宋军残余势力已无法在福建立足，在汀州开府的文天祥只好经漳州进入广东境内，南宋流亡政府也只能继续南逃至惠州甲子门（今广东陆丰东海口）。可是次年初，粤北诸州就相继向元军投降，然后广州、循州、潮州、梅州等广东重镇也先后落入元军之手。与此同时，蒙古大将阿里海牙又在广西先后攻克了静江府和邕州（今广西南宁），宋军的东南防线已全面崩溃，败亡只在眼前。幸亏这时蒙古北方再次发动叛乱，迫使忽必烈从南线抽调了大量兵力去北方平叛，这才使南宋流亡政府又暂时逃过了一劫。

江西大捷

景炎二年（1277年）正月，文天祥又移兵福建漳州龙岩，准备攻下梅州，然后再次向江西进军，去主动攻击元军。而元军统帅则认为，宋帝、宋后和大批文臣武将已经投降，宋朝的土地也大部分落在元军手里，小皇帝又跑到海上。文天祥再硬，现在也可以劝他投降。而只要文天祥一投降，大宋也就完了。于是，元军头目便纷纷派人到文天祥那里劝降。

元朝的右丞相唆都、左丞相阿剌罕、参政董文炳、处州降将李珏和南剑州的降将王积翁等，都认为自己同文天祥有过交往，能够劝降文天祥，于是就你一封我一封地写了劝降信，交给一个名叫罗辉的淮军旧将，让他给文天祥送去。他们想，这么多人给文天祥写信，信上说了那么多好话，一定能让文天祥的脑筋变灵活一点儿，自动归顺元朝。

罗辉来到文天祥的大营，将信拿出来。文天祥看也没看就把信撕得粉碎，气愤地说："拉下去，痛打一百大板！"接着，他又提笔写了拒降信，让罗辉带回去。这封信义正词严，大义凛然，首先赞扬为国捐躯的将士英勇而壮烈的行为，接着表达自己忠于大宋、甘愿献身的决心，是任何人都动摇不了的，最后是拒绝劝降，宣布自己将战斗到生命的最后一息。

文天祥的部下听说后，纷纷拍手称快，士气大振；而元军还不死心，不久又派了一个名叫吴浚的降将前去规劝。

这天，文天祥正在大帐内处理军务，忽然有人来报："吴浚请求接见。"

文天祥一怔，心想：他来干什么？去年派他屯兵瑞金，相机攻取雩都（今江西于都），而他却被元军吓破了胆，变节投降了，此次回来定没安好心！

"让他进来！"

"给大人请安！"吴浚进了大帐，一边叩头一边说。

"你这个软骨头，有何脸面回来见我！"文天祥让他站起来，训斥道。

"小将兵败，走投无路时才归顺了大元……"

"什么大元！胡说！"

"对，对，不是大元，小将当时实在是没有其他办法啊……"

"休要啰唆，你到底干什么来了！"

"我，我……如今元军统帅让我前来，说是大军已占了闽浙，张世杰将军带小皇帝下了海，宋朝气数已尽，您不如……"

"不如什么？也像你一样'归顺大元'，对吧？"

"对，对，……不，不，是让您去当大官，识时务者为俊杰嘛……"

"住口，你这个败类，让你去打雩都，你却降敌，你还算不算宋人？多少将士牺牲疆场，而你却卖国求荣，今天还竟敢来劝降！"

"小人不敢，小人不敢……小将我这就告辞了……"

"站住！"文天祥猛地站起身来，"今天你休想回去，我要砍下你的头，为牺牲的烈士报仇，要用你的血祭我们的战旗！"

"两国交兵，不斩来使，大人饶命……"

“什么来使，临阵投降，你是叛徒！”文天祥大声说着，“集合队伍！”

在练兵场，全军将士个个士气昂扬，大旗迎风飘展、光彩照人。文天祥下令将叛徒吴浚拉到军旗下，然后对众将士说：

“我们义军是抗元救国的军队，军纪严明，执法如山，吴浚临阵脱逃，投降敌军，愧对祖先，愧对大宋，今天斩了这个叛将，来祭军旗，我们定能旗开得胜！”

文天祥一声令下，吴浚人头落地，然后文天祥用这个叛将的头和血祭了军旗。接着，文天祥动员大家做好随时出击抗元的准备。

祭旗后，军心大振，将士们见文天祥这样坚决抗元，而且执法严明，就更加坚定了胜利的信心。

文天祥率领义军，很快就攻占了梅州。

文天祥到了梅州后，他的大弟文璧带了母亲曾德慈、幼弟文璋、二妹文淑孙以及文天祥的妻妾子女前来相会。文天祥从赣州起兵勤王离家以来，已有三个年头未见母亲，如今一家团聚，真是悲喜交集。

文天祥的妻子欧阳氏和妾颜氏、黄氏一共生有二子六女：长子道生、次子佛生，女儿定娘、柳娘、环娘、监娘、奉娘、寿娘。道生等兄妹八人都是十二岁以下的小孩，在兵荒马乱之中颠沛流离，其艰难困苦可以想见。当他们来到惠州河源县（今属广东）三角村时，劳累和疾病使他们无法再走，定娘、寿娘竟一病不起，夭折了。文天祥与家人相见时，知两个女儿已病亡，痛哭不止。他想自己作为一个父亲，竟不能保护两个弱小的女儿，感到无比愧疚，这成了他内心永远难以消除的伤痛。

梅州在广东东北部，地处南岭南麓。文天祥的部队经过一番整顿，五月从梅州开拔，越过南岭，进入江西，展开了收复江西失地的战斗。

文天祥的部队一到江西，勤王军的旧部和各地的义民纷纷起来响应，一场如火如荼的抗元斗争在整个江西展开了。上至文官武将，下至平民百姓，英勇抗元的事迹层出不穷。

吉州泰和针工刘士昭揭竿而起，带领一帮义军杀进县城，欲驱元寇，由于寡不敌众，被捕了。在监牢中，他受尽酷刑，宁死不屈，最后咬破指头，在白绸子上写出“生为宋民，死为宋鬼，赤心报国，一死而已”十六个字，自缢而死。

吉州莲花厅（今莲花县）吴希适起而勤王，效法文天祥散尽家财，招募勤王兵几千人，与蜀、桂勤王兵会师，直取袁州，首战告捷。元将王梦应部不甘失败，再度与吴希适交锋。吴希适亲临火线，义兵士气大振，终于打败王梦应，并连取衡州（今湖南衡阳）。

万安百姓怒而抗元，连庵庙寺祠也不能平静。一个和尚起兵勤王，在旗上写着“降魔军”，并称“时危聊作将，事定复为僧”。

龙泉（今遂川县）孙福（文天祥妹夫）一夜之间招募勤王兵数千，练枪习箭，养精蓄锐，令元兵望而生畏。

永新彭震龙（文天祥妹夫）出奇制胜，攻下县城，赶走了元兵。

各地人们纷纷拿起武器，组织起来，保卫自己的家园。因为保家就是保国。

文天祥和他的部队继续前进，前面是古老的会昌城。

连文天祥也没料到，会昌首战打得竟是如此得心应手——没打上几个回合，驻扎在这里的元军就溃不成军，逃之夭夭。被收复的土地上，又响起了自由的歌声，城里的百姓像闹元宵一样，点燃鞭炮，庆祝胜利。

这时，雩都城里的百姓也自动组织起来，并制订了周密的行动计划：烧粮仓，烧军营，烧衙门调虎离山；派人出城与文天祥联系具体的行动时间和信号。

和文天祥联系的人出发后，城里的百姓做好了准备。两天后的傍晚，文天祥亲自指挥大队人马按规定的信号向雩都城发起了进攻。

元军主将率军队守住四个城门，顽强抵抗。城外杀声震天，准备攻城，城内元军剑拔弩张严密防范，双方相持不下。

正在这时，忽有人向元军主将报告："粮仓起火！"

元军守将回头一看，果然火光冲天，便马上下令：

"撤下一部分人，立即救火！"

一队元军从城墙上抽调下来，前去救火。元军主将刚定下心来指挥战斗，又接二连三有人前来报告：

"大营起火！"

"县衙起火！"

"城里有埋伏！"元军主将一面高喊着，一面抽调大批人马前去救援。

此时，整个雩都城上空黑烟缭绕，火光将夜空映得通红。有粮仓、大营、县衙起的火，也有百姓在街道上堆柴草引的火，这就是城中百姓们设的计策，诱使元军从城上撤下来。

见四座城门的守军撤下了一多半，事先隐蔽在周围的义民手持棍棒、菜刀冲上去，砍倒守城的元军，将城门打开。文天祥带着大队人马如潮水一般冲进城里，又冲上城头，和义民一起杀死守城的元兵，占领了城头。

一队队人马开进城来，四个城门都被文天祥的队伍占领，元军成了网中鱼、瓮中鳖。文天祥的队伍和义民一起捉拿元军。就这样，几千名元军，除被打死的之外，全部被俘。

战斗结束，雩都城又回到了宋军手里，文天祥率领军队取得的这

次重大胜利，是整个抗元斗争史上从未有过的，它充分显示了宋朝军民团结抗元的巨大力量。

接着，文天祥乘胜攻下兴国县城，又以兴国为据点，分兵攻打赣州和吉州，一连收复了赣州所属各县，吉州八县收复了四个，大有席卷赣南之势。

文天祥在江西连连获胜的消息一传十，十传百，一下子传遍了全国，极大地鼓舞了各地人民的斗志。他们纷纷起兵响应，其势锐不可当。湖南各地组织了许多抗元的武装部队。湖北、淮西等地区受湘、赣胜利影响，也掀起了抗元斗争。斗争烽火燃遍各地，出现了自抗元战争以来从未有过的大好形势。

文天祥之所以能够取得江西大捷，原因首先在于南宋各地都有大批爱国志士，他们憎恨元兵的侵掠，为了保家卫国，不怕牺牲，只要有人出来号召，他们就会立即行动起来，纷纷投入抗元斗争的热潮。其次，当时元朝内部蒙古诸王的内讧及高丽发生的动乱，使大量元军精锐部队被抽调北返镇压叛变，从而大大缩减了侵宋的兵力，这为宋军在抗元战争中取得胜利创造了客观条件。

可是，文天祥经略江西的大好形势维持得并不久，随着蒙古内乱的平定和元兵的增援，战局迅速逆转，抗元斗争走上了更加艰难的道路。

空坑受挫

景炎二年七月，文天祥的江西大捷使元廷大为震动。于是元廷设置江西行中书省，以塔出为右丞、麦术丁为左丞，李恒、蒲寿庚、程鹏飞为参知政事，并以江西宣慰使李恒为招讨使，命他自隆兴率领大军前去征伐。

面对元军强大的攻势，文天祥设法收拢部队，一面与元军周旋，一面争取机会撤向江淮。他想北上与邹沨的大军会合，不料邹沨也遇上元军，于是只好当机立断，率部队且战且退，向东南方向撤去。

一心想早点消灭文天祥的元军统帅李恒，在兴国没能消灭文天祥，便率部队穷追不舍。

李恒率大军一连追了二三百里，于八月十七日清晨，在庐陵东固的方石岭追上了文天祥。文天祥又陷入了困境，情况非常紧急。

督统制巩信是一员老将，他诚恳地对文天祥说：

“文大人，您赶快撤走吧，我带几十个弟兄在这里掩护。”

“不，要死就死在一块儿，今天咱们就在这里决一死战！”文天祥举起剑说道。

“不能啊，文大人，”巩信再次恳求，“国家少了我一个巩信没什么，可不能少了您啊！大人以国事为重，赶快带上部队走吧，到了南方还要拯救大宋呢！”

文天祥用泪眼望着这位老战友，点了点头，遂即领着部队继续向前走去。大部队刚一离开，李恒就领着大队人马赶来了。

巩信身边只有几十名步卒，怎么能阻挡住大队元军呢？于是，老将巩信急中生智，令几十名士兵分别占据有利地形，一面死守住山口要道，一面呐喊助威，设下疑兵阵。

元军沿山路冲了上来，巩信等人沉着应战，几十名英勇的战士用刀、枪将冲上来的元兵打得落花流水，元兵鬼哭狼嚎地滚下山去。几十名士兵一边打一边不断地喊：

“文大人，我们先顶住，你们准备好啦，多杀元兵为我们来报仇啊！”

“杀啊！上来多少，咱们杀多少，快快上来送死呀……”

元军攻了几次也没攻下这个山口，死伤了不少人。李恒见巩信等人如此死守不退，竟敢以寡敌众，便怀疑后面一定有大批伏兵，这几十个人是在诱敌。于是他下令元军全都退下来，只许在远处放箭，不许贸然进攻。

一时箭如雨下，纷纷向英雄们飞来，巩信身上中了数箭，其他勇士身上也都中了箭，但是他们不肯后退半步。他们知道，只要自己一离开山口，元军的骑兵就会从这里通过，追上文天祥。几十个人咬牙坚守着，尽量拖延时间。箭伤发作，巩信站立不住了，就让士兵扶他坐在路旁的一块大石头上，负伤的士兵也靠着岩石，支撑着不让自己倒下去。

元军放了许多箭，可远远望去，巩信带的几十人仍在坚守阵地。心虚的元兵你看看我，我看看你，谁也不知道是怎么回事，也都不敢往上冲，生怕中计。

李恒让人抓来一个附近的百姓，逼他带路绕到山后，这才发现并没有埋伏。他们来到扼守山口的宋军旁边，只见巩信和士兵浑身箭伤，鲜血从身上流下来，滴洒在大青石上，已经一动不动了。原来英雄们已全部牺牲了。在抗元战斗中，他们流尽了最后一滴血。

李恒见文天祥已经走远，便继续驱兵紧追。八月廿七日，文天祥到了永丰县空坑。士兵们因疲惫不堪，一到空坑，就倒地而睡。文天祥借宿在山前的陈韩师家。

当天夜晚，文天祥得报，元军追兵已逼近空坑，且来势汹汹，锐不可当。同督府中多是官员和随行家属，兵力有限，根本不是元军骑兵的对手。情况紧急，刻不容缓，陈韩师立即送文天祥从小路出逃。同督府的士兵不知文天祥去向，只得意测文天祥的所在，疾速赶去护卫。元兵追骑冲进空坑，责问文天祥下落，见无人知晓，就攻破山寨，进行了一场血腥的大屠杀。

再说文天祥出逃后，见有士兵赶来护卫，就命五百弓手砍山林为鹿角，布置路障以阻元兵。这时，永丰一带百姓见元兵杀来，也纷纷扶老背幼，惊慌逃窜。山路狭窄，难民壅塞，文天祥等人行进十分困难。天明时，虽然大雾弥漫，方丈之内难辨人形，可是路障和大雾都阻挡不了元兵的急追，文天祥已能清晰地听到身后追兵的喧闹声。元兵将到身边，文天祥急忙继续前奔。正在这千钧一发的危急关头，山顶上突然落下一块巨石，此石大如数间房屋，塞住了文天祥身后的道路。当元军追骑迂回绕过巨石，文天祥已经远去。

由于巨石帮助文天祥这位爱国志士逃过了劫难，人们就称它为“神石”，后人还在此建了座神石亭。

元兵仍穷追不舍，文天祥躲到杂树林中。因元兵追将囊加歹贪收宋军溃兵的金帛，耽误了时间，文天祥终于脱离了险境。

文天祥仓促出逃后，五百名护卫他的弓箭手力不能支，有几个负

伤的弓箭手回到文天祥的夫人欧阳氏身边。欧阳夫人正惊问其故，元兵追骑已林立在她的面前。欧阳夫人与文天祥的次子佛生、二女儿柳娘、三女儿环娘以及环娘的生母颜氏、佛生的生母黄氏，都成了元兵的俘虏。欧阳夫人在被押往元军大营的路上，一心想在深水险崖处自尽殉国，以免受敌人侮辱。岂料沿途一路平坦，致使欧阳氏没有自杀的机会。当欧阳氏等被押到李恒那里时，却不见佛生，在那兵荒马乱的时刻，谁也不知道他的下落。李恒把欧阳夫人和文天祥的其他家属送往元朝的京城大都。

空坑溃败，义军伤亡惨重，有二十多位将领被俘，其中有的慷慨就义，有的自杀殉国，还有一部分人历尽千难万险逃脱了元兵的追捕。今将同督府几位主要将领的遭遇记述于下：

赵时赏，官至军器监、江西招讨副使，为同督府参议官。空坑陷落时，他追随文天祥出逃。因他长得风姿伟然，体形颇像文天祥，便故意坐着轿子。当元兵追上他时，大声喝问："你是谁？"他回答："我姓文。"元兵以为他是文天祥，就一拥而上，将他俘获。文天祥在出逃路上，听到身后人声喧闹，正是元兵追问并俘获赵时赏之时。赵时赏宁愿牺牲自己，也要让文天祥逃走，是为了收复大宋江山留下一线希望。后来，赵时赏被押赴隆兴元军元帅府，他坚强不屈，大骂敌人。他见到同督府将官不断被俘押而来，为了保护他们，就对元兵说："小小签厅官耳，执此何为？"同督府不少官员因此得到释放。当元兵终于识破了赵时赏的真实身份，赵时赏仍骂不绝口，最后惨遭杀害。

刘沭，文天祥督帐亲卫。空坑兵溃时，他因劳累过度身患疾病，但仍率军殿后，竭力护卫文天祥，不幸被俘押至隆兴。元兵对他施行诱降，他怒骂敌人，斥责元军非理侵宋。元兵恼羞成怒，将他磔死。他的长子同时被杀，次子刘贡元也死于空坑乱兵之中。文天祥收留了他的第三个儿子，但这个儿子后来死于广东。刘沐父子四人，皆死于国难，令人痛心。

张汴，官至秘阁修撰、广东提举，为同督府参谋官。空坑溃败时，他换了士兵的衣服躲在草丛中，结果仍死于乱兵之中。后来，邹源找到了他的尸体，才得以棺殓。

缪朝宗，官至环卫、知梅州，经管同督府军事器械，为人精练干实，孜孜奉公。空坑之败，他不愿被敌所俘，自缢于山间。

吴文炳为督府架阁，林栋任督遣，他俩都是福建人士，有干实，空坑之败，均被俘至隆兴遇害。

杜浒，景炎帝即位后，封他为司农卿、广东提举、招讨副使，并为文天祥南剑州同督府参谋官。曾被派往温州、台州招兵集财，准备组织抗元义军。福安沦陷后，他与文天祥失去了联系，就去行朝。苏刘义怀疑他来自敌占区，欲杀他，被张世杰、陈宜中阻止，只派人监管他。后来，他又奉命到文天祥同督府。空坑溃败后，他继续紧随文天祥，艰难跋涉，同甘共苦。

邹㵯，因收复兴国、永丰二县，由江西安抚使晋升为兵部侍郎兼江东、西处置副使。同督府命他屯兵兴国、永丰间，以接应江淮。永丰之败后，他又追随文天祥。在空坑之战中，他率领残部，冒着刀林箭雨，与元兵殊死搏斗，即使死伤涂地，仍不肯退却。最后幸而脱险，窜身溪峒，联络各地豪杰，继续组织抗元斗争。

刘子俊，文天祥开府兴国时，他前来计事。空坑溃败后，他收散兵于洞源，接应各州县。

萧资，文天祥幕下书吏，为人厚道，生性和蔼，深受众人信爱。元兵占领江西后，他护卫文天祥的老母和家属逃难到广东，在患难中尽力扶持，又陪他们到梅州找到了文天祥。空坑溃败时，他又护卫文

天祥的母亲撤退，并保全了同督府的大印，因功升为阁门、路钤辖，并成为文天祥的心腹之人。

陈子敬，同督府兵败，他聚兵黄塘，联结山寨，不降。元军以重兵袭击其寨，寨溃，下落不明。

榭杞，为同督府机要秘书。许由、李幼节，均为督干架阁。空坑败后，下落不明，更不知所终。

曾明孺与二哥曾良孺均被署为兵部架阁，住在同督府中。空坑溃败，明孺装死躺在尸体堆中，得以免难。然后，他又收集散卒，与良孺继续追随文天祥抗元。

此外，文天祥的长子道生，生性机敏，深受祖母曾德慈的钟爱。不幸在战乱中随家漂泊，后在梅州找到了父亲。空坑溃败时，他才十二岁，幸喜能脱身自全，依然回到了父亲和祖母的身边。

在文天祥兴国失守、空坑溃败前后，原被宋军收复的吉州各县重又沦陷，江西、荆湖、福建各地的抗元斗争也相继失败。

景炎二年七月，李恒派宋降将刘槃进攻永新。刘槃是永新花溪人，曾因有功于宋朝，被破格提拔为知岳州，后又任隆兴府转运判官。德祐元年（1275 年）十一月，元兵攻隆兴。宋都统密佑奉命支援隆兴，但在他未到隆兴时，刘槃因贪图官禄，已经卖身投敌，被任为权知隆兴府。刘槃因素来行为不端，被永新士人所厌恶，他这次来攻永新，欲趁机报复以泄私愤。永新军民在彭震龙领导下，昼夜守城不懈，并盼文天祥派兵来援。不料因吉水、永丰等县于五月间收复后又被元军夺去，文天祥正派兵围赣州，捣永丰、吉水，攻太和，无力顾及永新。永新军民等候援兵不至，只得孤军奋战。永新弹丸小城，虽内无粮草，外无援兵，但“震龙等犹城守誓弗下”。李恒见永新久攻不下，申斥刘槃，刘槃便派亲信潜入城中为内应，于七月十九日破城。彭震龙被俘大骂刘槃，元兵将他押至吉州腰斩；张履翁、萧敬夫、萧焘夫、颜思理也皆不屈而死。永新城破后，彭震龙的余部迅速汇集，继续坚持抵抗。八月初二，义军因寡不敌众，被围在城西五里皂旗山至袍陂下渡口的峡谷中。刘、颜、张、段、吴、龙、左、谭八姓豪杰誓不降元，又不甘心被敌人所杀，便率族人三千余人，全部跳下袍陂潭水而死。因此后人称此潭为“忠义潭”，并在潭边建“忠义祠”，并每年八月初二前往致祭。此祠至今尚存。

元兵进攻龙泉县，知县孙桌率众坚守，元兵久攻不下。后来孙桌为亲党所卖，被俘，遇害于隆兴，元兵将其家属全部押往大都。文天祥长女文懿孙陪着婆婆，携带着儿子肖翁、约翁及一个女儿，虽历尽艰辛，无依无靠，但仍能在患难孤苦中侍奉长辈、教养子女，坚守礼义和民族节操，令人敬佩。

同督府溃败后，督干架阁监军萧明哲回到家乡太和县，联络野陂诸寨义兵继续抗元。元兵至太和，萧明哲被俘，受害于隆兴。临刑，他大骂敌人，闻者壮之。刘士昭兵败后，以血书帛：“生为宋民，死为宋鬼，赤心报国，一死而已。”然后用此帛自缢而死。跟随文天祥抗元的太和野陂人胡文可，在同督府溃败时被元兵所俘，后伺机逃脱，又集兵赴难，至径口，不幸因马蹶而死。直至元朝灭亡南宋后，胡文可的弟弟胡文静仍慷慨欲有所为。元兵将血洗太和，并捕获胡文静，对他进行诱降。胡文静坚强不屈地说：“吾宁死不负宋！”元兵杀胡文静，又屠其家族数百口。当时人们因有感于胡文可、胡文静兄弟殉国之事，称胡氏为“勤王家”。

文天祥同督府兵败，抚州富室引导元军掩击崇仁。何时躲在沟洞中得以逃脱。他变姓名，削发为僧，游走于汀州、赣州一带，以卖卜自给。过了几年才回到家乡，久后病死。

在袁州，文天祥曾派刘伯文前去发动抗元斗争。景炎二年七月四日，刘伯文刚到袁州仰山庙祝汤氏家，因仆从酒醉漏言，被元军巡兵发现前来搜查，搜出许多同督府文书。刘伯文独自承担，不连累一人，被斩于袁州市上，家属被俘押往大都，幸存之二子以屠沽为生。

到了景炎二年八月，只有南安军的李梓发与黄贤仍在坚持为宋守城。直到元至元十六年（1279年）三月十五日，也即南宋灭亡后的第四十天，在元军的猛攻下，南安城才被攻破。元兵进行大屠杀，李梓发全家自焚殉国，县民多杀家属继续巷战，犹杀敌过当。南安军民的抗元斗争，可歌可泣，值得大书特书，以彪炳史册。

在江淮，景炎二年九月，元将昂吉儿领兵袭破了司空山寨；接着又攻占黄州，杀死张德兴并俘去其二子。傅高逃走，虽隐姓埋名，仍被元兵寻获而死。

在湖南，由于永新失守、同督府溃败的消息传来，那里的抗元军以为大势已去，纷纷退走，已经收复的湖南各县再次沦陷。只有陈子全仍率所部据险等待同督府命令，元兵日夜环攻，陈子全胸中流矢而死，其子尽被俘杀，妻子及其他所有家属都死在狱中。

南岭被俘

江西抗元失败，福建的形势也不妙。景炎二年九月廿二日，元参政也的迷失占领邵武，进入福安。张世杰派部将谢洪永进攻泉州南门也不利。因蒲寿庚买通了攻城的畲军，得以从小路出城求救于元军元帅唆都。唆都来援，张世杰只得放弃攻打泉州。而这时宋端宗赵昰的御舟正从惠州甲子门转移到了潮州浅湾（广东饶平南澳岛），张世杰便回到浅湾行朝。于是，忽必烈下诏命左丞塔出与李恒、吕师夔等率步兵入大庾岭，忙兀台、唆都、蒲寿庚及元帅刘深等以舟师下海，水陆并进，合追宋端宗赵昰和卫王赵昺。

十月十一日，唆都至兴化，陈瓒闭城坚守。唆都到城下劝降，城上矢石雨下。元兵造云梯、炮石，攻破兴化城。陈瓒以死自誓，巷战终日，结果被俘，车裂而死。随后元兵对兴化居民进行了大屠杀，一时间血流成河，汩汩有声。

元军在与宋军开展拉锯战期间，对福建各地汉族军民大肆杀戮。他们还经常深入山区、乡村，进行扫荡和掳掠。福建的广大百姓，尤其是闽北的农民，大多家破人亡，遭到了空前的浩劫。如十月十三日，元兵杀到建阳各地乡村，农民大量死亡，幸存者寥寥无几。虽然幸存者躲进深山，但仍终日惴惴不安，唯恐难逃末劫。农民们乞求神灵，恳求地方尊神“许夫人”保全性命。

这时，南宋行朝的处境也十分凄惨。他们在海上漂泊，老是东躲西藏，唯恐元兵追来。小朝廷中官员不多，却充满着矛盾，一切政务都很疏略。赵昰的生母杨氏虽然当上了皇太后，垂帘听政，却仍可怜巴巴地自称为“奴”，一切听任陈宜中、张世杰的摆布。只有陆秀夫态度十分严肃，每次朝会总是正笏而立，但因常常凄然泣下，以朝服拭泪，以致朝衣尽湿，左右也无不悲恸。

十一月，塔出命唆都取道泉州，从海路去广东官富场（广东深圳宝安西）与吕师夔会师。唆都攻破兴化后，乘胜占领漳州，继而进攻潮州，但遇到了宋知潮州马发的竭力拒守。他恐会师失期，只得放弃潮州到了惠州，与吕师夔会师同往广州。十一月初五，塔出围广州，广东制置使张镇孙及侍郎谭应斗以城降元。两个月后，塔出拆毁了广州城。

十一月，刘深率舟师攻赵昰于浅湾，张世杰拒战不利，就带着赵昰等先逃到官富场，再逃往秀山（广东珠江虎门内的虎头山）。山中有居民万余家，张世杰本打算买当地富民的宅院让赵昰等居住。谁知到了秀山，士兵多病死，张世杰等人只得又向井澳（广东珠江口外澳门南）转移。不料在此困难时刻，身为左丞相兼枢密使、都督诸路军马的陈宜中对抗元斗争完全失望，又因贪生怕死，竟以借兵为名，抛弃了皇帝和满朝文武，逃往占城（在今越南境内），从此销声匿迹，再也没有回来。据传他后来死在暹罗。

十二月廿二日，张世杰、赵昰等到了井澳，就遇上一场飓风，恶浪如山，许多船只沉没海中，士兵溺死大半。虽然皇帝和大臣们乘坐的大船未被飓风吹翻，但年幼的赵昰却因惊吓得了重病。真是祸不单行，张世杰和陆秀夫收拾残兵的工作刚刚结束，第二天，刘深又率水军来攻井澳。行朝只得仓皇逃向珠江口外的谢女峡（香港九龙），再次在海上漂浮。

在汪洋大海中盲目漂泊总不是办法，张世杰也想去占城，以为陈宜中在那里联络抗元，结果未成。南宋行朝经过一个多月的东躲西藏，于景炎三年（1278年）二月回到广州。当时广州已被元兵占领，而且塔出又命唆都回攻潮州，马发坚守二十余日，终于败死，唆都大肆屠杀潮州人民。面临这种形势，三月间行朝只好再向硇洲（音“挠”，即广东湛江以南硇洲岛）迁移。

文天祥从空坑逃脱后将何去何从呢？他是绝不会屈服的。他想行朝还有四十多万人的军队，完全可以要求行朝增派兵力，再与元军决战。可是行朝逃往海上，行踪不明。于是文天祥收集残部，带了老母和家属，决定南下广东寻访行朝的下落。景炎二年十月，他再入福建汀州，然后出江西会昌，经安远（今属江西），十一月到达广东循州。这时，早先派往漳州、潮州组织抗元斗争的同督府将领陈龙复聚兵于循、梅两州，前来会合。后来，文天祥又派他去潮阳建立同督府分司，积粮治兵，以接应各路。

文天祥到循州时，正逢元将刘深、唆都等率领水陆大军在广东追赶南宋行朝，道路堵塞，消息断绝，文天祥难以行动，便屯兵南岭（广东紫金县东南之南岭），据险自保。当时，同督府官兵的生活十分艰苦，军中无烛，夜燃生竹照明，山林中多蚊虫，士兵们不能安睡。这时因元兵攻广州，知广州张镇孙投降，同督府将领黎贵达抗元决心动摇，也阴谋叛变。文天祥发觉后，立即将他斩首。

文天祥在南岭度过了冬天，于景炎三年（1278年）二月进军惠州海丰县（今属广东），三月屯兵丽江浦（广东海丰西南长沙港），并派人四出寻访行朝下落。也就在三月间，宋朝的请降使者倪宙到了元大都，元帝召塔出等人回北方商议如何处置赵昰、赵昺，留唆都、蒲寿

庚于福州负责福建行省事务并镇抚沿海各州，元兵的进攻因此有所放松。宋都统凌震、王道夫乘机收复了广州。文天祥命文璧收复了惠州。潮、循、梅三州也反元归宋。

三月，与文天祥屯驻丽江浦的同时，赵昰迁到硇洲。当时，曾渊子起兵据雷州，不听元兵劝降，元兵进兵攻击，他就投奔硇洲行朝。行朝任他为参知政事、广西宣谕使。然而，南宋行朝刚在硇洲落下脚步，四月十五日，年仅十一岁的皇帝赵昰就突然病死。皇帝一死，军心大为动摇，许多人以为这是行朝即将灭亡的不祥之兆，纷纷准备各寻出路。在此关键时刻，陆秀夫挺身而出。他激昂慷慨地对众人说："度宗皇帝一子尚在，将焉置之？古人有以一旅一成中兴者，今百官有司皆具，士卒数万，天若未欲绝宋，此岂不可为国邪！"在陆秀夫的鼓励下，四月十七日众人共立年仅八岁的卫王赵昺为帝，杨太后仍垂帘听政。陈宜中去占城后，因他与张世杰有矛盾，屡召不回，行朝就以陆秀夫为左丞相，拜张世杰为太傅、枢密副使。四月廿二日定赵昰的庙号为"端宗"。五月初一改元祥兴。陆秀夫虽任左丞相，但实际上行朝仍由张世杰秉政，他只不过是张世杰的助手，做些处理军务、调派工役等事，同时每天为小皇帝讲授朱熹的《大学章句》。

流亡朝廷进驻硇洲后，因缺乏粮食，派人到琼州（海南岛海口）征粮。但从琼州到硇洲的海路滩浅水急，转运困难，中途还会遭到雷州元兵的追击，于是行朝派张应科、王用领兵去攻取雷州。张应科三战不利，王用降元。六月初五，张应科收兵又战，败死。宋知高州李象祖也降元。张世杰又亲自领兵包围雷州城，城中粮绝，士兵食草，元兵运粮来救，张世杰只得退兵。

流亡朝廷无法继续留在硇洲，六月初七又迁往新会的崖山。崖山在新会县南八十里大海中，与西岸的奇石山相对，势如两扉，东南控海，西北皆港，历来都是海上镇戍之地。张世杰以为天险可守，决定在此安顿下来。行朝把赵昰的灵柩暂时殡于香山县（广东中山）马南宝家。张世杰派人入山伐木，建造行宫三十间、军营三千间。正殿称“慈元殿”，让杨太后居住。九月初一，行朝又把赵昰的灵柩从香山县移葬到崖山寿星塘永福陵。当时朝廷尚有官军和民兵二十余万人，他们多住在船上，生活所需的物资和粮食取办于广西各州和海外四州。张世杰还大造船只和器械，直到十月才完工。

五月间，文天祥得到了赵昰驾崩和赵昺继位的消息。

六月间，文天祥将同督府移至海滨的船澳。文天祥为了去崖山觐见皇上，陈述复国大计，并会合张世杰的兵力共同抗元，要求移军入朝，结果张世杰却以迎候陈宜中还朝为借口，拒绝文天祥来崖山。其实，因张世杰以枢密副使的身份在朝秉政，并拥兵自重，害怕德高望重的枢密使文天祥来到行朝，自己将受其节制，故而不让文天祥来。同时，那些由陈宜中提拔的将领，习惯于陈宜中对他们的宽纵，畏惧文天祥的威严，也不欢迎他来。

文天祥到不了崖山，便打算去广州，以那里为规复荆湖的根据地。可是，刚收复了广州的凌震、王道夫也怕文天祥一来，将使自己的大权旁落，就耍了一个花招，表面上派船去迎接文天祥，但船开到中途就散了。文天祥去不了崖山，也去不了广州，只得仍旧困守在船澳。

八月，朝廷为了安慰文天祥，在封张世杰为越国公的同时，加封文天祥为少保、信国公，并封其母曾德慈为齐魏国夫人，同都督府官员也各升官爵，还赏金三百两犒军。

文天祥艰苦奋斗，一心想的是抗元救国，而不是为了要这一堆封号。当时疫病流行，同督府已死了数百人，文天祥本人也几次得病。虽他多次请求移军入朝，行朝却一味拒绝。这使文天祥既感到委屈，

又十分愤懑。他写信给陆秀夫抗议说："天子幼冲，宰相荒遁，制诏敕令，出诸公之口，岂得不惜军士，以游词相拒?"因张世杰手中掌握着军队，陆秀夫本人也受其控制，他在收到文天祥的信后，除了长叹以外，无法给予答复。

曾德慈在得到齐、魏两国夫人称号前，已经染上了疾病。文天祥一面让文璋侍奉老母汤药，一面派人通知在惠州的文璧。文璧闻讯立即赶往船澳。可惜未等文璧到来，曾德慈已于九月初七寅时与世长辞，享年六十五岁。文璧在途中得到噩耗，号啕痛哭。在曾德慈入殓时，在场的子女除了文天祥、文璧、文璋兄弟三人外，还有二妹文淑孙。至于文天祥的大妹文懿孙，已被元兵俘往元大都。

赵昺登基后，杨太后依旧垂帘听政。她向蒙古派出乞和使者，希望忽必烈能够收起虎狼之心，给立国已经三百余年的宋朝留条生路。

公元1278年六月，乞和使者来到大都，忽必烈特地为此召集群臣，商议对策。这时有人建议忽必烈再下诏书，招降南宋流亡君臣，但忽必烈认为这个流亡政权已经穷途末路，不值得再下一次诏书，只需用武力解决即可，因此急召江东宣慰使张弘范入京，授予蒙、汉都元帅之职，委托他率兵彻底消灭南宋的残余势力。

张弘范是蒙古开国元勋张柔的第九子，在蒙古享有很高的权势，不过忽必烈在灭宋之后实行了落后的民族政策，将境内的人民划分为四等，蒙古人为第一等；色目人为第二等；南宋灭亡前归附蒙古的金人、汉人、契丹人被称为"北人"，为第三等；南宋灭亡后的新附民被称为"南人"，为第四等。张弘范虽然功高权重，但由于是汉人出身，只能算是蒙古的三等公民，政治地位低下，带兵打仗还勉强可以，可担任大军的主帅恐怕难使国内的上等公民们心服口服。张弘范本人也有这方面的顾虑，受任之后就极力推辞，力请忽必烈派出蒙古重臣为主帅，总理灭宋事宜。不过忽必烈也许是认为消灭南宋残余势力已经不是一件了不得的大事，没必要派重臣出马，因此未予同意，仍以张弘范为南征主帅，并赐他尚方宝剑一把，号令蒙汉诸将。

当月，张弘范从大都返回扬州，开始调兵遣将，为南征做最后的准备。而与此同时，南宋大将张世杰则奉新君重返广州沿海，屯驻于崖山。崖山在广东新会以南八十里的海上，南北纵亘二百余里，与西面的汤瓶山相对而立，两山一衣带水，中间形成一座天然的港湾，不失为一处易守难攻之地。张世杰鉴于西走占城的出路已被封死，流亡政府已无处可逃，所以准备据险自守，于是传命在这里大兴土木，造行宫三十余间，军屋千余座，做长久打算。这种安排无所谓合理还是不合理，因为当时两国的实力相差过于悬殊，已经不具备可比性，所以不管张世杰如何布置，都无法摆脱最终覆灭的必然结果。史载就在南宋流亡政府转移到崖山之后，突然“有大星东南流，坠海中，小星千余随之，声如雷，数刻乃已。”如此恶劣的天象，似乎预示着南宋君臣即将迎来的惨烈命运。

公元 1278 年十月，蒙古大军分道并进，主帅张弘范率领水师经海道南下，副帅李恒率步骑自梅岭进入广东，约期会师于崖山，与此同时，蒙古大将阿里海牙也在广西发兵，配合蒙军主力行动。十一月，蒙军副帅李恒首先逼近广州，宋军守将王道夫弃城而逃，使广州再度落入蒙军之手，而蒙军主帅张弘范也在此时由漳州上岸，不久后又收到谍报，称南宋重臣文天祥正屯兵于潮州，张弘范立即便派前锋张宏正、总管囊加歹率五百轻骑突袭。

文天祥在领兵经过潮阳县东郊三里的东山时，曾去拜谒纪念唐代爱国志士张巡、许远的“双忠庙”，并作《沁园春》词一首。

为子死孝，为臣死忠，死又何妨。自光岳气分，士无全节；君臣义缺，谁负刚肠。骂贼张巡，爱君许远，留取声名万古香。后来者，无二公之操，百炼之钢。

人生翕歘云亡。好烈烈轰轰做一场。使当时卖国，甘心降虏，受人唾骂，安得流芳。古庙幽沉，仪容俨雅，枯木寒鸦几夕阳。邮亭下，有奸雄过此，仔细思量。

文天祥一生以“忠孝”二字作为自己的行动纲领，并认为这也是所有人都应当遵守的道德原则。而今皇帝昏庸，臣子无耻，他们之中有许多人抛弃民族节操屈膝投敌，这究竟是谁在违背做人的纲常？想当初唐朝安禄山叛乱时，张巡、许远共守睢阳，虽内无粮草，外无援兵，仍坚持数月，结果城陷被俘，不屈而死。文天祥以为，只有像张巡、许远这样的爱国志士，才值得千万代后人敬仰。人生苦短，应当努力去为国家干一番事业。他希望那些卖国奸雄在经过“双忠庙”时，好好反省一下，以免被后人唾骂。文天祥在这首词中，表明了自己为国尽忠的心迹，同时对谢道清、陈宜中之流屈膝投敌、认贼作父等卑劣行径做了尖锐批判。

同督府军自空坑溃败后，在缺给养无后援的情况下，长途跋涉，风餐露宿，非常艰难地来到广东。在这里，既要与元兵周旋，又遇到了疫病的袭击，兵力损失惨重，几乎到了人仰马翻的地步。就在文天祥拜谒“双忠庙”时，他的坐骑竟倒死在庙前。文天祥沉痛地掩埋了马的遗体，后人立碑纪念，题曰“文马碣”。

在同督府屯驻潮阳期间，文天祥还曾登临潮阳以南海门（广东潮阳海门）的莲花峰。莲花峰仅数丈，峭壁陡立，状如莲花。文天祥登上岩石，遥望南海，心潮澎湃。他想到自己千辛万苦，出生入死来到广东，原想得到朝廷的支持，为抗元复国而继续战斗，虽肝脑涂地也在所不惜。自己的一片忠心，天地可鉴。可是，行朝却拒绝他去觐见皇上，把他孤零零地抛弃在这时刻可能遭到敌人攻击的海边。皇帝虽想保存社稷，但只知远遁，毫无抗元决心，大宋朝的前途何在？想起这一切，文天祥不禁热泪长流。明人漆嘉祉曾在《莲花峰吊文信国》一诗中描述了文天祥的这种心境，并发出由衷的感叹：

风狂星陨天已老，压门尚梦长安道。
少帝旌旗极目中，孤臣血泪盈怀抱。
抱此悠悠无尽时，倚剑莲峰剑欲飞。
披发偏成行府恨，抚膺惟有太阿知。
片石长留无义旅，我来棉阳谁与语？
此心此恨千古同，拜公如公拜张许。

丧母之痛尚未过去，文天祥在潮阳又得到一个凶讯。十一月初九，道生因病死于惠州文璧的州衙中，只活到十三岁。道生是文天祥的嫡长子，自幼聪明机灵，尤为祖母所钟爱。空坑溃败时，佛生失踪，文天祥听说他已离世。道生虽脱逃归来，不料又幼年夭折。文天祥失去了这一根独苗，对他该是多么巨大的打击，教他怎能不哀伤欲绝？

文天祥心想道生、佛生都已离世，自己断了后嗣，便从潮阳写信给在惠州的文璧，要求将他的次子文升过继给自己为子，以续宗祠香火。文璧爽快地答应了哥哥的要求。

十一月的一天，文天祥从一艘由明州漂到潮阳的海船中俘获元军

水兵二十余人，得知张弘范正率大军分水陆两路进入广东，即将来攻潮州。文天祥立刻将此情况报告朝廷。

十二月初，广州失陷，张弘范的舟师将至，敌人来势凶猛，同督府明显不是对手，看来在潮阳是待不下去了，文天祥便率部移往海丰，准备进入南岭，筑寨据险自守。

十二月二十日中午，文天祥的部队转移到了海丰北面的五坡岭。这里过去就是南岭山区，没想到元军很快又追上。狡猾的元军步卒装扮成"乡人"向文天祥的队伍不断靠近。邹㵯走在部队的后面，当他发现那些"乡人"时，没有介意。而当那些"乡人"真的向他袭来，并冲向文天祥时，他已无法还击了。这位跟随文天祥出生入死多年的抗元英雄痛心自己殿后无功，也不愿做俘虏，便举刀自刎，幸被部下所阻，一起退入南岭山中。过了十多天，他终因伤口发作，不幸身亡。

文天祥当时正在五坡岭上吃午饭，见后面走来一些"乡人"，就问身边的人："那边来的是什么人?"身边人答道："是捕鹿的乡人。"他们万万没有想到敌人会这么快就到了。

看到元军猛扑上来，文天祥大惊，拔出宝剑，高喊："是生是死，在此一战，绝不投降。" 他和部下左杀右挡，但因寡不敌众，终不能突围。这时，他举起宝剑正想自刎，部下忙将剑夺了过去。他又从怀中掏出藏在身边的二两脑子（冰片，一种毒药）吞下去，想以身殉国，谁知药力失效，只是头昏目眩，腹泻不止。就这样，文天祥和他的一些部下被元军俘虏了。

刘子俊离文天祥较远，本来可以走脱，但是为了救文天祥，他便学赵时赏，也假装成文天祥引诱元兵。他大声喊："我就是文天祥，你们有种的就过来吧!"他想把敌人引过来，好让文天祥走脱，谁知文天祥已吞了毒药，落在敌人手里，而他也成了敌人的俘虏。

当两队元军各自押着俘虏向山下走去时，都称自己抓到了文天祥，追问他们所俘的人，也都自称是文天祥，一时真假难辨。

元兵一直把他们押到大营中，元将里有在皋亭山见过文天祥的，这才断定刘子俊是假冒的。凶残的元军下令将刘子俊活烹了。

文天祥的部下大多在此战役中殉难或被俘。元军将文天祥押解到潮州，献给元帅张弘范。

崖山覆灭

文天祥被押到了元军主帅张弘范的大营前，押解文天祥的将官嘱咐他说："见到张主帅，必须下跪。"文天祥骄傲地说："当年我会见伯颜、阿术都不曾下跪，今天我也绝不会下跪的！"

元军将官非常吃惊，大声喝问道："哪里有不跪的道理？"

文天祥觉得不屑同他讲道理，便爽快而干脆答道："宁死也不跪！"

元军将官无计可施，只得去请示元帅张弘范，并一再要求把文天祥杀了。张弘范曾在临安皋亭山大营中见过文天祥，领教过他那宁死不屈的英雄气概，他知道自己无法使文天祥屈服，而自己又无权宰杀这位宋朝的宰相、枢密使，只得对手下说："杀了他，反倒成全了他的忠义之名，不如以礼相待，以显示我的宽宏大量。"

因此，张弘范让人将文天祥带到大帐中，并亲自为他解下绳索，

然后装出一副彬彬有礼的样子说：

“文丞相请坐，请坐，咱们来谈点正事。”

文天祥坚定地说：“要杀则杀，我跟你可没有什么话可说的。”张弘范并不气恼，只是一个劲儿地挑好话说：“不，不，文丞相，你误会了，我并不想杀你……”

“那你就是想图得一个爱贤惜才的虚名吧！告诉你，办不到！”文天祥不等张弘范说完，就一语道破了他的心机，并且严厉地说：“你不杀我，我就自杀，给我一把剑！”

“想死，哼！没那么容易！”张弘范急不择言地说，显然他有些不耐烦了。

“张弘范，你也是一个汉人，如今却帮助元军攻打大宋，如此叛臣逆贼，将来你有何面目去见你的列祖列宗！”文天祥满腔怒火骤然爆发了出来，大骂这个蒙古汉军都元帅。

张弘范气愤已极，但又不好发火，只好先将文天祥关押起来，并从俘虏中找来文天祥以前的随从，继续服侍他。张弘范想：别看现在文天祥强硬，应该慢慢会软下来。过些日子攻打崖山，还得让文天祥出面劝降张世杰呢！于是张弘范对文天祥严加防范，将他关押在一艘四周都布满了元军的海船里，而不敢把他囚在潮阳。张弘范一手做着进攻崖山之准备，一手厚待文天祥，以图到时候让文天祥出面去劝降张世杰。

祥兴二年（1279 年）正月初六，张弘范指挥水军从潮阳进发，取道海上，准备攻打崖山。关押着文天祥的海船一同前往。

十二日，海船经过珠江口外的零丁洋，文天祥听到这个地名，眼望着无边无际的大海，想起了祖国山河的支离破碎，自己的孤单无奈，思潮澎湃、百感交集，他再也抑制不住自己的感情，于是提笔挥洒，写下了下面这首著名的七律《过零丁洋》：

辛苦遭逢起一经，干戈寥落四周星。
山河破碎风飘絮，身世飘摇雨打萍。
惶恐滩头说惶恐，零丁洋里叹零丁。
人生自古谁无死，留取丹心照汗青。

写完这首诗后，文天祥面对大海，一面反复吟诵，慨叹大宋河山的沦亡以及自己的孤单身世；一面想快到崖山了，元人还将会要出各种新的花招，但自己抱定一个信念，宁死也不屈服，决不变节投降。

第二天，张弘范率军到了崖山。他知道张世杰领导的南宋水军实力较为强大，双方交战，元军取胜不是很有把握，因而就想不战而得崖山。于是张弘范大力开展劝降张世杰的活动。得知军中有一位军官是张世杰的外甥后，就派他连续三次去张世杰大营那儿劝降，可是张世杰也和文天祥一样是南宋的忠臣，他怎么又会降元呢！

张弘范并不死心，又想叫文天祥写信劝张世杰降元，但担心直接去找文天祥，恐怕遭到拒绝，面子上过不去，就派了一个姓李的元帅去见文天祥。

得知李元帅的来意后，文天祥气愤之极，反问道："我不能保卫自己的父母，却教唆别人也背叛父母，你说这可能吗？"

李元帅被反问得哑口无言，不知说什么好，可又不好回去向张弘范元帅交代，就死磨硬泡地叫文天祥写点什么，以便自己带回去交差。

文天祥挥笔录下昨天写的《过零丁洋》一诗，交给李元帅，让他带给张弘范，并且坚定地说："转告你们的张弘范元帅，这就是我的正式答复，也就是我的态度！"

李元帅无奈，只好拿着诗灰溜溜地向张弘范交差。张弘范一看，发出了由衷的赞叹：

“好人，好诗！好人，好诗！”

进攻崖山的战斗终于打响了。战斗从正月十三起，一直进行到二月初六，两军对垒二十多天。这场战斗战云弥漫，杀声震天，是中国历史上一次空前的大海战。文天祥目睹了整个战斗经过，焦虑与悲痛时时笼罩着他的心头。

张世杰的舰队有船一千多艘，而且多是大型海船，官民将士共有二十余万人，许多将领身经百战，士兵们背水一战，士气极高。而元军大小船只一共才五百艘，其中还有二百艘一开始就迷了路，没有赶到，兵力只有数万。元兵又不习惯海上作战，困难重重，说起来宋军获胜的希望是很大的。

但张世杰已经对前途不抱希望，放弃了对崖门入海口的控制，打算死守。他把千余艘战船背山面海，用大索连接，四面围起楼栅，结成水寨方阵，把木制战船两侧用衬垫覆盖，以防御元军的火箭和炮弩，赵昺的御船居于方阵之中。张世杰此举有两大失误，一是放弃了对入海口的控制权，等于把战争的主动权拱手交给了对方；二是把千余战船贯以大索，结成水寨，虽然集中了力量，但却丧失了机动性，相当于把宋军暴露在敌人面前，任人攻打。元将张弘范率水军赶到，控制了崖山之南的入海口，又从北面和南面两个侧翼切断了宋军的所有退路。宋军陷入孤立无援的境地，在十多天的防御战中，将士们只能以干粮充饥，饮海水解渴，饮过海水的士兵呕吐不止，战斗力被严重削弱。

在一个暴风雨的早晨，元军对宋军发起了总攻。元将李恒指挥水军利用早晨退潮、海水南流的时机，渡过平时战舰难以渡过的浅水，从北面对宋军发动了一场突袭。到了中午，北面的宋军已被元军击溃。南面的元军又在张弘范的指挥下，利用中午涨潮、海水北流的时机，向宋军发动了另一次进攻。宋军南北受敌，士兵又身心疲惫，无力战斗，全线溃败。战斗从黎明进行到黄昏，宋军多艘战舰被毁。张世杰见水师阵脚大乱，战船为大索连贯，进退不得，下令砍断绳索，率十余战舰护卫杨太后突围。

张世杰率帅船杀到外围，见赵昺的御船过于庞大，被外围的船只阻隔在中间，无法突围，便派小舟前去接应。当时天色已晚，海面上风雨大作，对面不辨人影，陆秀夫唯恐小船为元军假冒，断然拒绝来人将赵昺接走。张世杰无奈，只得率战舰护卫着杨太后杀出崖门。宋军败局已定，陆秀夫知道已没有逃脱的可能，便把自己的妻子儿子赶下大海，然后对赵昺说："事已至此，陛下当为国捐躯。德祐皇帝受辱已甚，陛下不可再辱！"赵昺身穿龙袍，胸挂玉玺，随陆秀夫跳海自尽。官员、妇女、将士们也纷纷随之跳海。

杨太后知道皇帝殉国，万分悲恸，也跳海自尽了。不少大臣、宫女也都纷纷跳入海中。

入夜，崖山决战结束，炮火、鸣镝声音都停止了，海上烟消云散，连军中的锣鼓也悄然无声，只见点点灯光，疏密相间，那是元军船只和它所俘获的宋军船只上的桅灯。元军取得崖山决战的最后胜利，杀牛宰羊，置酒庆贺，个个喝得烂醉如泥，一阵阵如雷的鼾声从船中传出，打破了夜空的静寂。

这一夜，文天祥一刻也没有合过眼，他为张世杰坐失战机无限惋惜；也为他结栅自固，"不知合变"而痛心疾首。虽然他是一介书生，并不知兵，但已看出了这些致命的弱点，而且事情的发展又一一按照他预见的最坏的结局出现了，二十多天来尚存的一线希望完全破灭，

这怎不使他痛苦万分呢？更加使他难受的是，决战自始至终，他都亲眼目睹，心脏脉搏随着战斗的进行而跳动，心情紧张到无以复加的程度，最后他甚至亲眼看到了宋军的覆没，这对他是极大的打击。精神上受到的折磨，比肉体上受刑更加难以忍受。他说："崖山之败，亲所目击，痛苦酷罚，无以胜堪，时日夕谋蹈海，而防范不可出矣！"这是他当时心境真实反映。他没有别的办法，只能"坐北舟中，向南恸哭"。

崖山战败以后，文天祥向自己提出了一连串的问题：

昨天，西北海面还有宋军的大队船舰，如今只见北船，不见南船的旗号了，宋军还能保存一点力量吗？

昨天，两边桴鼓擂得十分响亮，今天海上一片静寂，宋军竟就此不能再战斗了吗？

昨天，张世杰元帅正在布置战斗，今天他是殉难崖海了呢，还是已经突围出去？杜浒、邓光荐这些同生死共患难的朋友，不知牺牲没有？

昨天，祥兴皇帝还在他的座船上，他的存在是宋朝存在的象征，如今他是生是死，音讯杳然。如果皇帝不幸殉难，不绝如缕的宋朝还有希望吗？

这些问题萦绕脑际，他找不到任何答案；宋朝竟落得这样悲惨的结局，他无比痛心。由于时代和阶级的局限，他不可能正确总结出历史教训，只是归咎于奸臣误国。在茕茕孤灯下，他含泪写了一篇记述崖山决战和自己感想的长篇史诗。在诗中，他把崖山失败比作赵长平军被秦将白起坑杀，是中国历史上的一大惨案。

他在记述这次空前的海战时说："楼船千艘下天角，两雄相遭争夺搏。古来何代无战争，未有锋猬交沧溟。……一朝天昏风雨恶，炮火雷飞箭星落。谁雌谁雄顷刻分，流尸漂血洋水浑。昨朝南船满崖海，今朝只有北船在。昨夜两边桴鼓鸣，今夜船船鼾睡声。北兵去家八千里，椎牛酾酒人人喜。惟有孤臣雨泪垂，冥冥不敢向人啼。六龙杳霭知何处？大海茫茫隔烟雾。我欲借剑斩佞臣，黄金横带为何人?”

这次战争确是宋元最后一次决战。张世杰虽然突围出去，但他再也无力重整旗鼓继续战斗了。他率领一百多艘船只乘夜驶到南恩（广东阳江县）海上的螺岛停泊。他曾想整顿残余水军，再招集广东志士义民参军，在陆上建立根据地。不幸这支船队突然遇到翻江倒海般的大飓风，船只有的撞击坏了，有的沉没海中。将士劝他上岸暂避，他拒绝了，说：“没有必要了。”座船摇晃得非常厉害，几次险些倾覆，张世杰却表现得若无其事。他扶着板壁登上舵楼，两眼凝视着在飓风中忽上忽下的宋军残余船只，对身边的将士喟然长叹：“我为宋朝仁至义尽了，一君身亡，复立一君，现在国已无君，我不在崖山殉难，只为元军退后，再立国君，以图恢复宋朝社稷。如今国事至此，这是天意呀!”这时飓风更急，怒涛更高，张世杰竟堕水溺死。将士捞起他的遗体，葬于螺岛东端力岸村。螺岛因为埋了烈士的忠骨，改名“海陵岛”，取海上陵墓之意。

战斗结束后，崖山海面一片浓重的腥臊味儿，双方战死的士兵、跳海殉节的宋军官兵和义民的尸体陆续漂浮起来，七天以后，竟有十余万具。元军驾着小船在海上捞取财物，一个士兵发现一具穿黄衣的童尸，身上佩着玉玺，他取下玉玺，把尸体扔到海里，玉玺送到张弘范那里，张弘范断定是皇帝的尸体，立即命令士兵捞取，可是不知已漂到哪里去了。张弘范即派人向元朝政府奏闻此事。

张弘范消灭了督府军，南宋最后一个皇帝也死在他手里。他自以为对元朝立下不世之功，十分得意，派人在崖山北面石壁上刻了“镇国大

将军张弘范灭宋于此”十二个字，以便“流芳千古”。可是事与愿违，他灭宋的罪行受到中原和南方人民的唾骂。明朝时候，有人把这块石刻削去，改镌“宋丞相陆秀夫死于此”九个字，纪念这位殉节的忠臣。

文天祥就义

南宋在崖山覆亡后，张弘范向忽必烈请示如何处理文天祥。忽必烈说：“谁家无忠臣?”命令张弘范以礼相待，将文天祥送到大都（今北京）。忽必烈又命人将文天祥软禁在会同馆，决心劝降文天祥。

但是文天祥不为所动，南宋降臣留梦炎来劝，他横眉怒骂；宋恭帝赵显来劝，他面北而跪，叩头痛哭，赵显自讨没趣。元朝宰相阿合马来劝，也碰了钉子。

忽必烈在皇宫大殿中召见了文天祥。文天祥昂首阔步地走进大殿，凛然而立，长揖不跪。侍卫强令下跪，文天祥坚决不从。忽必烈一心想劝文天祥归附，就不再拘于礼节而喝退侍卫，“好心好意”地相劝道：“你在这里好几年了，我一直不忍心也不愿意杀你，如果你能一改初衷，以对待宋朝皇帝的忠心待我，我照样会重用你当宰相的。”

文天祥很爽快地说：“我文天祥受了宋朝的恩惠，官至宰相，如今宋朝不幸亡国了，我理所当然地死节，怎能做别人的宰相呢?”

忽必烈说：“不愿做宰相，就做枢密吧!”

“也不做。”

“那你有什么愿望?”

“除赐我一死之外，别无他求!”文天祥高声回答。语音朗朗，犹如洪钟回响在大殿之中，久久不绝。大殿中每一个人，就连忽必烈也嗟叹不已。忽必烈亲自劝降也失败了，只得无可奈何地令手下把文天祥押回牢狱。

第二天早上，元朝宰相再次极力上奏忽必烈：“文天祥既不愿归附，不如成全他的请求，赐他一死。”忽必烈同意了。

临近处斩时辰了，元朝统治者如临大敌，兵马司牢狱、菜市口刑场以及押赴刑场所要经过的每条大街小巷都布满了重重精兵，生怕宋朝义士劫走文天祥，也怕百姓借机闹事，凭空增添麻烦。

监斩官带领士兵和乐队来到了兵马司牢狱，击鼓鸣金，要带文天祥去刑场。文天祥见此情形，便知是怎么回事，高兴地说：“我的事情，今天终于完成了。”从到元大都的那天起，文天祥就想以身殉国，没想到竟拖了三年之久，今天终于如愿以偿了。于是他简单地收拾了一下，将春天就写在衣带上的“绝命书”《自赞》系在身上。元兵给他戴上黄冠，再戴上枷锁，手执刀枪地押解他走出监狱。

这时，其他被监禁的人都难过地目送文天祥走出监牢。而文天祥则神情自若，气宇轩昂。街道上聚满了百姓，他们都想最后一睹这位伟人的风采。文天祥被押赴刑场处斩的消息一经传开，人们越聚越多，从街道到刑场被观众层层围住，人数竟达万人之多。人人脸上都流露出难以抑制的愤恨和悲伤。

监斩官见文天祥如此众望所归，唯恐发生变故，便一再高声喊道：“文天祥是南朝的忠臣，皇帝要用他做宰相，他不愿意，所以只好听从他本人的愿望，赐他一死，这可跟平常的杀人不一样啊!”

文天祥昂头挺胸、泰然自若地踏向通往菜市口刑场的路上，同时

反复地高声吟唱自己编的歌，其歌唱得慷慨激昂，催人泪下。

文天祥到了刑场，百姓一层层涌向刑场中心，尽管精壮的元兵手持刀枪，使劲地向外驱赶，但围观的圈子还是越来越小。这时监斩官问道：“文丞相还有什么话要说的吗？如果此时回心转意的话还能免你一死！”

“要杀则杀，少说废话！”文天祥愤怒而坚定地说道。

文天祥说完，就向周围的百姓问道：“请问南方在哪边？”百姓给他指了指。这时，只见他面向南方，慢慢地跪在地上，深深地拜了两拜，并说道：“臣报国至此矣！”

此时百姓中有人拿来了笔墨，请求文天祥写些字，作为最后的纪念。文天祥从容提笔，两首七律一挥而就。

有一首最后四句这样写道：

天荒地老英雄丧，
国破家亡事业休。
惟有一腔忠烈气，
碧空长共暮云愁。

这诗句大意是，天地荒凉，大宋灭亡，自己将要死去，国破家亡，自己复兴宋室、恢复中原的事业也不能实现了。只有一腔忠君报国、坚贞不屈的浩然正气充塞蓝天，带着忧愁怨恨与暮云一起飘浮。

写完最后一字，文天祥将笔一掷，大义凛然地走向刀斧手……

文天祥被杀死了，终年四十七岁。这一年是1283年。

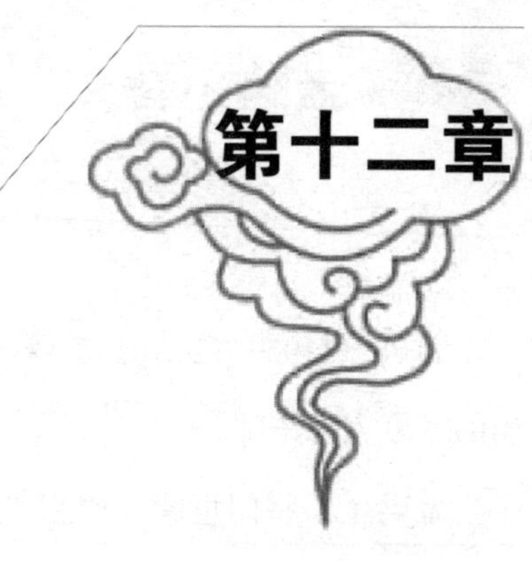

相关阅读

李庭芝出身义门，自幼耳濡目染其祖辈的忠义之举，所以当国家面临危难之际，他毅然投笔从戎，转战南北，为保卫大宋江山鞠躬尽瘁，死而后已。

孟珙小传

孟珙（1195—1246），字璞玉，原籍绛州（今山西新绛），南宋杰出的军事家、统帅。

孟珙生于将门世家。曾祖孟安是岳飞部将，祖父孟林也是岳飞部属，随军至随州，定居于枣阳（今皆属湖北）。父孟宗政（？—1223），字德夫。开禧二年（金泰和六年，1206 年）宋军北伐时，孟宗政率领义士进行游击战抗金，被任为枣阳县令，后升京西路钤辖军职，驻守襄阳。嘉定十年（金兴定元年，1217 年）四月，金军南攻襄阳，围枣阳，孟宗政与扈再兴、陈祥等率军出击，连败金军，又驰援枣阳，枣阳解围，遂兼权枣阳军使。嘉定十一年二月，金军主将完颜赛不率军数万攻枣阳，枣阳军使孟宗政在援军扈再兴、刘世兴的协同下，抗击达三月之久，金军不支退兵。嘉定十二年二月，金军再次攻枣阳，在孟宗政多方抗击后，金军溃退。孟宗政又奉命出击金境内的湖阳县城（今河南唐河南湖阳镇），“一鼓而拔，燔烧积聚，夷荡营寨，俘掠以归，金人自是不敢窥襄、汉、枣阳”。孟宗政后任荆鄂都统制仍兼知枣阳军，积官至右武大夫、和州防御使、左武卫将军。嘉定十六年（1223 年），孟宗政病死于枣阳任上。后赠太师、永国公，谥忠毅。

自嘉定十年起，孟珙从父孟宗政抗金，以功入官。嘉定十四年

(1221年)，任光化县（今老河口）尉。宝庆元年（1225年），升任峡州（今宜昌）兵马监押兼在城巡检。宝庆三年（1227年），改任京西第五副将、权神劲军统制，回到枣阳任职。孟宗政在世时，招收金朝境内的唐（今河南唐河）、邓（今属河南）、蔡（今汝南）三州壮士两万多人，编为“忠顺军”，孟宗政死后由江海统辖。因军情不安定，后改由孟珙权管。孟珙将忠顺军分为三军，军情遂平定。绍定元年（1228年），又于枣阳城西创修平虏堰，溉田十万亩，由忠顺军与民户分屯；同时命忠顺军每家养马，官供刍粟，于是粮丰马增。次年，孟珙升任京西第五正将、枣阳军驻扎，总辖本军和屯驻忠顺三军，后升京西路兵马都监，又升兵马钤辖。

绍定六年（金天兴二年、蒙古窝阔台汗五年，1233年）十二月，金哀宗逃至蔡州，金将武仙、武天锡、邓州守将移刺瑗（袁）等聚兵邓州，进攻光化。次年五月，孟珙奉命进讨，一举歼灭武天锡所部并杀死武天锡，金邓州守将移刺瑗投降。七月，又击败武仙于浙江石穴山寨（今河南淅川南）。孟珙升任鄂州江陵府副都统制，成为节制一方的大将。十月，奉命与蒙古军会攻金朝行都蔡州，京西忠顺军统制江海等从征。

端平元年（1234年）正月，蒙古军攻城北，孟珙所部宋军攻城南门，“至金字楼，列云梯，令诸军闻鼓则进，马义先登，赵荣继之，万众竞登”。金哀宗当时正在进行传位给末帝完颜承麟的仪式，典礼刚完，“而南面已立宋帜，俄顷，四面呼声震天地，南面守者弃门”。宋军首先攻入城内，而蒙古军还在西北城外与金军作战。宋军打开西门，放下吊桥，接蒙古军进入城内。联军攻下蔡州，金哀宗自焚，金末帝为乱军所杀，金亡。孟珙以功升任建康府诸军都统制，又兼权侍卫马军行司职事。

六月，南宋不顾盟约，进军中原失败，与蒙古战事从此开始。孟珙被京湖制置使史嵩之留任屯驻襄阳兼镇北军（后改御前忠卫军）都统制。次年，孟珙移驻黄州（今属湖北），又历兼任光州（今属河南）知州、黄州知州。端平三年，蒙古军攻宋，襄阳府、随州（今属湖北）等地相继失守，江陵危急，孟珙奉诏救援。蒙古军在枝江（今枝江南）、监利（今属湖北）一带编造木筏，准备渡江南进。孟珙“变易旌旗服色，循环往来，夜则列炬照江，数十里相接”，连破蒙古军二十四寨，火烧船、筏二千余。蒙古军被迫退走。

嘉熙元年三月，孟珙升任京西湖北安抚副使、江陵知府。秋，改任鄂州诸军都统制。蒙古军攻至汉阳境内，孟珙进至汉阳西南的沌口反击。蒙古军转攻黄州，并准备渡江，孟珙又率部进驻黄州城中，百计抗击。月余，蒙古军攻城不下，渡江无望，终于退兵。嘉熙二年初，孟珙升任鄂州荆江府诸军都统制，又升枢密副都承旨、京西湖北路安抚制置副使，置司松滋县（今松滋西北），又兼任岳州（今湖南岳阳）知州，出兵收复郢州、荆门。嘉熙三年春，又出兵收复信阳（今属河南）、襄阳、樊城，孟珙以功升兼枢密都承旨、鄂州知州。十二月，收复夔州（今重庆奉节）。嘉熙四年二月，升领宁武军节度使，改任四川宣抚使兼夔州知州；不久，又兼京湖安抚制置使，全面承担长江中上游防务。

淳祐元年（1241 年）春，孟珙改任京湖安抚制置大使兼夔州路制置大使，后进封汉东郡开国公。淳祐四年春，又兼江陵知府，兴置屯田以供军需。淳祐六年，自春至秋，孟珙因病五次申请辞去实职，以宫观闲差养病，但均未被允许。蒙古河南行省范周吉，暗中愿向孟珙投降。孟珙向朝廷报告，并准备受降又未被批准，孟珙叹曰：“三十年收拾中原人心，今志不克伸矣。”病情遂加重，九月初以节度使致仕，随即病死。享年 52 岁。后特赠太师、封吉国公、谥忠襄。

孟家一门忠烈，为世人所敬仰。

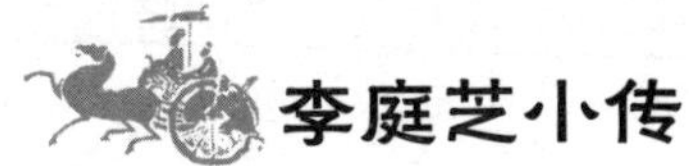

李庭芝小传

李庭芝（1219—1276），字祥甫，祖籍汴州（今河南开封）。徙应山（今湖北广水市），又徙随（今湖北随州市曾都区）。李家十二世同居一堂，忠信节义，代代善武，人称“义门李氏”。公元 1234 年，金朝灭亡，襄、汉一带遭受战乱，李家又徙居随州。

据传，李庭芝出生时，李家的屋梁上忽然生出一朵灵芝，乡人聚观，连连称奇，认为是生男的祥兆，庭芝由是命名。少年时，他就表现出了超常的天分，“日能诵数千言，币智识恒出长老之上”。李庭芝 18 岁时，王曼任随州长官。他贪婪残暴，跋扈专制，弄得当地民不聊生，百姓痛恨至极，他的部下也对他十分不满，都在暗中策划造反。李庭芝敏锐地感到随州必将会有一场大乱，于是向叔父们建议到德州避难。叔父们虽然不相信他的话，但是考虑到家族的安危，勉强同意了。果然不出李庭芝所料，他们刚离开还不到十日，王曼的部下便发动了叛乱，随州百姓惨遭噩运，死伤无数。从此，李庭芝的名气就更大了。

嘉熙末年，蒙军大举南下，南宋的长江沿线防务十分紧急。已中乡举的李庭芝面对危局寻思：如今国家有难，大丈夫应当以死报国，

怎么还能够安心待在书房里读书呢？于是他毅然放弃参加更高一级考试的机会，来到荆州，投到当时赫赫有名的军帅孟珙帐下，向其献策，并请求奋身效命。此时，四川告警，孟珙便任命李庭芝代理施州（今湖北恩施）建始县的知县。李庭芝一上任，就加强军务建设，训导农民演习军事，选举精壮之士与官军一齐训练。一年之后，这支军队就具备了较强的战斗力。夔州路军帅见此状况，非常赞赏，立即将这一方法推广到其所辖县郡实施。

淳祐初年（1241 年），李庭芝离任，不久就考中了进士，到孟珙帐中主管机要文字。孟珙死后，留下遗嘱推举贾似道代替自己，并且把李庭芝推荐给贾似道。李庭芝为了感激孟珙当年的知遇之恩，亲自护送其灵柩安葬于兴国，而且不顾众人的挽留，当即辞官还乡，为孟珙执丧三年。

后来，贾似道镇守京湖，起用李庭芝为制置司参议。不久，由于李庭芝表现极佳，受到朝廷的提拔，移镇两淮。两淮为南宋防御的重点，李庭芝为了加强防务，与贾似道商议在清河五河口设置栅栏，在淮南增设烽火台 120 处。接着，李庭芝出任亳州知州，又在荆山筑城以保卫淮南。开庆元年（1259 年），贾似道任京湖宣抚使，留李庭芝管理扬州。不久，蒙军进攻四川，李庭芝上奏朝廷请求担任峡州知州，以扼守蜀东江口。后来，朝廷派李应庚为参议官，李应庚征调两路兵士修筑南城，但由于天气酷热，兵士难以忍受，很多都中暑死去。蒙将李璮侦知其无谋，便攻占涟水三城，不久又渡过淮河夺取了南城。此时，鄂州之围已解，李庭芝因母亲去世而离职。

后来朝廷商议要选择一个能镇守扬州的官员，理宗毫不迟疑地说道：“没有谁能比得上李庭芝。”于是宋廷令李庭芝停止守丧，主管两淮制置司事。李庭芝迅速走马上任，率兵打败了军阀李璮的军队，并杀死其部将厉元帅，夷平了南城。第二年（1260 年），李庭芝率部在乔村再次打败李璮的军队，攻破东海、石圃等城。景定三年（1262 年），李璮降宋，并且将三城的百姓迁居通州、泰州之间。接着，李庭芝又乘胜追击，攻破了蕲县，杀死元军守将。

李庭芝初到扬州时，这里刚刚遭受战火之灾，到处是残垣断壁，盛产的盐业也逐渐萧条。面对此种情形，李庭芝下令免除扬州百姓所欠赋税，同时借钱给百姓重建家园。这样，只用了一年左右的时间，当地百姓与官兵都有了蔽身之所。不久，李庭芝又下令开凿河道四十里，沟通金沙、余庆盐场，以省车运。同时，他还派民夫疏浚了其他几条运河，减免亭户所欠官盐二百余万斤。亭户没有了车运的劳苦，又被免除了债务，因此纷纷归来，盐利也逐渐兴旺起来，渐渐地，扬州城的面貌焕然一新。

扬州城外有个子山堂，在上面可以俯瞰州城，一览无余，如果蒙古军队一到，就会在子山堂上构筑望楼，架设车弩向城中射击。为了克服此弊，李庭芝派人修筑大城包围平山堂，招募汴河以南的两万流民补充军队防卫扬州城。朝廷下诏将这批流民命名为“武税军”。此外，李庭芝为教化城民，又大兴学校，让城民学习《诗》《书》，祭祀圣哲，并与士子一道学习射猎之礼。

他还特别重视人才，竭力网罗淮南的能人志士。当他听说盐城籍进士陆秀夫很有才华时，就把他招为自己的幕僚，让其主管机要文件。陆秀夫性情沉静、沉默寡言，很少有人与他合得来。但李庭芝发现他办事很得力，所以依然很器重他，后来即使自己的官职升迁了，也仍把他留在身边。人们称赞道：“得士最多者，淮南第一，号称小朝廷。”

当遇到辖区内有水旱之灾时，李庭芝就命令发放库存的官粟，如

果不足，就拿出自己的积蓄赈济灾民。扬州百姓对他感激至极，交口称赞，奉他如父母。

刘椠从淮南入朝，理宗向他询问淮南之事。他回答说：“李庭芝老成持重，军民安定。如今边尘不惊，百事俱兴，全是陛下用人得当的结果。”

蒙冤遭贬

咸淳三年（1267 年）十一月，在宋廷叛臣刘整的建议下，忽必烈决定进攻襄阳和樊城，且命令征南都元帅阿术与刘整共同负责指挥。鉴于襄、樊二城城高池深，而宋军又善于坚守城池，蒙军造战舰、练水军，建立起了一只拥有战船 5 千艘、士兵 7 万人的精锐水师，同时，还在襄阳、樊城外围先后建成 40 多座城堡，将这两座城池相继严密封锁。眼看大事不妙，襄阳府兼京西安抚副使吕文焕急忙派人将情况报告给其兄长时任京湖安抚制置使的吕文德。但吕文德麻痹轻敌，认为“襄樊城池坚深，兵储支十年”，根本不把蒙军的攻击放在心上。当时，实际掌握大权的贾似道对襄、樊二城的战略地位也认识不足，当吕文焕向他告急时，贾似道并无援救之意，依旧终日淫乐，并且还对度宗封锁消息。一天，当度宗身边的一宫女告诉他，襄阳已被围困三年，形势十分险恶时，他顿时大惊失色，忙向贾似道询问，贾似道居然撒谎：“北兵已退去。”事后又将泄密的宫女处死，由是边事虽日急，无敢言者。

自咸淳四年（1268 年）襄、樊二城被围以来，宋廷也曾不断地派兵支援，但总是不得力。当时蒙军主攻的城市是襄阳，他们认为襄阳破，则与其唇齿相依的樊城也会不攻自破。咸淳五年（1269 年），蒙军加强了对襄阳的攻势，宋廷派夏贵前去救援，大败于虎尾洲；后来范文虎统帅诸兵再次入援，也失败了。范文虎乘小船逃跑，群龙无首，军中大乱，士兵溺死于汉水者甚众。

咸淳六年（1270 年）正月，朝廷又命李庭芝为京湖制置大使，督军再援襄阳。范文虎听说李庭芝将到，就写信给贾似道说："我率兵数万进入襄阳，一战就可扫平敌军，只要不让我听命于京湖制置大使，事成之后功劳就可归到恩相您的名下！"贾似道大喜，当即任命范文虎为福州观察使，其军队则由自己在朝中直接控制。而范文虎却天天携带美姬娇妾在军中跑马击毽，恣情玩乐。

李庭芝屡次想进兵，范文虎总是敷衍道："我还没有接到朝廷的旨令，不能出兵。"这年十二月，蒙军在万山筑城包围襄阳，并驻军于鹿门，自此，襄阳的所有通道都被封死，城中粮食日益匮乏。第二年六月，汉水暴涨，正是出击蒙军的好机会，范文虎不得已率军沿汉水而下，但还没到达鹿门，就中途逃跑了。李庭芝几次上表自责，请求代替范文虎，但贾似道出于私利，没有同意。

当时，李庭芝为增援襄阳，可以说是颇为尽力的。咸淳八年（1272 年），襄阳已被围困了五年，但援兵迟迟不至，吕文焕又竭力拒守，城中物资供给已经十分困难了。同时，在樊城，张汉英也在苦苦防守。他招募善泅者。泅者把救援信置于发髻上，身藏在积草下，预备浮水而出，前去求救。元守卒看见水中积草很多，就钩之以焚烧之用，从而发现了泅者，搜出了救援信。只见信中写道："鹿门已被敌人占拒，现在只得通过荆州、郢州来救援了。"于是，郢州、荆州的通道也被断绝了。

此时朝廷立即诏令李庭芝率部进驻郢州，将帅都带兵驻扎在新郢和均州等河口，以守住关键。李庭芝在襄阳西北的清泥河修寨造船，并且出重赏招募勇敢善战的壮士，当时襄阳、郢州、山西三地就有三

千人投奔而来。不久，又募得智勇双全的张顺和张贵两位大将，这二人深为部下所佩服。

五月，李庭芝命令二张带着食盐、布帛出援襄阳。他们“乘风破浪，径犯重围”，在激烈的战斗中，张顺身中数箭，不久死去，死后仍“怒气勃勃如生”。张贵则杀出一条血路，终于带兵抵达襄阳，“城中久绝援，闻救至，踊跃气百倍”。

咸淳九年（1273 年）正月，张贵与范文虎约定在龙尾洲两面夹攻元军。谁知范文虎竟违约，以风雨惊疑，退屯三十里。元军事前得到情报，以逸待劳，早有准备。张贵孤军奋战，将士杀伤殆尽。他本人也受伤被生擒，最后不屈而死。宋军从而失去了增援襄樊的最后一次机会。咸淳九年正月，樊城失陷，二月，吕文焕举襄阳城投降蒙古。至此，历时五年有余的襄阳之战以宋军的失败而告终。

襄、樊二城失陷之后，陈宜中请求诛杀范文虎，但在贾似道的庇护下，范文虎只降一职，改任安庆知府。李庭芝及其部将刘义、范友信却被贬至广南。后来，李庭芝又被罢官于京口。

对于南宋来说，襄阳破则临安摇，襄阳之败实属致命的打击。在四川、京湖、两淮即所谓的“三边”防御体系中，襄、樊二城占有举足轻重的地位。当时就有人指出：“襄樊，宋咽喉也。咽喉被割，不亡何待?”此次失败完全证实了南宋主弱臣悖、腐朽不堪的本质。襄阳、樊城失陷后，度宗与贾似道并未认真地从中吸取教训，贾似道诿过于人，而度宗又敷衍塞责，败兵之将逍遥法外，正直之士反倒遭贬。至此，南宋灭亡也仅仅是个时间问题了。

以身殉国

元军攻破襄阳以后，乘胜追击，势如破竹，大举进攻两淮和四川。

不久，元军就包围了扬州，两推安抚制置使印应雷暴死，朝廷立即起用李庭芝制置两淮。

李庭芝为了能够集中力量应付淮东局势，请求朝廷分配夏贵负责淮西，朝廷同意了他的意见。咸淳十年（1274 年）十二月，元军攻破鄂州，度宗诏令天下勤王。李庭芝首先响应，遣兵入卫京师，以激励各地军帅。德祐元年（公元 1275 年）春，贾似道兵溃于芜湖，沿江诸将官或降或逃，没有一人能够坚守，而与之形成鲜明对比，李庭芝所辖郡县的大多数将领都能坚守城垣。但元军势不可当，形势越来越不利于扬州。

不久，有个叫李虎的人持元军的招降榜进入扬州，被李庭芝杀死，招降榜也被烧掉。后来，总制官张俊出战，兵败降元，持孟之缙的书信来招降。李庭芝气愤不已，焚其书信，将张俊等五人在街市斩首示众。同时，李庭芝调派苗再成率部战于城南，许文德率部战于城北，姜才、施忠则率部转战城中。为了激励士气，李庭芝还时常发放金帛牛酒犒赏将士，因而人人为之奋死拼杀。朝廷也送来钱款加以慰劳，并且加封李庭芝为参知政事（副相）。七月，朝廷以知枢密院事之职调李庭芝进京，让夏贵镇守扬州，但夏贵不来，此事只好作罢。

十月，元帅阿术率军驻扎镇江，以扼制淮南的宋军。阿术久攻不下扬州，就在城外筑起长围，想通过长久围困，使其粮尽援绝而不攻自破。果然不久，扬州城中粮食已尽，死者满道。次年（1276 年）二月，情况更加糟糕，人们几日未沾一粒米，只得竞相食人肉。不久，南宋谢太后以恭帝的名义向元朝请降，元军进入临安。三月，恭帝以及皇亲、官员等数千人被押解北上。五月，恭帝被元世祖降封为瀛国公。南宋实际上已名存实亡。

谢太后和瀛国公赵显送来诏谕，劝李庭芝投降，李庭芝登上城楼

大义凛然地对来使说："我奉诏守城，没听说过有诏谕投降的。"遂拒绝降元。当谢太后与瀛国公被押往大都，行至瓜洲时，谢太后又诏令李庭芝："先前曾诏卿纳款投降，很久没有听到答复，难道是不理解我的意思，还是想捍卫边疆呢？现在我与皇帝都已臣服，卿尚为谁守之？"庭芝不予理睬，下令士卒发弩箭射击来使，射死一人，其余吓得纷纷退去。

随后李庭芝又与姜才召集将士，涕泣发誓，准备夺回谢太后和瀛国公。姜才出兵与元军激战，但没能成功，只好退回扬州，继续坚守。

此后，元军更是集中力量加紧了对淮东的进攻。阿术驱逼淮西降兵到扬州城下示威，旌旗蔽野，来势汹汹。李庭芝的幕僚见此情形，劝告李庭芝放弃坚守，但李庭芝却说："我只有一死罢了。"接着，阿术又派使者持诏书来招降，李庭芝开城门放进使者，将其杀死，并且在城上烧掉了诏书。

不久，淮安知州许文德、盱眙知军张思聪、泗州知州刘兴祖都因粮尽而降，但李庭芝仍在征收民间积粟供给士兵。民粟食尽，他又命令扬州官员出粮。当官员家的粮食也吃光了，他就令军中将校出粮掺杂牛皮、麸麵供应士兵。士兵们感激庭芝的抚恤，纷纷表示誓死效命，有的甚至烹子而食，但仍然天天登门苦战。德祐二年七月，阿术见硬攻不行，就上书请求赦免李庭芝焚烧诏书之罪，促其速降。元朝皇帝同意了，但李庭芝仍然不予理会。

就在南宋降元前夕，益王赵昰和广王赵昺在属下的护送下，逃离临安，辗转来到福州。德祐二年五月，赵昰即位于福州，改元景炎，册淑妃杨氏为太后，一同听政，授陈宜中为左丞相兼都督，并遥授李庭芝为右丞相，召他返回朝廷，共图抗元复宋之事，李庭芝欣然从命。

临行前，李庭芝委托朱焕坚守扬州，然后与姜才率兵向福州赶去，但当行至泰州时，阿术领兵追踪而来，并将泰州城围了个水泄不通。不久，守卫扬州的朱焕也投降了元朝，还驱使李庭芝将士的妻儿来到泰州城下逼他投降，当时姜才疽发于胁，无法出战，偏将孙贵、胡惟孝等随即打开泰州城门出降。

李庭芝闻听此变，知道事已不可为，遂投莲池自杀，但水浅不得死，后被叛军所执，押回扬州。而姜才卧病在床，被都统曹国安所执，献给了元军。

阿术对两人忠贞之举非常赞叹，本想劝降并重用他们，但朱焕担心李庭芝与姜才降后于己不利，竟向元军请求说："扬州自用兵以来，尸骸遍野，都是李庭芝与姜才造成的，不杀他们更待何时？"于是李庭芝与姜才被元军杀害。他们死的那天，扬州百姓悲痛不已，流下了热泪。

李庭芝出身义门，自幼耳濡目染其祖辈的忠义之举，所以当国家面临危难之际，他毅然投笔从戎，转战南北，为保卫大宋江山鞠躬尽瘁，死而后已。在他一生最重要的两次战役，即襄阳保卫战和扬州保卫战中，他奋勇杀敌，英勇善战，多次抵御了元军的袭击，且屡次怒斥劝降者，焚其降书，浩然正气，令人敬佩。无奈势单力薄，寡不敌众，又逢奸臣当道，有志难伸，终以失败告终。

但无论从牵制元军还是从威胁元军上讲，其功劳都是不可埋没的。正因为有李庭芝这样的忠相始终坚持抗元，才使得偏安一隅的南宋政府苟延残喘那么久。公元1279年，腐朽没落的南宋王朝终于抵挡不住元军南下的攻势，归于灭亡。

陆秀夫小传

陆秀夫（1238—1279），字君实，亦字实翁，别号东江。祖籍平原郡（山东境内）。高祖陆洵、祖父陆蕴、叔祖陆藻三人，都是进士及第，而且为官清正，向为后人钦敬。南宋高宗建炎年间，陆蕴改任楚州（今江苏淮安）管勾（掌管钱粮的官），置家小于盐城县长建乡之长建里（今建湖县建阳镇）。陆秀夫父名闻霆，字芳春，母赵氏，为宋宗室女，生三子（清夫、秀夫、秀士）及一女（名未详）。

南宋理宗嘉熙二年（1238年）十月初八，陆秀夫出生于长建里。陆秀夫三岁前后，江淮一带水旱连年，田地绝收，饿殍载道，人心惶惶。为了生计，陆闻霆夫妇携清夫、秀夫离开老家，逃荒至京口（今镇江市），寄居在赵氏娘家堂舅赵士诚建于汝山（今属丹徒镇）脚下的一座小庄园内。

尽管寄人篱下，闻霆夫妇从未放松对秀夫弟兄俩的教育。童年的陆秀夫经常聆听父亲讲述古往今来杰出人物的故事。

陆秀夫五岁时，和哥哥清夫一道，前往孟氏学馆，拜京口名儒“二孟”（孟逢大、孟逢原）为师，开始了长达八年的读书生活。在学馆，陆秀夫认真学习，成绩优异，“学举子文，下笔有奇语。不待师烦，日进不休”，“二孟”十分喜爱他，“刮目待之”（南宋龚开《陆君实传》），称他为“非凡儿”。每逢假期或农忙季节，他常与同窗忘年好友郭景星一道，去京口南郊黄龙山下的鹤林寺小住，白天“蕉窗论赋”，夜晚“抵足说诗”，还参加耕地、放牛、打扫山门等力所能及的体力劳动。他在州试“得贡”后重访鹤林寺时，曾写下《题鹤林寺》一诗忆及这一段难忘的经历。

岁月未可尽，朝昏屡不眠。
窗前多古木，床上半残编。
放犊饮溪水，助僧耕稻田。
寺门久断扫，分食愧农贤。

淳祐十年（1250年），陆秀夫十三岁，遵师嘱随父亲返乡温习功课，以应县试。走在范公堤上，父亲向他讲述了范仲淹率领四万民工修筑防海大堤的故事，还介绍了范仲淹的名篇《岳阳楼记》。自是，“先天下之忧而忧，后天下之乐而乐”的名句，被陆秀夫牢记于心。

在长建里，陆秀夫住了一年多时间，寄读于酺神庙的读书精舍。一到晚上，他就坐在神像前，就着神案上昏暗的灯光苦读不辍。淳祐十二年（1252年）二月，十五岁的陆秀夫参加盐城县试，名列第一。四月，赴淮安府参加州试，又高居榜首，不但被选拔为贡生，而且取得了进入最高学府（太学）深造的资格。理宗宝祐三年（1255年），陆秀夫再赴淮安应乡（省）试，又夺得第一。

宝祐四年（1256年），陆秀夫赴临安应会试，与文天祥同登进士榜。他对同榜的京口王良臣、盐城刘幼发说：“吾侪当思报国，相勉为天下第一等人物，方不负此举。”复考官王应麟闻知，召秀夫相见交谈，并对他说：“阅卷得文天祥，予不胜喜。今闻贤论，何让天祥！可贺可喜！”对陆秀夫赞许有加。

三榜连捷，陆秀夫声名大噪。景定元年（1260年），淮南制置使李庭芝邀陆秀夫到他驻在扬州的淮南幕府任职。应邀到任后，陆秀夫稳重干练、理事有方，深得李庭芝的器重，终被提拔为“主管机宜文字，分拟诸房公事，职无不举”。他的治世才能，初露锋芒。

咸淳六年（1270年），元军围攻襄阳，升任京湖制置大使的李庭芝率师驰援，陆秀夫以机宜身份随行。翌年，襄阳形势更加危急，李庭芝采纳陆秀夫的建议，派张贵、张顺率敢死队员三千人，成功解救了襄阳之围。

咸淳十年（1274年），陆秀夫奉召赴京，掌管文思院。其时元军已席卷了大半个中国，两淮形势日趋紧张，陆秀夫如坐针毡，在京城再也待不下去了，便在这一年的十一月辞去文思院的职务，到淮东前线与李庭芝并肩抗元。宋廷遂任命他为淮东参议官，兼任淮南东路提刑。驻守在扬州的李庭芝高兴万分，说：“我得一秀夫，胜如猛虎添翼！”

德祐元年（1275年），宋、元双方的军事态势变化很快，川、鄂全境几乎尽陷元军之手，赣、皖已有不少州县的宋将或逃或降，苏北沿江及苏南地区城镇也大多未能守住。唯有陆秀夫临危不惧，与李庭芝同舟共济，誓死抗战，使扬州城岿然屹立在元军的汪洋大海之中。直至临安陷落以后半年之久，扬州城才被元军攻陷。

同年十一月，陆秀夫奉召任司农寺卿，管理农粮；不久又升任宗正少卿，兼起居舍人，得以出入宫禁，管理宫中日常生活。

德祐二年（1276年）正月，陆秀夫以礼部侍郎身份赴平江（今苏州）与元人谈判，坚持“只议和，不投降”的原则立场，与元军统帅伯颜唇枪舌剑，针锋相对。伯颜无奈，只好放他回临安了事。

同年三月，元军攻破临安，虏全太后、恭帝（赵显）等北去。陆秀夫与殿前指挥苏刘义等保护杨、俞二淑妃和益王赵昰、广王赵昺从嘉会门逃出临安，直抵温州瓯江口的江心岛，在江心寺拥立赵昰、赵昺为天下兵马正、副都元帅，并积极商定建立海上行朝、到南方开辟抗元基地的大略方针。

同年五月，赵昰在福州正式称帝，改元景炎，是为端宗。端宗年幼，便由杨太后主议，以陈宜中、张世杰、陆秀夫组成行朝内阁。陆秀夫又与陈宜中据理力争，说服朝廷启用文天祥为通议大夫、右丞相兼枢密使，都督各路兵马，以便重整旗鼓，收复失地。陆秀夫也从中书舍人兼直学士院累次升迁为代理尚书，加端明殿学士、签书枢密院事，直接参赞都督军事。

同年八月（一说五月），因力荐文天祥一事，陆秀夫获罪于陈宜中。陈假传圣旨，陆秀夫被贬至潮州其兄清夫处闲居。

陆秀夫在潮州期间，友人将澄海辟望港口百余亩土地赠与他，好让他务农安家。后因陆母赵太夫人去世后停柩于此，这里便改名叫“陆厝围”。

陆秀夫在陆厝围一边务农，一边开办学馆，广招当地热血青年，讲韬略，授武艺，倡爱国，明节义；又专门建了练兵场，为当地培养了一大批抗元骨干。

景炎元年（1276年）十二月，元军攻兴化军（今福建莆田），守将陈文龙坚守不降，不幸被执。陆秀夫闻讯，即从潮州致书陈文龙，劝其宁可为国牺牲，也不要投降敌人，同时也向陈表达自己一心要复出为国效力的强烈愿望。信中写道：“今车驾蒙尘，中原荆棘，淮东、江西、闽广诸路俱败陷。北向长望，无寸土干净，秀夫岂敢游逸此土哉！”

陆秀夫被贬后，南宋海上行朝在陈宜中“逃跑至上”思想的误导

下，军事上连连失利，处境越来越凶险。后经张世杰等人的严词追责，陈宜中才不得不于景炎二年（1277年）召陆秀夫还朝，复任其为端明殿大学士、同签书枢密院事。

陆秀夫奉诏前往行朝暂驻地——潮州外海的南澳岛，同行的有倪氏夫人、子八郎、九郎及幼女。赵氏夫人迭婢及长子繇、长媳周氏均留居潮州陆厝围。

陆秀夫一登上南澳岛，立即着手整顿朝政和军务，接着随行朝转战于南粤海上，与元军派来的海上追兵周旋。不料陈宜中却认为“大事不可为”，暗中带着一批心腹，驾舟逃往占城。同年十二月，十岁的端宗在井澳（即今珠江口西侧的大、小横琴岛）从舟中溺海，惊悸成疾。景炎三年（1278年）四月，行朝辗转至雷州湾口的碙州岛，端宗病逝，群臣多欲散去。陆秀夫说：“度宗皇帝（赵禥）一子（赵昺）尚在，将焉置之？古人有以一旅（五百人）一成（十平方里）中兴者。今百官有司（泛指官员们）皆具，士卒数万，天若未欲绝宋，此岂不可为国耶？”（见《宋史纪事本末》）

他的慷慨陈词，大大激励了在场的人。于是，大家在硇州岛西南端的淡水镇上拥立八岁的赵昺登极，称少帝，改元祥兴。陆秀夫为左丞相，辅佐朝政，总揽军国大事；文天祥为右丞相，在陆上发展义军，以图收复失地；张世杰为太傅，负责军事指挥。六月，行朝移驻山（距今广东省新会八十里的大海中），修建行宫与军营，作为抗元新据点。在崖山，陆秀夫内调工役，外筹军旅，以应建筑与生活之需，有力地支持了张世杰（在外海）、文天祥（在陆上）的军事行动，以至驻崖山的兵力发展到二十多万人，支撑着风雨飘摇的南宋政权。

祥兴二年（1279年）二月，宋、元双方进行了一次生死决战，这就是历史上有名的崖山大海战。

元军以降元宋将张弘范为都元帅，李恒为副，分南北两路向宋军围攻。张世杰不听陆秀夫规劝，用大索将千艘战船相连在一起，拼命死守。双方相持不下，一时难分胜负。张弘范于是改变手法，派张世杰的外甥韩新到崖山劝降，被陆秀夫、张世杰严词斥退。张弘范又逼迫已经被俘的文天祥写劝降信给陆秀夫，文天祥正气凛然地反诘道："吾不能捍父母，反教人叛父母，可乎？"张弘范再三逼他写，他将不久前在被元军押解途中所写的一首七律《过零丁洋》交给张弘范，留下了"人生自古谁无死，留取丹心照汗青"的千古绝唱。

由于张世杰一时失误，没有在岸上留下一支军队，守卫淡水、柴薪的供应通道，使张弘范有了可乘之机。二十万宋军在缺水、断薪的艰难条件下，与元军相持了二十二天，直至二月初六，终被元军攻破船阵。混战中，张世杰与陆秀夫、少帝失去联系，只好带领十八艘战船乘雾突围，驶离崖山，逃往大海。陆秀夫坚守到最后一刻，估计已无法护卫少帝走脱，便仗剑先驱妻倪氏、三子八郎、四子九郎及幼女跳入海中，随后跪拜在少帝面前说："国事至此，陛下当为国死！德祐皇帝（指赵昺的长兄赵显）辱已甚（指被元军俘虏），陛下不可再辱！"言讫，将九岁的赵昺缚在自己背上，纵身跃入万顷碧波。这位年仅四十二岁的南宋丞相，用负帝蹈海、以身殉国的忠烈行动，奏响了一曲声震天宇、气贯长虹的爱国壮歌！

陆秀夫在抗元斗争中所表现的"宁为玉碎，不为瓦全"的民族气节，为后人世代敬仰。就连元朝枢密院副使兼湖州路总管丁聚也十分敬重陆秀夫。他上奏朝廷，为陆秀夫修建了墓园。此时距陆秀夫殉国仅四年。明万历四十七年（1619 年），明朝皇帝追谥陆秀夫为"忠烈公"。清咸丰八年（1858 年），全国各地孔庙皆奉旨配祀陆秀夫。为怀

念这位与国共存亡的民族英雄，广东新会崖山祠内建有大忠祠，供奉陆秀夫、文天祥、张世杰三人塑像：潮州澄海和潮阳、深圳蛇口、福建莆田、江西吉安都建有陆秀夫的衣冠冢或塑像、纪念亭。

盐城是陆秀夫的故乡，明初建有陆公祠，至今尚在。

参考文献

[1] 军事科学院战争理论和战略研究部．中国古代经典战例：南宋、元、明、清[M]．北京：中国人民解放军出版社，2012．

[2] 陈世松，等．宋元战争史[M]．呼和浩特：内蒙古人民出版社，2010．

[3] 顾宏义．天裂：十二世纪宋金和战实录[M]．上海：上海书店出版社，2012．

[4] 顾宏义．天平：十三世纪宋蒙（元）和战实录[M]．上海：上海书店出版社，2012．

[5] 修晓波．文天祥评传[M]．南京：南京大学出版社，2011．

[6] 邓广铭．宋史十讲[M]．北京：中华书局，2008．

[7] 张习孔．宋朝大事本末[M]．北京：中国国际广播出版社，2007．

[8] 星汉．中华历史通览：元代卷[M]．北京：中华书局，2001．

后 记

本系列图书详细介绍了中国历史上的十大战争，以独特的角度展现了波澜壮阔的中华文明史、可歌可泣的民族融合史，展现了古代将领的卓越智慧和军事谋略。为此，本系列图书的作者付出了辛勤的劳动和汗水。

本书的出版，还得到了中国财富出版社的大力支持，在此，谨向社领导和编辑同志表示由衷的感谢！

本书在编撰过程中参考了大量资料，其中有历史文献、学者著作，也不乏一些历史爱好者们所著的图书。所参考资料大部分已经过作者同意，并已付予适当稿酬，但也因为各种原因，有些参考图书的作者无法联系上。如书中观点、内容雷同于贵君所著书籍，烦请您及时与我取得联系，获得稿酬。

联系人：姜正成

邮　箱：945767063@qq.com